약속의 땅 가나안에 들어가는 이야기로부터 그 땅에서 추방당하는 이야기로 끝을 맺는 이스라엘 민족의 대서사를 다루는 책, 구약의 역사서가 그렇다. "대하 이스라엘 신앙사"라 불리는 이 문헌을 어떻게 다루어야 할까? 단순 역사기술인가? 아니면 특정한 사관을 가지고 저술한 문예-신학적 문헌인가? 무 자르듯이 가볍게 나눌 수 있는 문제가 아니다. 메리 밀스는 여호수아서-열왕기 전체를 세밀하게 살피면서 독자들에게 숲과 나무를 함께 보는 안목을 제공한다. 학계에서 논란이 되는 해석학적 이슈와 문제들을 과감하게 직면하고 지혜롭게 방향을 제시한다. 이야기로서의 역사와 신학으로서의 역사를 살펴내기 위해 저자는 다양한 비평 방법을 절제하며 사용한다. 성경을 진지하게 읽는 이들이라면 마땅히 직면하게 되는 모든 질문을 선제적으로 꺼내어 조심스레 다루는 저자의 태도에 박수를 보낸다. 여성 구약학자로서 역사서에 등장하는 여성 사건들을 젠더 비평의 관점에서 다룬 장은 흥미롭고 독특하다. 다양한 현대 비평 방법론에 눈을 뜨게 해준다. 논리적이고 설득력이 있으며 무엇보다 학문의 숲으로 들어갈 수 있도록 친절하게 이끌어간다. 곱씹어 읽으면 이 책은 여러분의 생각을 자극할 것이다.

류호준 백석대학교 신학대학원 은퇴 교수

이 책의 저자 메리 E. 밀스가 말한 바대로, 구약성서 안에 기둥처럼 서 있는 여호수아서-열왕기는 기독교 공동체에 의해 흔히 역사서로 간주되어왔다. 하지만 히브리 성서는 동일한 책들을 전기 예언서(Former Prophets)로 분류한다. 또한 해당 책들은 특정 시기 시리아-팔레스타인 지역에 있었던 이스라엘이 경험한 역사적 사건들을 "연대기적 내러티브"라는 장르를 통해 신명기적 주제에 따라 연속적으로 서술한다. 이러한 여호수아서-열왕기의 본질적인 특징들은 결국 "역사적" 관점과 "성서적" 관점의 긴장과 통합이라는 해석적 문제를 낳는다. 필연적으로 이 해석적 논의들은 "신학적" 담론으로 귀결된다. 저자는 앞에 열거한 세 가지 중요 사안들을 이 짧은 책 안에 농밀하게 녹여낸다. 역사적이고 비평학적인 쟁점들을 능수능란하게 풀어내는 통찰력도 탁월하다. 원문을 가독성 있게 번역해낸 차준희 교수의 빼어난 필력과 혜안 역시 뛰어나다. 이 모든 차원에서 밀스가 펴낸 해당 작품은 전문성과 깊이를 모두 갖춘 연구 문헌이 태부족하다는 고질적 문제를 오랫동안 겪어온 구약 역사서 분과에 유익한 자극과 큰 공헌이 아닐 수 없다. 구약성서를 진지하게 탐구하고 연구하고자 하는 말씀-섬김이들이라면 이 책을 반복해서 정독(精讀)해야 할 것이다.

주현규 백석대학교 신학대학원 구약학 교수

이 책은 여호수아서부터 열왕기하까지 이르는 방대한 이스라엘 역사에 관한 최근의 해석학적 논쟁을 명쾌하고도 이해하기 쉽게 정리해주고 있는데, 신명기 역사서를 역사적·문학적·사회적·신학적 관점에서 균등하고도 종합적으로 연구한 최고의 저서로 평가받을 수 있다. 더 나아가 저자는 신명기 역사서에 관한 심도 있는 학문적 결과를 바탕으로 젠더 연구와 같은 21세기의 새로운 성서 연구 방법론을 추가하여 현대인들에게 신학적 통찰력을 제공하고 있다. 꼭 추천하고 싶은 친절한 최신 역사서 연구서다.

이희학 목원대학교 총장, 전 한국구약학회 회장

구약성서에 기술된 역사는 "객관적" 역사가 아니라 "해석된" 역사라는 점에서 적절한 해석을 위한 안목이 필요하다. 이러한 해석의 안목을 위해서 이 책은 여호수아서부터 열왕기하까지 소위 "신명기 역사서"를 세 가지 관점, 즉 역사적·문학적·신학적 관점으로 분석한다. 세 가지 관점으로 이루어진 분석은 촘촘한 해석의 그물망을 형성하여 구약성서의 역사서에 대해 탄탄한 이해의 기반을 제공한다. 더 나아가 이 책은 국가로서의 이스라엘 이상의 의미를 생각하게 만든다. 이 책은 이스라엘의 출현과 성장, 그리고 번영과 몰락에 이르기까지 이스라엘의 운명을 보여줄 뿐만 아니라 인격체로서의 이스라엘이 나아가야 할 방향이 무엇인가를 알게 한다는 점에서 독자들은 역사 해설서 이상의 의미를 제공받는다.

하경택 장로회신학대학교 구약학 교수

역사서를 세 가지 방식, 곧 역사적·문학적·신학적 렌즈로 읽어가는 최신 입문서로서 본문과 해석 사이의 씨름이 돋보이는 책이다. 먼저 역사적 관점을 통하여 가나안 땅 정복과 고대 이스라엘의 사회 구조와 국가의 기원과 같은 기존의 역사적 재구성에 관한 물음에 대하여 해명하려 한다. 그러나 전통적인 역사적 관심사에 대한 해명을 넘어 문학적으로 서사비평의 "비극"의 틀을 활용하여 역사비평의 한계를 넘어서려는 "이야기로서의 역사" 읽기는 매우 참신하다. 세 번째의 신학적 관점을 통하여 신명기 역사서를 신학적 지렛대인 언약의 두 당사자에 초점을 맞추어 하나님의 본성과 이스라엘의 인간적 정체성이란 간결한 신학적 주제로 담아낸다. 더 나아가 이스라엘의 인간적 정체성의 본질은 그들의 신앙과 유리될 수 없는 도덕적 존재로 "살아가기"에 있음을 강조하며 독자로서 신앙 공동체의 정체성을 일깨운다.

홍성혁 서울신학대학교 구약학 교수, 설교대학원 원장

이 책이 3판까지 출간되었다는 사실은 끊이지 않는 하나의 요구를 보여준다. 즉 성서 해석은 일반적인 독자가 쉽게 접근할 수 있어야 하며, 동시에 최근의 권위 있는 학술 연구를 반영하여 성서 이야기에 새로운 영감을 불어넣어야 한다는 것이다. 저자는 역사적이고 문학적이고 신학적인 세 가지 중요한 접근법에 초점을 맞추면서, 이 복잡하고 난해한 본문에 드러나는 다층적인 요소들이 분명하고 종합적인 방식으로 구성되고 정교화되었으며, 개별 이야기들은 보다 큰 단위의 내러티브 구조 속에서 설명되고 상황화되었다고 주장한다. 밀스의 인상적인 연구의 성과와 소통 능력은 이 책 전체에서 분명히 나타난다. 학생과 교사 및 일반 독자들은 이 해석이 최근의 것을 담고 있으며 현존하는 유사한 연구 중 가장 포괄적인 연구임을 확인할 수 있을 것이다.

마틴 오케인 영국 웨일스 트리니티 세인트 데이비드 대학교 성서학 교수

메리 밀스는 소위 신명기 역사에 대한 일단의 통찰력 있는 해석을 제공한다. 그녀는 단순한 역사적 해석을 거부하고, 여호수아서-열왕기가 다양한 역사적 실체를 반영한다는 것을 드러낸다. 그녀는 문학적 통찰력을 강조하고 동시에 이야기들이 실제 정치적인 상황을 반영한다고 주장한다. 그녀는 본문들이 어떻게 상대적으로 작은 신생 민족의 불안을 드러내는지를 묘사하지만, 심도 있는 신학에 대한 일정한 공간도 제시한다. 이 책은 학문적인 논의의 중심에 있는 복잡한 본문들에 접근할 수 있는 매우 쉬운 접근법을 보여준다.

조지 J. 브룩 영국 맨체스터 대학교 성서비평 교수

Joshua to Kings

History, Story, Theology

Mary E. Mills

This translation of *Joshua to Kings: History, Story, Theology*, Third Edition is published by arrangement with Bloomsbury Publishing Plc through rMaeng2, Seoul, Republic of Korea.
First published as *Historical Israel, Biblical Israel: Studying Joshua to 2 Kings*, 1994.
Second Edition published by Continuum, 2006.
This edition published 2016 © Mary E. Mills, 2016.

한국구약학연구소 총서 006

최신 역사서 연구 개론

메리 E. 밀스 지음

이동규·차준희 옮김

한국구약학연구소 총서 KOTL

Korea Old Testament Library

성서의 모든 말씀은 시공간을 넘어 언제나 유효한 하나님의 계시입니다. 특히 오늘날과 같은 급변하는 시대적 정황 속에서도 성서는 여전히 삶에 대한 해답을 제시합니다.

《한국구약학연구소 총서》(Korea Old Testament Library)는 이러한 시대적 요청에 부응하고자 기획되었습니다. 국내 유수의 구약학자들의 연구 성과는 물론, 세계적인 구약학자들의 저명한 저서를 번역 출간하려고 합니다. 이를 통해 신학생을 위한 교과서를 제공함은 물론, 목회자들의 성서 지평을 확장하는 데 유익을 주고, 나아가서 한국교회 성도들에게 은혜의 말씀이 선포되는 데 기여하기를 소망합니다.

《한국구약학연구소 총서》는 한국교회의 강단에 구약성서의 케리그마가 풍성하게 선포되기를 바라는 "한국구약학연구소"(Korea Institute for Old Testament Studies)의 마음입니다.

한국구약학연구소 소장 차준희

차례

제3부: 신학으로서의 역사 _ 203

감사의 글

이 책의 핵심적인 연구는 내가 1990년대에 성 마리아 대학교(St. Mary's University College)에서 재직하는 동안 일반적으로 했던 강의와 병행하여 이루어졌다. 제1판에서 나는 이 책을 저술하기 위해 꼭 필요했던 연구비를 지원한 성 마리아 대학교의 연구 위원회에 감사를 표했다. 또한 인내심을 갖고 연구의 내용을 읽어준 앤 라잉 브룩스(Anne Laing Brooks)의 열정과 지치지 않는 집중력에도 감사를 표했다.

2006년에 출판된 제2판은 1판의 내용에 약간의 수정만 가했다. 출판사로부터 이전 판에 대해서 세 번째 개정판을 써 달라는 부탁을 받고 나는 크게 기뻤다. 이 개정판의 출간을 부탁한 블룸스버리 출판사에 감사하며 기존의 해석학적 쟁점들에 대한 새로운 연구 방법들을 추가할 수 있도록 좀 더 확장된 지면과 내용에 흔쾌히 동의해준 것에 대해서도 감사를 드린다.

메리 E. 밀스

2015년 4월

*** 옮긴이 주**

원문의 Yahweh는 야웨로, YHWH는 번역하지 않고 그대로 표현했음

서문

이 책은 1998년에 처음으로 출간된 『역사적 이스라엘: 성서적 이스라엘』(*Historical Israel: Biblical Israel*)의 제3판으로 초판의 골격을 유지하면서도 최근 여호수아서–열왕기 연구의 해석학적 쟁점들을 역사적·문학적·신학적 영역에서 독자들에게 전하고자 한다. 이러한 개정은 초판의 내용을 확장하면서 신명기 연구의 영역에서 이루어진 최근 학문적 연구의 결실과 젠더(gender) 연구와 같이 새로운 성서 연구 방법론을 추가하며 이루어질 것이다.

이 책의 본래 목적은 여호수아서부터 열왕기하까지의 성서 읽기를 위한 중요한 해석학적 쟁점들에 대해서 최신의 개관을 이해하기 쉽게 제공하는 것이었다. 어떤 사람들은 구약성서 중에서 여호수아서부터 열왕기하까지의 본문들을 역사서로 여기지만, 다른 사람들은 그것들을 예언서의 한 부분으로 여긴다. 이 책의 초판 제목인 『역사적 이스라엘: 성서적 이스라엘』은 "땅"을 탐구하는 고고학 연구를 통해 입증된 실제적인 역사와 구약성서라는 전수된 종교적 경전에서 발견되는 민족과 땅의 관계에 대한 문학적인 기술 사이에 나타나는 중복과 차이점들을 보여준다. 이 책의 첫 번째 부분은 특히 역사적인 논쟁들을 다룬다. 다른 두 부분은 역사적인 것에 지나치게 매달리지 않으면서 서로 다른 읽기 방법에 따라 나타나는 것들에 집중한다. 여기서는 문학적이고 신학적인 해석에서 나오는 통찰력을 통해 성서 저작의 전반적인 의미를 살피게 될 것이다.

제2판의 제목인 『여호수아서부터 열왕기까지: 역사, 이야기, 그리고 신학』은 초판의 해석학적 틀을 견지하면서 역사비평과 함께 내러티브비평과 종교적인 메시지를 포함한다. 제3판은 이전 판의 본래적인 시각을 유지하면서도 전기 예언서와 신명기 역사로 알려진 책들에 대한 21세기 성서 연구라는 관점에서 이 세 가지 분야에 대한 보다 확장된 내용을 제공하고자 한다.

메리 E. 밀스

2015

초판 서문(1999)

여호수아서부터 열왕기까지에 해당하는 구약의 소위 "역사적"인 책들은 여러 가지 면에서 중요하다. 가장 분명한 것은 이 책들이 가나안 땅에 정착한 때부터 기원전 6세기 바빌로니아 유배 시기까지 고대 이스라엘 역사를 알려주는 자료로서의 잠재성을 갖는다는 사실이다. 하지만 잠시 간략하게만 읽어보아도 우리는 이 부분의 서술이 중립적이거나 순수하게 사실적인 역사를 말하고 있지 않음을 알게 된다. 다른 나라의 역사기술이 그러하듯이 이 책들은 저자의 관심과 이해를 반영한다. 이런 관심에 대한 연구가 없이는 이 책들을 적절하게 이해하는 것과 그 속에 담긴 진짜 역사적 자료들을 추출하는 것 역시 불가능하다. 더 나아가 저자의 의도가 무엇인가를 알아보는 것은 그 자체로도 흥미로운 일이다. 왜냐하면 이 책들은 고대 이스라엘 문학의 한 부분이기 때문이다. 최소한 그중 몇몇 이야기들은 높은 수준의 문학성에 다다르고 있다. 우리가 사사기나 사무엘서에 있는 많은 이야기를 기억하는 것은 그 이야기들이 아주 잘 쓰였기 때문이지 정확한 역사적 사실과 관련되었기 때문이 아니다. 또한 우리는 행간의 의미를 파악함으로써 이스라엘인들의 삶에 대한 사회적 실체의 많은 부분을 발견할 수 있다. 그리고 마지막으로 앞서 말한 것 못지않게 중요한 사실은 우리가 이러한 역사를 편찬한 사람들을 움직였던 신학적인 관심사들을 추적할 수 있다는 점이다.

이제까지 위에서 말한 네 가지—역사적·문학적·사회적·신학적—관심에 모든 것을 집중하는 책을 찾기가 어려웠다. 메리 밀스의 이 책이 신학에 공헌하는 것 중 하나는 이 네 가지 관심을 모두 균등하면서도 조화롭게 다룬다는 점이다. 이 책은 이스라엘 역사를 주로 알기 원하는 사람들뿐 아니라 역사서를 뛰어난 문학적 저작으로 읽기 원하거나, 그것들의 사회적이고 신학적인 관심사에 관심이 있는 사람들에게도 유익을 줄 것이다. 지난 십 년간 이 네 가지 분야 모두에서 매우 중요한 연구들이 있었고 이 책은 최신의 연구를 포함하여 그것들 모두를 철저하게 잘 다루고 있다. 이 책은 많은 사람들로 하여금 현재 이루어지고 있는 연구들을 알 수 있도록 만들고, 독자에게 친숙한 접근법을 통해 구약성서 연구 전체에 대한 개론적 내용을 아주 훌륭하게 제공한다. 나는 이 책이 널리 읽히고 사용되기를 바란다.

존 바턴

오리엘과 랭 성서해석학 석좌 교수

옥스퍼드 대학교

제1장

서론

INTRODUCTION

이 책의 제목은 이 책이 전하고자 하는 이중의 목적을 보여준다. 첫째는 여호수아서, 사사기, 사무엘상하, 열왕기상하에서 발견되는 이스라엘의 역사에 대한 문학적 기술(account)을 살피는 것이고, 둘째는 이러한 기술들이 고대 근동에서 이스라엘로 불리는 종족의 역사를 어느 정도로, 그리고 어떤 방법으로 설명하는지 알아보는 것이다. 이 책은 여호수아서부터 열왕기까지 히브리 성서 중 전기 예언서로 알려진 부분을 토대로 한다. 전기 예언서에서 이 책들은 이스라엘 왕정이 출현한 이야기를 기술하면서, 이 왕정이 어떻게 발전했고 비참한 최후에 다다르게 되었는지를 비판하는 후기 예언서로 나아가는 길을 준비한다.

"이스라엘"이라는 용어는 구약성서에서 이스라엘의 하나님—그의 이름은 YHWH인데 어떤 영역본에서는 "야웨"(Yahweh)로 번역되고 다른 곳에서는 "주"(LORD)로 번역된다—에 의해 선택된 백성과 그들의 하나님이 그들에게 거주하도록 준 땅을 지칭하는 데 자주 사용된다. 그 용어는 성서에 기록된 것 외에 고고학자들이 "메르넵타 석비"(Merneptah Stele)라고 명명하는 돌기둥에 음각된 글에도 나타난다. 이 석비는 이집트 통치자가 기원전 13세기에 팔레스타인 지역에서 거둔 승리를 기록하고 있는데, 그것은 이스라엘을 도시보다는 민족이나 땅으로 언급한다. 여기서 분명한 것은 고대 세계에서 이스라엘이라는 용어가 민족이나 지역을 언급하는 데 사용되었지만, 이러한 언급은 지나가는 말로 간략하게 언급되었고, 그 당시 이스라엘이 누구이며 무엇을 나타내고 있는지에 관한 세부적인 것을 제시하지 않고 있다는 점이다.

여호수아서부터 열왕기까지는 이스라엘이 한 땅에 정착하고 어떻게 그들의 사회가 변화를 겪었으며 결국에는 무너졌는지를 연대기적으로 설명하기 때문에 우리는 다음과 같은 질문, 곧 "이스라엘에 대한 성서의 기술이 얼마만큼 과거를 보여주는 문서 기술로서 읽히고, 그것은 고대 사회의 발전에 대하여 독자들에게 무엇을 말하고 있는가?"라는 질문을 제기하는 것이 적절하다. 여호수아서부터 열왕기하까지는 어떻게 이스라엘이 그 땅에 도착해 그곳을 정복했으며, 그 땅이 어떻게 열두 지파에게 분배되었는지를 설명한다. 왕이 임명되기 전에 이스라엘의 처음 지도자는 여호수아였고, 그다음에는 사사들이었다. 첫 번째 왕인 사울이 죽었을 때, 다윗은 북쪽과 남쪽의 지파들을 통합해 하나로 연합된 국가를 이루었다. 하지만 그의 후계자인 솔로몬 왕이 죽은 후에 북쪽과 남쪽은 다시 나뉘어 (북쪽의) 이스라엘과 (남쪽의) 유다라는 두 나라로 분리되었다. 이스라엘이 먼저, 그다음에 유다가 북쪽의 침공에 압도되어 왕정 시대의 종말을 맞이했으며, 독립 국가로서의 이스라엘과 유다 사회는 역사에서 사라졌다.

하지만 이와 같은 연대기적 내러티브는 지속적으로 종교적인 관점에서 이야기된다. 다양한 방면에서 무대의 주인공은 눈에 보이지 않는 전능한 이스라엘의 하나님이며, 이로 인해 본문을 평가하는 두 개의 방식, 곧 역사와 신학으로 평가하는 방식이 제기된다. 먼저 역사적 방식에서 평가해볼 때, 이스라엘은 기원전 두 번째 천년기 후반부터 기원전 6세기 중반까지 팔레스타인의 북쪽 고지대에 살았던 민족이다. 다음으로 신학적 방식에서 평가해볼 때, 이스라엘은 그들이 믿었던 종교, 특히 그들이 믿었던 수호신과의 관계를 통해 규정된 사람들이다. 이 두 가지 접근법은 독자로 하여금 이 자료들이 연속적인 문헌의 한 부분임을 탐문하도록 만들고, 보이는 증거가 먼 과거에 생긴 일에 대한 것인지 아니면 유일신 숭배에 대한 종교적 신앙의 성장에 대한 것인지를 탐색하도록 요청한다.

1. 역사적 이스라엘

여호수아서부터 열왕기하까지는 하나의 사건이 다른 사건으로 이어지는 순차적이고 역사적인 틀을 가지고 있으며, 이것은 히브리 성서/구약성서에서 가르치는 모든 것을 포함하는 종교적 가르침의 축소판이다. 구약성서는 여러 개별적인 문서들을 하나로 엮은 모음집인데, 이러한 문서들은 구약성서의 원문인 히브리 성서 안에서 영역별로 분류되어 있다. 첫 번째 부분은 다섯 권의 율법서(토라[*Torah*])다. 율법서의 내용은 연대기적 순서로 시작하는데, 우주와 인간 창조에서 시작해서 점진적으로 국가들이 형성되고 마지막으로는 이스라엘이 형성되는 것으로 마무리된다. 이스라엘의 기원은 아브라함, 이삭, 야곱이라는 시조 또는 족장에게서 발견된다. 모세의 지도 아래 이집트에서 탈출한 이스라엘 사람들은 하나의 독립된 민족으로 바뀐다. 이러한 과정은 그들이 광야에서 YHWH를 만나고, 거룩한 시내산에서 그로부터 십계명과 다른 율법들을 받아 그 속에 표현된 시민적이고 종교적인 삶의 방식을 가지게 되면서 이루어진다. 토라의 마지막 책인 신명기는 이스라엘 민족을 향한 모세의 마지막 연설들과 그의 죽음을 말해준다.

여호수아서는 이후의 일들을 보여주는데, 모세의 죽음 이후에 무슨 일이 일어났는가와 땅에 대한 하나님의 약속이 어떻게 성취되었는가를 말하면서 앞서 간략히 말했던 역사적 단계들을 향해 나아갈 길을 열어준다. 그리고 나서 여호수아서부터 열왕기하까지의 이야기들은 구약성서에 나오는 보다 포괄적인 관점을 다루는데, 이러한 관점은 이스라엘을 이집트와 메소포타미아가 국제 관계를 지배하는 더욱 확대된 고대 근동이라는 무대 안에서 형성된 사회로 본다. 이 자료들의 연속성은 자료들이 다루는 모든 사건이 동일한 하나님에 의해 지배를 받고 있기 때문에 보증된다. 문학적 맥락에서 여호수아서부터 열왕기하까지를 아우르는 각각의 문서들은 이전 사건에 이어지는 속편으로 읽힐 수 있을 뿐 아니라 그 자체로 하나의 통합된 문서로도 읽힐 수 있다. 예를 들면 여호수아서는 모세 오경을 육경(*Hexateuch*)으로 바꾸는 토라의 마지막 책으로 이해될 수 있다. 그것은 이스라엘이 자신의 땅을 향해 계속해서 나아가는 이야기, 곧 신명기의 정적인 상태에서 중단되었다가 모세가 죽기 전에 마지막 연설을 통해 제시된 주제이기 때문이다.

성서에 나오는 이스라엘의 이야기는 실제로 존재하고 탐험할 수 있는 지리적 지역 안에 자리를 잡고 있다. 따라서 그 지역에 대한 현대의 고고학적 연구를 통해서 성서가 말하는 이스라엘의 성서적 배경을 평가하는 일이 가능하다. 이러한 맥락을 고려하여 그 지역의 물리적 환경에 대해 몇 가지 기본적 사실들을 설정하는 일은 유용할 수 있다. 우리가 살피는 지역은 길고 폭이 좁은 나라인데 서쪽으로는 지중해에 접해 있고, 동쪽으로는 산맥과 사막에 접해 있다(지도 참조). 이 지역을 가로지르는 자연적

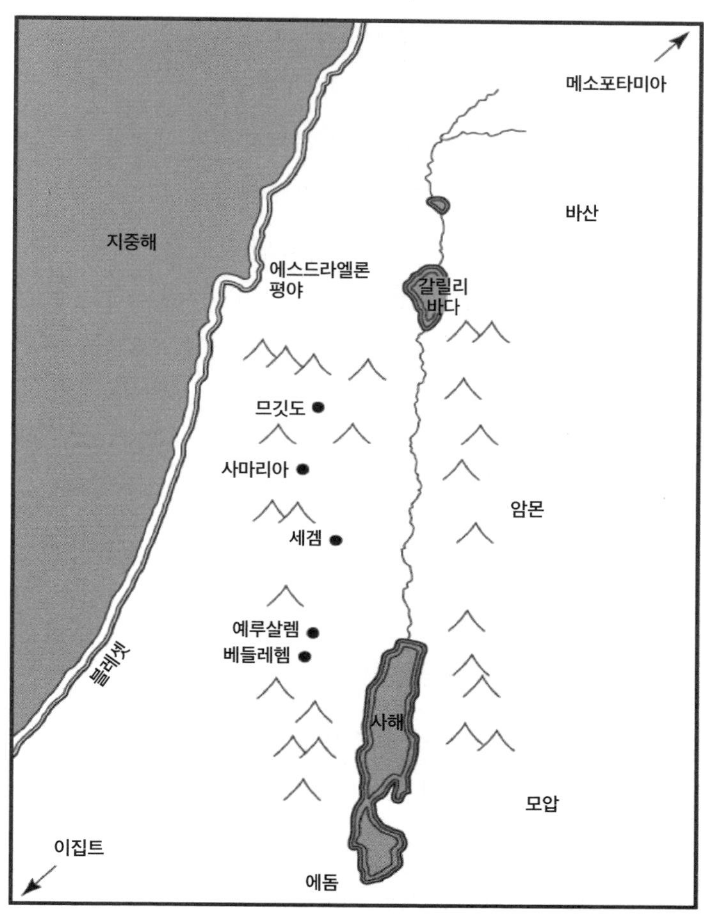

물과 고대의 주거지

해변 평야는 지중해 호우의 혜택을 가장 많이 받는다.
중앙 고지대의 동쪽 사면에서는 최소한의 물만 얻을 수 있다.
해변 도시들과 남북으로 뻗은 교통로를 통제한 므깃도와 같은 요새들에서 고대의 주거지들이 발견된다.
무역로는 해변 평야와 교통로를 통해 남북으로 뻗어 있다.

인 경로들은 남북으로 길게 늘어져 있으며, 그 지역은 북쪽과 남쪽의 훨씬 더 중요한 지역들과 연결된다. 북쪽에 있는 두 개의 중요한 강, 곧 티그리스강과 유프라테스강이 메소포타미아에 강한 세력을 가진 문명에 필요한 자원을 공급했다면, 남쪽의 나일강은 고대 이집트 문명에 기초를 제공했다. 인류가 거주하던 중요한 이 두 지역 사이에 놓인 길고 폭이 좁은 지역은 북쪽과 남쪽을 연결하는 통로가 되었으며, 따라서 메소포타미아 문명과 이집트 문명은 모두 그 지역을 자신들이 세운 제국의 일부분으로 중요하게 여겼다.

비록 구약성서가 이 지역을 명명할 때 이스라엘과 가나안으로 언급하지만, 고대 세계를 연구하는 현대의 역사가들은 시간이 흐르면서 수많은 다양한 집단이 이 지역을 점유했던 것을 고려하여 그곳을 시리아-팔레스타인(Syro-Palestine)으로 부르는 것을 선호한다. 후기 청동기 시대(기원전 두 번째 천년기 후반)에는 이집트가 이 지역을 지배했으며, 그 지역의 통치자들은 도시 국가의 왕들로서 실제로 독립적인 지위를 누리지는 못했다. 청동기 시대가 끝날 무렵에 이집트 세력이 몰락하면서 도시 국가들은 상당한 자율권을 누렸지만, 그것은 동시에 작은 도시 국가들끼리 서로 전쟁을 벌이는 불안정한 시기를 초래했으며 결국에 도시 국가들은 해안 평야를 공격해오는 해양 민족의 침입을 받았다. 이 시기에 고지대 중앙에 거주지가 발전하는데, 이러한 사실은 일반적으로 이스라엘이 성장했다는 증거로 간주된다. 실제로 권력에 공백이 생기면서 지역 통치자들은 자신들의 나라를 확장할 수 있는 여유를 갖게 되었지만, 이러한 권력의 공백은 기원전 8세기부터 6세기에 걸쳐 신 아시리아와 바빌로니아가 새롭게 출현하고, 그들이 이스라엘과 유다를 잇달아 침공하며 이스라엘과 유다가 그러한 제국들에게 굴복함으로써 끝이 난다.

그 후 시리아-팔레스타인 지역은 단지 경제적인 측면에서만 일정한 가치를 가진 지역으로 여겨졌고, 이것은 훨씬 더 많은 물적 자원과 강한 세력을 가진 다른 국가들이 그 지역을 정치적으로 통제하는 결과를 가져왔다. 독립 국가가 나타날 가능성은 이 세력들이 종종 쇠락하는 시기에만 대두했다. 그렇다 하더라도 이스라엘과 유다 왕국이 다스린 지역은 다른 국가들이 둘러싸고 있는 팔레스타인 지역의 일부분이었을 뿐 아니라 블레셋(해양 민족)이 다스리는 통치 지역의 일부분이기도 했다. 팔레스타인 지역은 풍부한 강수량과 양질의 토양이 부족하여 큰 강을 끼고 있는 주변 지역들과 경쟁하는 것이 불가능했다. 초기 주거지는 서부 평원 지역에 집중되었고, 고지대의 개발은 저수지를 만들어 건기에도 토지 경작을 가능케 하는 기술과 계단식 농법이 나타난 이후에야 이루어졌다.

구약성서에 따르면 이집트에서 탈출한 이스라엘인들이 바로 이 땅에 도착하게 되며 여호수아서부터 열왕기하까지의 서술은 이 지역에서 거주했던 이스라엘과 유다의 삶을 보여준다. 하지만 그 이야기들은 이스라엘인들의 이해관계와 관련이 있는 관점에 고정되어 있어서 그 지역을 하나님이 자신의 백성에게 약속한 "그 땅"(The Land)으로 지칭한다. 이러한 맥락에서 이스라엘이라는 이름은 사람과 물리적인 지역을 모두 부르는 이름으로 쓰인다. 시리아-팔레스타인에 거주하는 다른 민족들은 "가나안"(Canaan)이라는 일반적인 용어로 지칭되며, 외부인과 적으로 간주된다. 이스라엘 민족과 다른 민족을 나누는 중요한 구분선은 종교적인 것이었고, 이스라엘을 규정하는 것은 그들과 언약을 맺은 신만을 경배하는 일신론적 예배였다. 가나안인들은 다신론적 예배 체계를 유지했고, 이것은 이스라엘 사람들에게는 이질적인 것이었으며 이스라엘이 섬기는 하나님이 반대하는 것이었다. 만약 이스라엘이 오직 자신들의 수호신만 예배한다면, 가나안 사람들은 이스라엘에게 패배할 운명이었다.

더욱이 역사 지리학의 기본 사실들은 구약성서를 읽는 독자들을 겨냥한 종교적인 메시지에 의해 채색되었으며, 구약성서의 본문들은 독자들이 이 메시지에 대해 교감하리라는 것을 암묵적으로 가정하고 있다. 신명기 사가의 저작들에서 나타나는 것은 성서적 이스라엘, 곧 성서 본문에 의해 만들어진 이스라엘이었다. 시간 속에서 일어난 사건들에 제시된 신학적 태도에서 중심이 되는 것은 이미 창세기부터 시작해 신명기까지 이르는 책들에서 수없이 등장했던 언약이라는 주제다. 이스라엘은 이런 언약의 형태 안에서 친족 집단, 이주 공동체, 종교적 회중, 그리고 군대로 묘사된다. 친족 집단이라는 정체성은 이스라엘이 창시자들의 후손, 특히 이스라엘 민족을 구성하게 되는 열두 아들의 아버지이자 창세기에서 "이스라엘"로 이름이 바뀐 야곱의 후손이라는 사실 위에 세워진다. 이들은 이집트에서의 탈출과 광야에서의 유랑을 통해 이루어진 이주 공동체였다. 이스라엘은 이 유랑의 시기 동안 수호신인 YHWH의 인도를 받았고, 그의 현존은 이스라엘이 행진하는 동안 백성들 앞에서 이동하고 신성한 물건들을 담고 있던 언약궤와 모세가 하나님과 만났던 회막을 통해 나타났다. 신명기는 이스라엘인들이 광야로 나아간 여정을 예배자 무리의 거룩한 순례로 설명하고, 그 백성이 그 땅을 향해 나아갈 때, 그들의 모습(profile)은—여호수아서에서 보여주는 것처럼—전진하는 군대의 모습과 아주 유사하다.

2. 성서적 이스라엘

“이스라엘”은 구약성서에서 중요한 용어다. 앞서 언급했던 것처럼 야곱은 창세기 32장에서 이스라엘로 이름이 바뀌고 열두 아들의 아버지가 되는데, 이들의 자손이 훗날 이스라엘의 열두 지파를 형성한다. 야곱/이스라엘은 이집트로 내려갔고, 그의 백성 이스라엘은 자신들의 하나님을 만나기 위해 광야로 여행을 떠날 수 있도록 그곳 이집트에서의 노예 생활에서 해방되었다. 이것이 이스라엘 민족 전체가 자신들의 수호신과 만났던 첫 번째 시간이었다. 시나이 반도에서 이루어진 만남은 이스라엘이 약속의 땅에 들어가자마자 국가가 따라야 하는 가치 체계와 예배를 형성한다. 그러한 사건들은 아주 옛날의 조상들뿐 아니라 세상의 기원과도 관련이 있다. 토라에 나오는 “이스라엘”에 관한 내용은 그와 같은 것들이었다. 히브리 성서의 한 부분인 토라는 인간 존재를 창조자 하나님과의 관계 속에서 파악하며, 하나님이 한 나라를 선택해 세웠는데 그 나라는 특별한 나라의 정체성을 갖는다고 말한다.

히브리 경전의 두 번째 부분인 예언서(네비임[*Nebi'im*])는 이스라엘이 요단강을 건너 가나안에 정착했을 때 일어난 일들, 즉 이스라엘 사람들이 어떻게 그 땅을 지배하게 되었으며, 어떻게 다양한 형태의 지도자들이 나타나게 되었는가를 이야기해준다. 예언자들이 선포한 재앙의 메시지는 이스라엘과 유다 사회에 선포되었으며, 특히 그 사회의 상류층을 향했다. 이스라엘의 생명은 아시리아와 바빌로니아가 침공하여 그들을 유배시킴으로써 종말을 맞이한다. 유배 생활에서 귀환한 자로 불리는 사람들은 더 이상 “이스라엘인”이 아니라 “유대인”이었다. 유대인은 그들을 포로로

잡아간 사람들이 그들의 출신과 언어를 따라 구분하여 지어준 이름이었다. 그들은 유다 출신의 사람이었고 유다의 언어를 말했기 때문이다. 유다(Judah)와 유다적(Judahite)은 "이스라엘적"(Israelite)이라는 정체성의 새로운 기초가 되었다.

히브리 경전은 무엇이 이스라엘을 구성하는지에 대한 상세한 그림을 보여준다. 이것의 중심에는 예배라는 종교적인 예식이 있다. 이스라엘은 YHWH를 예배한다. 이는 하나님이 이스라엘의 생명을 주관하기 때문이다. 하나님은 아브라함과 그의 아내를 선택했을 때 그 두 사람을 자신이 선택한 나라의 시조로 삼았다. YHWH는 자신을 위해 이 나라를 선택했을 뿐 아니라 그들을 언약 관계 속으로 불러서 그들에게 자신을 알렸다. 호세아 11장은 이스라엘을 하나님의 아들로 묘사하며, 하나님을 자기 자녀를 기르는 부모로 표현한다. 따라서 이스라엘은 하나님의 가족이 되었다. 성서에 나오는 이스라엘의 모습은 분명하게 역사적 이스라엘과 어느 정도 관련이 있지만, 그것은 발전이 천천히 이루어지다가 그 땅의 정착과 더불어 가속화되며, 사사기에 나오는 여러 명의 서로 다른 지도자들에 대한 짧은 이야기들을 하나의 이야기로 조화시키는 그림을 보여준다.

더욱이 구약성서는 이스라엘에 대한 문학적이고 종교적인 설명을 제시하는데, 이것은 신학 연구의 형태가 아니라 인간 삶을 기록한 형태로 나타난다. 이러한 설명의 중심 부분은 여호수아서부터 열왕기하에서 발견된다. 이 부분에서 각각의 본문은 그 자체의 내용을 갖고 있지만, 전체를 보면 이스라엘이 사회적이고 정치적으로 발전하는 새로운 단계를 기록하고 있다. 그렇다면 이 저작들은 서로 다른 저자들의 작품들인가? 아니면 한 명의 위대한 저자가 여러 자료를 모아 하나의 연속된 이야기를 말하고 있는가? 여호수아서에서 열왕기하까지는 연속된 이야기를 하고 있을 뿐 아니라 신명기를 포함하여 이 책들 사이에는 용어와 관점에 있어 연속성이 있었다는 것이 알려져 있다. 그래서 마르틴 노트(Martin Noth)는 이 책들을 신명기 역사(the Deuteronomistic Histories)라고 표현했다(1960). 이 명칭은 구약성서에 (그리고 이 책들을 전기 예언서라 부르는 유대교에도) 등장하지는 않지만, 현재 학계에서 널리 사용되고 있다. 노트는 이 명칭을 통해 이 본문들의 전체적인 일관성을 강조하고, 많은 다른 이야기들을 하나의 연속체로 엮어 이스라엘의 하나님이 행하는 전능함을 기술하는 방법을 강조한다. 모쉐 바인펠트(Moshe Weinfeld)가 주장한 것처럼(1972) 신명기적 문체의 근원은 신명기 안에서 발견된다.

3. 신명기 사가의 역사

노트는 여호수아서부터 열왕기하까지 사용된 자료의 본래 출처가 어디든지 간에 현재의 모습은 하나의 연속적인 서술로 엮어서 하나의 동일한 주제를 나타내고, 독자들이 이스라엘 역사를 볼 수 있도록 그들에게 하나의 초점을 제공하고 있다고 주장한다. 이 동일한 주제는 신명기의 신학과 궤를 같이하며 이스라엘이 앞으로 거주하게 될 약속의 땅에서 살아갈 모습의 청사진을 제시한다. 그 땅이 YHWH의 선물이기 때문에 백성들의 삶은 한 분 하나님과 그의 뜻을 행하는 것에 집중해야만 한다. 일상의 삶 가운데 정의롭고 공평한 사회로서 분명한 제의 규정을 가진 하나의 나라가 있는 것처럼, 하나의 신이 있고 예배를 위한 하나의 중앙 성소가 있을 뿐이다. 신명기 28장에서 모세는 자신의 이야기를 듣는 청중들에게 어렴풋한 미래를 보여준다. 그들이 신명기에 기록된 가르침들을 지킨다면 그 땅에서 축복을 받을 것이지만, 만약 다른 신들을 예배한다면 그들은 저주를 받을 것이다. 본문은 그와 같은 저주가 포함하고 있는 고난에 대해 자세히 설명한다. 마치 저자가 그 재난이 이스라엘에 닥친 것을 이미 알고 있는 것처럼 말이다.

이 사실은 신명기를 토라의 마지막 책으로 묘사하지 않고 뒤따라 나오는 역사서들의 첫 번째 작품, 곧 개론서로 간주할 수 있는 길을 열어준다. 그다음에 독자들은 신명기에 대한 지식을 염두에 두면서 신명기에서 예언된 약속들과 비통한 삶을 살아가는 이스라엘의 행동들을 따라가도록 인도된다. 위대한 영웅과 지도자들의 행위는 모든 것을 포괄하는 YHWH의 섭리와 언제나 균형을 이룬다. 이스라엘과 유다의 왕들이 다양한 신들을 숭배하도록 자신들의 백성들을 이끌었을 때, 그들은 심판을 받았고 그 두 나라도 심판을 받았다. 범죄와 그 뒤를 따르는 심판이라는 이 도식은 열왕기하에서 가장 분명하게 보이지만 역사서들 전체에서 그 흔적을 찾을 수 있다. 노트는 사상가와 저술가가 한 학파를 이루었고 그들이 이전의 민간의 이야기들(older folk stories)과 문서들을 하나로 모아 과거의 진정한 의미와 그것이 갖는 현재의 의미를 설명하도록 만들었다고 주장했다. 그는 또한 이들이 유다의 왕정 후기와 포로 시기에 활동했다고 생각했다. 그 이유 중 하나는 열왕기에 따르면 오래된 율법책이 요시야 왕 때에 예루살렘 성전에서 발견되었기 때문이다(왕하 22장). 학자들의 주장에 따르면 이것은 역사적인 신명기의 발견을 의미하며, 이 발견이 야웨 신앙(Yahwism, 야웨 하나님을 섬기는 종교)에 보다 집중하는 방향으로 이루어진 종교개혁을 탄생시켰다. 이 개혁을 옹호하는 사람들은 궁정에서 하나의 단일한 집단을 형성했는데, 이들이 신명기 사가들(Deuteronomists)이다. 포로기 이후에는 이스라엘 역사에 대한 또 다른 판본이 역대기 사가(Chronicler)에 의해 나타났다(역대기상하). 이 판본은 유대 엘리트들의 새로운 관심사에 부응하도록 앞선 신명기 사가의 역사를 차용했다.

레이몬드 퍼슨(Raymond Person, 2002)은 신명기 학파(Deuteronomic school)의 편집 역사를 파악하고자 신명기와 전기 예언서를 연결하는 핵심 요소들을 연구했다. 그는 성서의 책들이 열왕기상 14장에 나오는 이집트 왕 시삭의 군사 원정의 서술처럼 비록 적지 않은 부정확성을 보이지만 그럼에도 그것들은 역사적인 사건들과 어떤 실제적인 관련성을 맺고 있다고 주장한다. 퍼슨에 따르면 학자들의 의견은 노트처럼 한 저자가 포로기에 자료들을 취합했다고 주장하는 사람들과, 저술과 변용이 포로기에서 포로기 이후까지 계속해서 이루어진 일련의 작업이었다고 주장하는 사람들로 나뉜다. 퍼슨 자신은 성서의 자료들이 페르시아 궁정에서 온 세스바살과 스룹바벨의 도착과 연관하여 이전 유다 왕국의 전승들을 수집하고 기록하는 책임을 맡은 서기관들의 활동에서 연유했다고 말한다. 서기관들이 필요한 본문들을 저술해나가면서 그들의 서술은 기록적이기보다는 신학적인 모양을 갖추었다. 이 편집자들의 세대는 이전 서기관들이 왕정 후기 시대 유대 왕궁에서 기록한 오래된 연대기들을 직접 참고했을 것이다.

다이애나 에델만(Diana Edelman, 2014)이 최근에 편집하여 출간한 저서는 신명기부터 열왕기까지의 출현을 유대인 독자들을 위한 권위 있는 책의 출현과 관련 있는 것으로 간주한다. 그리고 그것은 이 성서를 이루는 저작들이 포로 이후 유다의 상황, 특히 페르시아 제국 아래서 통치를 받던 이스라엘의 과거를 증언하는 것들로 인정받고 있다고 주장하는 학자들이 최근에 내놓은 다양한 의견을 보여준다. 분명한 것은 그들이 여호수아서부터 열왕기까지의 역할과 기능에 대한 악셀 나우프(Axel Knauf)의 주장을 여전히 인정하지 않는다는 사실이다. 나우프는 여호수아서를 그 땅에서 이루어진 이스라엘의 역사를 이해하는 데 꼭 필요한 책으로 생각하지 않는다. 그는 세르지 프롤로프(Serge Frolov)의 논증에 반대하는데, 프롤로프는 하나님이 충성에 대한 보상으로 자신을 따르는 사람들에게 땅을 수여하는 것을 중요하게 여긴다는 점을 보여줌으로써 "역사적" 책들의 수사학적 전략에서 여호수아서가 중심적인 역할을 하고 있다고 주장한다. 하지만 에델만이 편집한 책에 논문을 기고한 저자들은 모두 한 가지 해석학적 방법론을 공유하는데, 그 방법론이란 성서 본문의 내용과 구성을 이루는 일련의 편집 단계 중 가장 마지막에 활약했던 편집자들이 남긴 성서의 최종 형태에 집중하는 것을 의미한다. 최종 편집자들의 역할은 그들이 전수받은 책이 동시대를 살았던 청중들이 관심을 기울였던 사안들을 말하게 하는 것이었다.

이스라엘의 과거에 관한 역사적 자료의 구성사(the history of composition)에서 또 다른 문제는 히브리 성서가 이 자료들에 대해 두 가지 입장을 보인다는 사실에서 비롯된다. 이 두 가지 입장 중 두 번째 입장은 역대기상하에서 발견된다. 이스라엘의 과거에 대한 신명기적 편집이 역대기의 편집보다 앞선다는 견해는 신명기 사가와 역대기 사가의 순서에 대해 의견을 달리하는 그레이엄 올드에 의해 도전받아왔다. 올드는 자신의 『특권이 배제된 왕들』(*Kings Without Privilege*)에서 동일한 주제를 다루는 과거에 대한 두 가지 입장의 기록을, 더 오래된 자료를 비슷하게 취급한 유사한 편집물로 보아야 한다고 주장했다. 이 주장은 특히 다윗부터 왕정 시기 마지막 왕까지의 역사와 관련된다. 올드는 신명기 사가와 역대기 사가의 기사 모두에 나오는 왕들의 이야기를 연구하며 공통 자료로 생각되고 두 저작이 동일하게 의존하는 것으로 간주되는 것들을 추려낸다.

따라서 독자들은 각각의 본래 기록들이 이전 기록들을 보충하거나 변경하는 방법들을 파악해야 한다. 올드는 사건들에 대해서 실제적인 태도를 취하는 것으로 보이는 책(신명기 사가의 역사)이 사안들에 대해 더 이상적인 견해를 취하는 본문(역대기 사가의 역사)보다 오래된 것으로 여겨져야 한다는 가정에 대해 경고한다. 올드의 견해에 따르면, 이 본문들에 대한 접근은 동시에 이루어질 수 있다. 그는 두 가지의 역사를 모두 포로 시기의 산물로 여기며, 이 시기는 열왕기하에서 언급하는 요시야와—과거에 대한 보다 오래된 입장의 자료로서의—고대 율법서의 가치를 축소하고 있다고 말한다. 하지만 그는 예언자 예레미야와 열왕기 사이에 연관성이 있다고 제안함으로써 유다 왕국의 말기에 일어난 개혁 운동들과 일정한 연관이 있을 것이라 주장한다.

4. 결론

동일한 자료에 대해 두 가지 입장이 존재한다는 사실은 독자들에게 과학적 진리를 추구하는 현대에도 과거의 이야기는 현대 연구자들의 의식을 통해 불가피하게 중재될 수밖에 없다는 사실에 대한 주의를 환기시킨다.

히브리 성서/구약성서 안에 과거에 대한 다른 해석들이 나란히 존재하며, 현대의 독자들은 단지 그것들의 다른 렌즈를 통해 역사적인 사건들을 볼 뿐이고, 각각의 해석을 제시하는 저자들이 어떤 목적을 품고 있는지를 알아보려 시도할 뿐이다. 20세기의 독자들은 고대 저술들의 기원과 관계에 대해서 독립되고 때로는 서로 반대되는 이론들을 만들어냈다.

현대의 역사 연구에서 몇 가지 단편적인 역사적 증거를 어떤 사건들에 대한 정확하거나 신뢰할 수 있는 서술로 판단해줄 수 있는 기준에 동의하는 것은 쉽지 않은 일이다. 자신의 책 서두에서 퍼슨이 성서에서 발견되는 실제 역사가 과연 어느 정도까지 실제인가에 대해 최대주의자(maximalist)와 최소주의자(minimalist)의 접근법이 큰 차이가 있음을 언급한 것처럼 말이다. 고대의 독자를 위해 쓰인 신명기 사가의 본문에 대해 역사적인 가치를 규정하는 작업은 훨씬 더 복잡하다. 고대 세계는 과거를 기록할 때 현대적인 의미에서 "과학적"(scientific) 태도를 갖지 않았기 때문이다. 현대의 연구자는 주요 인물들의 말과 행동에 대해 "있는 그대로를 말하려" 하지만, 구약성서 자료의 편집자들은 역사적인 세부 사항에 주의를 기울이기보다는 모든 것을 포괄하는 중요한 종교적 전승들을 전달하여 과거와 현재를 연결 및 유지하는 데 보다 더 관심이 있었을 것이다.

그렇다면 『역사적 이스라엘: 성서적 이스라엘』이라는 제목을 통해 독자들에게 보여주려는 것은 무엇인가? 분명한 것은 이스라엘이라는 개념이 어느 하나의 의미로 고정될 수 없다는 것이다. 오히려 그 제목은 도서관에 놓인 구약성서/히브리 성서와 관련된 책들과 연관된 수많은 의미를 포함한다. 한편으로는 시리아-팔레스타인의 중앙 고지대에 살았던 이스라엘이라 불린 역사적인 사회가 있었고, 현대의 고고학적 연구들은 이스라엘이 어떤 종류의 사회였는지를 밝히는 데 도움을 줄 수 있다. 구약성서는 종국적으로 이러한 사회의 산물이며, 이스라엘/유다 문화의 말기에 그러한 형태를 형성했다. 하지만 이스라엘 역사에 대한 성서의 기술은 역사적이고 지리학적인 실체와는 많은 부분에서 다른 구별된 실체다. "성서적 이스라엘"은 신학적인 구조물이며 백성들은 그들의 수호신과 관련된 예배자 회중으로 정의된다. 이런 면에서 신명기 역사는 종교적인 진리를 목적으로 하는 신학적인 저작이다. 이 성서적 이스라엘은 문학적인 형태들로 표현되고 이와 관련된 메시지는 내러티브의 형태로 독자에게 전달된다. 또 이런 면에서 역사서는 다른 것들처럼 문학의 한 부분이 되고 문학적 분석의 영역에서 연구될 수 있다.

이 책의 나머지 부분은 역사적 이스라엘, 문학적 이스라엘, 신학적 이스라엘이라는 세 요소를 다룰 것이다. 이 책의 첫 번째 부분은 본문과 역사를 연결하는 데 관련된 문제들을 살피고 신명기 역사의 특정한 부분에 영향을 주는 네 개의 주요 논쟁을 다룰 것이다. 두 번째 부분은 내러티브로서 역사의 역할을 알아보고, 본문에 대한 문학적 탐구가 어떻게 현대의 독자들에게 더 깊은 흥미로운 층들을 보여주는가를 살펴볼 것인데, 이것은 특히 한 사회의 공공 생활에 관련된 젠더 관련 사회참여(gendered engagement)의 영역이 될 것이다. 세 번째 부분은 전체 역사를 가로지르며 나타나는 신학적인 주제들로 옮겨가 기초로서의 신명기를 돌아볼 것이다.

JOSHUA TO KINGS

제1부

역사적 쟁점

제2장

여호수아서와 가나안 정복

JOSHUA AND
THE CONQUEST OF CANAAN

이 책의 서론에서 소개한 모델을 따르면, 여호수아서는 히브리 성서를 구성하는 예언서 부분의 첫 번째 책이거나 신명기 사가가 구성한 역사서의 첫 번째 책으로 규정될 수 있다. 이번 장에서는 후자의 모델을 채택할 것이다. 약속의 땅에서 펼쳐지는 장구한 이스라엘 역사의 첫 번째 단계로서 여호수아서는 이스라엘이 궁극적으로 자기 영토를 가진 하나의 국가로 발전해가는 과정에서의 장소적 배경을 설정한다. 하지만 본문을 온전하게 이해하기 위해서는 이스라엘의 삶에서 펼쳐진 과거 사건들을 돌아보아야만 한다. 특히 신명기에서 보이는 이스라엘의 정체성과 목적에 대한 표현들을 살피는 것이 유용할 것이다.

신명기를 보면, 이스라엘 백성은 이미 큰 민족이 되어 행진 중이었다. 이집트에서 하나의 독립된 민족으로 성장한 이스라엘은 마침내 그곳을 떠나 광야에서 자신들의 하나님을 만나는 여정을 허락받는다. 시내산에서 하나님을 만났을 때, 이스라엘 백성은 하나님이 선택한 백성으로 그가 자신들에게 기대하는 것이 무엇인지에 대해 그로부터 직접 이야기를 듣는다. 신명기의 첫 부분에서 모세는 이스라엘 백성에게 자신들의 과거를 상기시켜주고, 그들을 지키는 하나님이 줄 약속의 땅에서 펼쳐질 미래를 내다본다. 이스라엘이 신명기 12장부터 26장까지에 걸쳐 선포된 모든 율법과 하나님의 명령을 지킨다면, 그 땅에서 평화롭게 살게 될 것이고 번영을 맛볼 것이다. 이런 시각은 신명기 28장에서 모세에 의해 간략히 표현되어 백성들 앞에 놓인 두 가지 길로 설명된다. 이스라엘이 그 땅에 이미 살고 있는 민족들이 가진 문화적·종교적 체제들을 받아들이지 말라는 명령이 율법 조항들에 추가되었다. 이 목표는 여호수아 11장까지의 이야기에 나타나는 격렬한 정복 전쟁을 통해 성취된다.

1. 정복 전쟁 이야기

여호수아서는 모세의 죽음과 함께 시작하고 이제 눈의 아들 여호수아가 지도자로서 모세의 역할을 이어받는다. 하나님은 여호수아에게 백성들을 이끌어 그 약속의 땅으로 들어가라고 말한다. 그리고 이제 하나님의 약속들은 성취될 것이다. 신속한 승계에 이어지는 장면은 강을 건넌 후 이스라엘의 모든 남자가 할례 예식을 통해 하나님을 따르기로 서약하는 모습이다. 이스라엘은 이제 약속의 땅을 공격할 준비를 마쳤고 이를 실행에 옮겨 여리고와 아이를 차지했으며 아모리인들에게 승리를 거두었다. 여호수아 12장에 이르러서는 약속의 땅 전체가 이스라엘인들의 수중에 떨어지게 된다. 이제 새롭게 차지한 땅을 열두 지파 사이에서 나누는 일이 남았는데, 이 주제가 여호수아 13장부터 19장까지 나타난다. 마지막 장에서 여호수아는 자신에게 주어진 임무를 완수하며 죽음을 맞이한다. 그는 죽기 전에 모든 백성을 함께 모으고 하나님에 대한 그들의 서약을 갱신하는 의식을 진행한다. 하나님은 이스라엘을 위해 싸우고 그 지역 왕들과의 전쟁에서 승리하도록 그들을 이끌었다.

이것이 여호수아서에서 말하는 정복 전쟁 기사이고 현대의 독자들은 그것을 이스라엘의 과거 이주 역사로 전달받는다. 하지만 현대 역사기술의 기준에 맞추어 이 이야기를 해석하는 것이 과연 적절한가? 이 이야기의 어떤 부분들은 독자들이 잠깐 멈추어 생각하게 한다. 그 약속의 땅은 광대한 지역이며 거주민들로 가득하다고 묘사된다. 하지만 단지 몇 번 안 되는 전쟁과 포위 공격이 상세히 기술되고 그것들은 오랫동안 수행된 정복 전쟁 전체에 충분한 전략처럼 작동하는 것처럼 보인다. 여호수아 10:29-43에 나오는 것처럼 전쟁 중에 일어나는 다른 사건들은 반복된 서술 방식을 사용하여 빠르게 지나간다. 여호수아서의 중간에 나란히 등장하는 땅의 분배에 대한 여러 서술들은 서로 완전히 조화되지는 않는데, 여호수아 13장의 이야기는 14-18장에 나오는 것과 차이를 보인다. 또한 여호수아서 말미인 여호수아 23장과 24장에는 여호수아가 어떻게 이스라엘을 한자리에 모았는지에 대한 다른 이야기가 등장한다. 이와 같은 반복은 저자가 이 사건에 대해 하나 이상의 전승들을 알고 있었고, 하나의 "진짜" 이야기를 기록하기보다는 사용 가능한 다양한 정보를 기록하려 했음을 보여준다. 편집자의 노력으로 어느 정도의 조화가 이루어졌지만 본문 속에는 여전히 다양성이 드러난다.

더 나아가 여호수아서는 이야기를 전달하는 것과 관련하여 공식화된 방식을 사용한 흔적을 보여준다. 백성들이 아무 탈 없이 강을 건너는 것은 앞서 이스라엘이 홍해를 건넌 것을 의도적으로 다시 들려주는 것이다. 요단강 물은 백성들의 행렬 양쪽에 높게 기둥을 형성하여 멈춰 있고 이스라엘이 다 건넌 후에야 다시 흘러간다. 여호수아는 백성들에게 이 사건의 의미를 그들의 자손에게 전하라고 말한다. "너희의 하나님 여호와께서 요단 물을 너희 앞에서 마르게 하사 너희를 건너게 하신 것이 너희의 하나님 여호와께서 우리 앞에 홍해를 말리시고 우리를 건너게 하심과 같았나니"(수 4:23). 하나님의 언약궤는 이 기적에서 중요한 역할을 수행하고 이스라엘이 전쟁에 나아갈 때 백성들 앞에 위치하여 계속된 신적 도움을 제공했다. 예를 들면 여리고의 함락은 기적적인 이야기로 전해지는데, 적절한 종교적 예식을 수행하여 성벽을 무너뜨리게 되었다고 말한다. 이후 기브온 사람들은 큰 전쟁에서 패하게 되는데 여기서 해와 달은 일상적인 움직임을 멈추게 된다. "여호수아가 여호와께 아뢰어…태양이 머물고 달이 멈추기를 백성이 그 대적에게 원수를 갚기까지 하였느니라"(수 10:12-13). 이 사실은 여호수아서가 가나안 침공에 대해 과학적으로 설명하기보다는 과거에 대한 종교적 전승을 반영하는 것과 국가적인 사건에서 이스라엘의 하나님이 중심적인 역할을 한다는 신학적 서술에 주안점을 두고 있음을 보여준다.

2. 역사적 배경

여기서 제기되는 문제는 사건에 대한 종교적인 설명이 "실제로 일어난 일"과 어떻게 조화될 수 있는가 하는 것이다. 예를 들면 사건에 대한 여호수아서의 종교적인 설명이 본래 일어난 사건의 모습과 아주 가깝다고 주장할 수 있다. 이와 같은 주장은 이스라엘이 팔레스타인 밖에서 민족을 이루어 그 땅을 침공했고 이미 존재하던 문화와 종교를 이스라엘의 것으로 대체한 것이 사실이라는 견해로 이어졌는데, 실제로 20세기 초반에 올브라이트(W. F. Albright)와 같은 학자들에 의해 주창되었다.

<도표> 고대 시리아-팔레스타인의 시대 연표

신석기	기원전 8000-4000년	
금석 병용기	4000-3150년	
초기 청동기 1	3150-2950년	
초기 청동기 2	2950-2650년	
초기 청동기 3	2650-2350년	
초기 청동기 4	2350-2150년	
중기 청동기 1	2150-1950년	족장 이야기의 대략적 연대
중기 청동기 2A	1950-1750년	
중기 청동기 2B	1750-1550년	
후기 청동기 1	1550-1400년	성서적 출애굽 추정 연대
후기 청동기 2	1400-1200년	
철기 1	1200-1000년	성서적 이스라엘 왕국의 등장
철기 2A	1000-900년	다윗, 솔로몬, 분열 왕국
철기 2B	900-700년	아시리아의 등장과 사마리아 정복
철기 2C	500-587년	바빌로니아의 등장과 예루살렘 멸망
철기 3	587-332년	바빌로니아와 페르시아 제국의 통치
헬레니즘 시대	332-37년	
로마 시대	기원전 37년 - 기원후 324년	

팔레스타인에서의 청동기 시대 전체 연대는 이집트 연대에 기초한다. 이 시기 팔레스타인 일상에서 이집트의 영향을 보여주는 많은 증거가 현존하며 이를 통해 팔레스타인과 이집트의 연표를 통합하는 것이 가능하기 때문이다.

(이 연표는 프리츠, 『성서 고고학 개론』[Sheffield, 1994]에 근거한다)

역사적 자료의 유효성을 확인하는 하나의 현대적 방법은 다른 자료들에 나오는 동일한 사건에 대한 이야기들을 서로 비교하는 것이다. 불행히도 구약성서에서 이 방법을 사용하는 것은 가능하지 않은데, 성서 기록 외에는 이스라엘의 과거에 대한 기록이 없기 때문이다. 지금까지 고고학자들은 이스라엘의 팔레스타인 정착에 관련하여 성서의 기록을 지지하거나 그것에 도전할, 돌에 새겨진 글이나 파피루스 또는 양피지나 토판의 기록을 찾지 못했다. 고고학적 증거 중 유일하게 사용 가능한 것은 보다 일반적인 성격의 자료들이다. 팔레스타인의 도시 유적은 큰 언덕들(tells)을 형성하며 층(layer)별로 발굴이 가능하다. 이것을 연구하는 학자들은 해당 시기(도표 참고) 팔레스타인에서 일어난 급속한 침공의 증거를 찾지 못했다. 예를 들면 프리츠(V. Fritz)는 다음과 같이 주장한다. 가나안 도시 문명의 쇠퇴는 아직까지 설명되지 않은 채 남겨져 있다. 한 가지 분명한 점은 이스라엘인들이 그 땅을 점령한 것은…이 붕괴의 **원인**이 아니라 **결과**라는 사실이다(Fritz, 1994, 116). 여리고는 성서 연대를 따라 이스라엘이 도착하기 약 200년 전에 파괴된 것으로 나타난다. 도시들을 발굴한 결과 해당 시기에 그와 같은 양상으로 일어난 파괴의 흔적이 보이지 않으며, 한 지역에서 문화적 변혁의 징표가 되는 가옥 구조나 지역 토기 양식에서도 즉각적인 변화가 나타나지 않는다.

이 증거들에서 나오는 결론은 무엇인가? 타당한 주장은 성서의 정복 기사가 과거의 사건을 이해하기 위해 후대에 역(backwards)으로 이루어진 투영이라는 것이다. 이렇게 현대인들의 사고를 과거의 사건에 투영하는 것을 통해 본래는 점진적으로 서서히 이루어진 후기 청동기 사회에서 철기 문명으로의 이동이 조화롭고 압축된 사건으로 보이도록 만드는 효과가 나타난다. 이 이동이 서서히 점진적으로 이루어졌다는 것은 최근 성서 고고학의 발전을 통해 드러났으며, 그것은 학자들 사이에서 실제 일어난 일에 대한 여러 다양한 주장을 이끌어냈다. 이제 이 주장 중 일부를 살펴보고자 한다.

3. 학문적 견해들

프리츠는 일반적인 학자들의 주장을 다음과 같이 요약한다(Fritz, 1994, 137).

- 이스라엘 부족에 의한 가나안 도시들의 정복(올브라이트)
- 목축에서 정착생활로 전환하는 과정에서 나타난 유목민들의 평화로운 정착(알트)
- 하층민들의 혁명적 봉기와 새로운 사회에서의 지배층 교체(멘덴홀)

첫 번째 가능성은 1940년대 후반 올브라이트에 의해 주장되었다. 이 시기에는 성서 고고학이 아직 많은 지역을 발굴하지 않았기 때문에 많은 사실, 예를 들면 여리고가 후기 청동기 시대에 파괴된 것으로 보이지 않는다는 등의 사실들이 아직 밝혀지기 전이었다. 고대 팔레스타인 지역에 대한 정보의 양이 증가하면서 학자들은 물질적인 증거와 성서 내러티브 사이의 단순한 조화를 포기했으며, 성서 내러티브를 "땅의" 증거에 맞추게 된다. 이에 따라 알트(A. Alt)는 전체적인 그림을 조정하면서 유목민 그룹의 이주가 증가하여 오랜 시간 동안 점차적으로 팔레스타인에 들어가 그곳에 서서히 정착했고 이미 그 지역을 소유하고 있던 그룹들을 대체했다고 주장한다. 이 설명은 팔레스타인 외부에서 온 그룹들이 변화의 주요 원인이었음을 여전히 인정한다. 멘덴홀의 설명은 보다 널리 채택되었다. 그는 어느 정도의 이주와 함께 그 지역 내부에서 발생한 민족들의 급격한 변화를 주장한다. 도시 사회는 여러 경로에서 압력을 받았고 도시들은 불안정하고 무너지기 쉬운 장소가 되었으며 이러한 변화는 중앙 고지대에 사는 유목민들 가운데 새로운 경제적 구심점이 일어날 여지를 주었다.

렘케(N. P. Lemche, 1988)는 성서 기술의 일반적인 틀과 고고학적 재구성을 통해서 도출되는 세부 사항들을 하나로 모았다. 성서 기술은 이스라엘이 팔레스타인에서 하나의 국가로 등장했다는 것에 주로 초점을 맞춘다. 이 간략한 틀은 고고학을 통해 다음과 같이 채워질 수 있다.

1. 후기 청동기 시대 사회와 가나안 도시 국가들의 점진적인 붕괴. 이 붕괴의 증거는 폐위된 파라오 아케나텐(Akhnaten)의 버려진 도시에서 발견된 아마르나 서신들(Amarna Letters)에서 나타난다. 이 서신들은 이집트에 종속적이었던 가나안 통치자들이 가나안에서 질서를 유지하기 위해 기울였던 노력들을 기록하고 있다. 여기에는 "아피루"(Apiru, 많은 사람들이 히브리라는 이름의 근원으로 여김)라고 불리는 게릴라 그룹들이 등장한다. 이 무장한 유랑 집단은 고지대에 새롭게 발전하고 있던 거주지들에서 중심 그룹이 되었을 것이다.
2. 내부적인 불화/이집트의 격변(후기 청동기 시대에는 이집트인들이 팔레스타인을 지배했다)/블레셋인들의 가자 인근 해변 지역 도착과 정착.
3. 위의 사항들은 보다 안전한 땅을 찾아 평지에서 중앙 고지대로 옮기는 내부적인 인구 이동을 초래함.
4. 중앙 고지대의 영구적인 정착 증가. 이것은 가축을 기르고 약간의 곡물을 재배하는 부족 사회의 형태로 나타났다. 이러한 부족 집단은 작은 촌락을 이루었다. 고고학자 핑켈슈타인의 최근 연구는

초기 철기 시대에 이와 같은 정착지의 수가 증가했음을 보여준다 (Finkelstein, 1988).

렘케는 자신의 책 제3장에서 이와 같은 이스라엘의 성장에 대한 그림의 세부 사항들을 채워나간다. 그는 고고학적 성과를 인정하는 동시에 이스라엘이 독립적인 문화와 사회를 형성하고 있었다는 본질적인 사실에도 신뢰를 보낸다. 하지만 여기서 이스라엘은 가나안 내부에서 등장한다. 이스라엘은 팔레스타인 사회의 한 부분이고 이 기본적 사실에서 완전히 분리되지 않는다. 이스라엘의 문화와 종교는 팔레스타인의 다른 지역 문화의 연장선상에서 파악된다.

성서의 배경이 되는 고고학적 연구 영역에 종사하는 학자 중 한 사람인 나아만(N. Na'aman)은 최근 자신의 연구 논문 모음집(2005)에서 이스라엘 초기 역사에 대한 자신의 견해를 피력했다. 그는 고대 근동에서 나오는 비교 본문들이 학문적 해석의 증거를 제공하는 데 중요하다고 말하면서 특별히 아마르나 서신을 언급한다. 이 서신들은 후기 청동기 시대 팔레스타인 상황에서 이집트의 영향력을 보여준다. 이 지역에는 이집트어로 "지역 통치자"(mayor)라고 호칭되지만 스스로는 왕이라 부르는 지배자가 통치하는 성벽을 가진 많은 도시들이 존재했다. 아마르나 서신에는 도시 정착지를 위협하는 폭동과 외국 군주에게 도움을 요청하는 내용이 등장한다. 비록 나아만은 고지대로의 이주를 초래한 주요한 도시 붕괴는 기원전 12세기가 시작되어서야 비로소 나타났다고 주장하지만, 파라오에 대한 반란에 관한 불평과 동시에 지역 통치자들이 이집트에 대한 충성심을 말하는 부분은 불안정한 시대를 보여주는 증거로 간주된다.

이와 같은 팔레스타인에 대한 설명과 더불어 나아만은 아마르나 서신에서 바빌로니아 제국의 왕이 가나안을 일컬어 이집트 제국의 속주(province)로 언급하는 것에 주목한다. 이 사실은 가나안이라는 용어가 작은 규모의 특정한 문화적 그룹이 아니라 본래 경계가 분명하지 않은(amorphous) 좀 더 넓은 지역을 지칭했을 가능성, 또는 고대 서기관들이 상황에 따라 이 두 가지 의미 모두로 사용했을 가능성을 보여준다. 동일하게 "아피루"(apiru)라는 용어가 "히브리"(hebrew)로 번역되었을 수도 있지만 아마르나 문서에서 이 용어는 거주지가 분명하지 않은 용병 무리의 존재를 표현하는데, 이들은 자신들의 생계에 가장 적합한 다양한 종류의 지역 통치자를 위해 일하는 것으로 묘사된다. 나아만에 따르면 다윗의 초기 군사적 행동에 대한 이야기는 이와 같은 용병 부대가 어떻게 활동했는지를 보여주는 좋은 예다.

후기 청동기 시대 역사에 대한 학문적인 재구성에 있어 분명한 것은 위와 같이 현존하는 외부 증거들이 사용되고 있다는 점이고, 동시에 학자들이 동일한 증거를 해석함에 있어 다른 방식을 취하며, 때로는 당시 팔레스타인의 생활에 대해 자신이 원하는 체계적 견해를 만들기 위해 상반되는 길로 나아간다는 사실이다. 그 당시를 묘사하면서 변치 않는 것은 이집트 권력의 붕괴에 대한 보고, 도시 집단의 점진적인 유목민화, 유능한 전사들이 이끄는 수많은 소규모 용병들의 존재, 그리고 이와 같은 사회정치적 변화가 발생한 지역을 지칭하는 가나안/가나안인이라는 용어의 사용이다. 나아만이 기원전 12세기 말에서 11세기 초 아시리아의 왕이었던 티글랏-빌레셀 1세(Tiglth-Pileser I)의 문헌을 인용하여 주장한 것처럼 당시 이 지역에서 유랑하는 그룹들 중에는 브루기아인(Phrygians),

아람인, 블레셋인(해양 민족)들이 포함되어 있었다.

4. 역사의 재구성

가나안 문화를 이스라엘의 관습에 반하는 이질적인 것으로 묘사하는 신명기 사가의 역사 인식에서 볼 때 이스라엘과 가나안 사이의 연속성이라는 개념은 당연하게도 매우 이질적인 것이다. 휘틀램(K. Whitelam)은 『고대 이스라엘의 발명』(*The Invention of Ancient Israel*, 1996)에서 정확히 이 문제에 대한 여러 논쟁들을 다룬다. 그는 근대적 성서비평학이 나온 이후에 성서 기술들은 줄곧 서구 유럽 사상가의 시각을 통해 해석되어왔다고 주장한다. 전체적으로는 성서를 통해 근대 유럽의 유산을 인정하게 만드는 편향이 존재하며 이것은 기독교를 통해 매개되었다. 이스라엘은 "근동"보다 "서구"를 대표해야만 했고, 이것은 성서의 문화적 표상들을 문자적으로 수용하는 것을 통해 이루어졌다. 이처럼 과거에 대한 구약성서의 표현을 문자적으로 수용하는 것은 고대 문헌에 대한 서구의 과학적인 역사의 적용을 통해 뒷받침되었으며, 이 적용은 성서 고고학의 발흥을 통해 가능하게 되었다. 그런 후에 "이스라엘"은 본문에서 분리될 수 있었고, 서구적 인식에 따른 문화적 필요에 따라 새롭게 창조될 수 있었다. 예를 들면 휘틀램의 지적처럼 알트는 20세기 당시 팔레스타인의 상황 전개라는 배경 아래서 자신만의 방식으로 이스라엘의 등장을 서술하는데, 당시는 그 지역으로 이주하는 시온주의자(Zionist)가 증가하던 시기였다.

> 알트의 재구성에 있어 핵심적인 사항은 여러 그룹이 한 국가의 본래적 영토(homeland)를 찾아 상당히 많이 이주하는 것인데, 이것은 그가 연구를 수행하던 시기에 팔레스타인에서 나타난 극적인 상황의 전개라는 맥락에서 고려되어야만 한다(1996, 76).

휘틀램의 견해에 따르면, 이스라엘의 기원에 대한 세 가지 주요한 이론—정복, 이주 또는 혁명(revolution)—중 어떤 것도 팔레스타인 지역, 성서의 표현으로는 가나안 지역의 발전에 대한 증거에 부합하지 않는다. 이스라엘은 본래적으로 그곳 지역과 정치의 한 부분이었고, 외부에서 유입된 완전히 분리된 문화로부터 생성된 것이 아니었다.

> 성서 연구의 동력은 서구 문명에의 직접적인 뿌리로서 고대 이스라엘을 찾아내야 할 필요에서 나왔다.…성서 연구의 역사는 고대 이스라엘을 찾는 데 모든 것을 집중했고, 본래 그곳에 거주하던 사람들을 무시했으며, 그 땅과 과거에 대한 그들의 권리를 무시하면서 전반적으로 서양의 근시안적 사고와 특히 초기 시온주의자들의 견해를 반영해왔다(1996, 119).

데이비스(P. R. Davies)의 다른 연구인 『고대 이스라엘의 탐구』(*In Search of Ancient Israel*, 1992)는 구약성서에 나오는 이스라엘에 대한 서술이 실제 역사적 이스라엘과 동일한 실체라는 주장을 반박한다. 데이비스는 이스라엘의 시대적 발전에 대한 성서의 묘사가 포로기 이후 페르시아 제국(기원전 5-4세기)의 속주였던 예후드(Yehud=Judah)에서 공표된 견해라고 주장한다. 그는 자신의 책 서두에서 성서적 이스라엘, 역사적 이스라엘, 고대 이스라엘이라는 세 개의 이스라엘을 구분한다. 그리고 그중에서 마지막인 고대 이스라엘은 성서적 이스라엘을 고고학적 증거들과 조화시켰던 근대의 학자들에 의해 만들어진 완전한 허구라고 말한다(Davies, 1992, 24). 데이비스는 이와 같은 과정이 실제 성서적이고 역사적인 이스라엘에 대한 시각을 가려왔다고 결론짓는다.

> 문학적인 구조들을 드러내고 철기 시대 팔레스타인의 상황 가운데 던져놓는 작업들은 "고대 이스라엘의 역사"를 성공적으로 만들어냈다. 하지만 동시에 이것은 실제 팔레스타인의 역사를 방해했는데…왜냐하면…그곳에는 철기 시대 팔레스타인의 거주민들이 존재했기 때문이며, 그중에는 이스라엘이라 부르는 왕국이 포함되었다(1992, 31).

문제의 요점은 무엇이 실제 역사를 구성하는가다. 과거에 대한 문학적 설명을 과학적으로 증명된 다큐멘터리와 같은 사건들의 기록으로 간주하여 읽는 것은 잘못된 접근이다.

5. 진지한 본문 읽기

이스라엘의 역사적 뿌리는 성서 고고학이라는 렌즈와 고대 유적지들의 발굴을 통해 나타나는 새로운 발견들과 관련해서 계속 탐구되어야 한다. 하지만 성서 고고학은 그 자체가 새롭게 다듬어져야 할 학문 분야다(더 자세한 사항은 5장을 참조하라). 그렇다면 여호수아서의 정복 기사에 대해 어떻게 말해야 하는가? 본문 자체만을 가지고 말한다면, 우리는 정복이라는 주제가 이 책에서 중요한 상징이라고 말할 수 있다. 이 책의 청중이 누구이든지 간에 저자는 그 지역의 외부에서 들어온 종교적 전승의 정당성을 강조하는 데 힘을 쏟고 있다. 비록 이것이 외부의 문화일지라도 이 사회를 정당하게 통치할 수 있는 이유는 그 신(deity)인 이스라엘의 하나님(the Lord of Israel)이 그 지역을 관할하고 있으며 외부인들에게 그곳의 정치적인 권력을 주었기 때문이다. 데이비스의 견해대로 바빌로니아/페르시아 영토의 다른 지역으로 유배되었다가 유다로 돌아온 집단의 필요에 의해 (여러 책들 중에서) 여호수아서가 구성되었다면, 여호수아서의 이러한 태도는 자신들을 정통성 없는 외부인으로 바라보았던 그곳의 거주민에게 인정받기 위해 고심하고 있던 소수의 엘리트들을 뒷받침하기 위해 사용되었다고 주장할 수 있을 것이다.

정복이라는 주제를 더 탐구하면 독자들은 본문이 이스라엘인이 되기 위한 필요조건을 어떻게 강조하는가와 외부인이 국가 체제에서 역할을 담당하는 것과 관련해서 어떻게 배제되는가를 알게 된다. 하지만 그 후에 외부인이자 여성이었던 라합은 이스라엘 안에서의 자리를 허락받았고(수 2장; 6:17), 내부인이었던 아간은 신의 명령으로 금지된 전리품을 취하여 그의 백성들에게 재앙을 가져왔다는 이유로 인해 이스라엘 내부에서 살 가치가 없게 되었다(수 7장). 이 기사들은 여러 이야기를 하나의 메시지 안에 통합하려는 의도적인 시도가 있다는 점을 분명하게 보여주는데, 이 메시지는 대조적인 이야기들이 서로 균형을 맞추는 방법을 통해 그 힘을 이끌어내고 있다. 내러티브는 신학적이고 문화적인 구상을 전달하기 위해 주의 깊게 다듬어졌고, 그 배후에 있는 사건들에서 분리되어 그 자신만의 생명을 갖는 정교한 문학적 장르를 형성했다. 이 모두를 하나로 묶는 것은 신명기 사가의 사상에 의한 지속적인 편집과 이스라엘 하나님의 말과 행동을 통해 표현되는 것, 그리고 여호수아 3-6장에서 이야기의 전개를 위해 반복적으로 쓰이는 "야웨가 여호수아에게 이르되"라는 표현들이다.

영거(K. L. Younger)는 자신의 최근 논문(1990)에서 여호수아 1-11장의 본질이 정복 기사라는 것을 진지하게 받아들인다. 그는 독자들에게 **모든** 역사적인 저작들은 저자의 전제에 따라 기록된다는 점을 환기해준다. 작업을 위해 증거들을 모으고 인과관계를 따라 개개의 요소들을 일관성 있는 하나의 연대적 틀에 넣으면 이를 통해 각각의 사건에 새로운 의미가 부여되는데, 이 작업을 하는 사람이 바로 역사가다. 역사가는 하나의 목표를 마음에 두고 사상이나 주장을 표현하는데, 이것은 고대와 현대의 모든 역사가에게 해당된다. 이런 관점은 역사적 표현 방식(style)의 하위 양식(sub-genre)을 정의하도록 만드는데 그중 하나가 "정복 내러티브"(the Conquest Narrative)로 분류될 수 있다. 이러한 문학 양식의 목표는 독자들로 하여금 주어진 통치자의 강력한 본질(nature)을 주지시켜 그의 통치권을 뒷받침하는 데 있다.

영거는 정복 기사를 기록한 고대의 저자가 그 자신만의 표현 방식을 갖고 있었다고 주장한다. 그는 현존하는 아시리아와 히타이트와 이집트의 정복 이야기들을 심도 깊게 분석하면서 이 양식에서 핵심적인 문학적 장치들을 찾아낸다. 그런 후에 이것들을 여호수아서의 본문과 비교한다. 이 비교를 통해 여호수아서 1-11장이 고대 근동에서 나타나는 문학적 양식의 또 다른 본보기라는 점이 드러난다. 모든 지역을 점령하고, 전체로서의 집단을 여호수아라는 한 사람과 연결시키며, 모든 이스라엘이 그와 함께한다는 주제들은 보통 위대한 왕에 의해 모든 사건이 성공적으로 이루어졌음을 강조하기 위해서 이런 유형의 본문 표현 가운데 나타나는 문학적 도구들이다.

이런 본문들의 사회적 기능은 제국주의에 유익을 주고자 함인데, 이것들은 제국과 그 전제적인 통치자의 권위와 통치를 정당화한다. 이 사실은 신명기 사가의 본문이 가진 목표가 무엇인가라는 주제를 다시 끌어내며, 현대의 독자들로 하여금 이 사실을 바라보도록 만든다. 역사적 증거로서 본문의 진정한 성격을 평가하기에 앞서 독자들은 후대의 사람들이 그들 자신의 근대적 문화를 뒷받침하기 위해 자신들이 가진 "제국주의자"(imperialist) 인식 속에서 본문을 해석하며 그 의미를 전해준 방식을 반드시 검토해야 한다고 휘틀램은 주장한다. 이 작업은 이스라엘의 역사적 기원을 그 본래적 문화인 팔레스타인으로 돌리는 것이다. 영거의 연구는 제국주의자 의도가 단순히 근대 사회의 기능일 뿐 아니라 고대 세계에서도 동일하게 작동했다는 관점을 제공해준다.

휘틀램은 역사적인 문명들이 남긴 흔적에 대한 최근의 고고학적 연구에서 부분적으로 영향을 받으면서 자신의 결론에 도달한다. 영거의 결론은 현존하는 고대 근동 문헌의 비교 연구에서 영향을 받았다. 이와 같은 다양한 접근 방법은 일반적으로 고대 근동이라 불리는 광대한 지역과 시간 속에서 살아남은 산발적이고 단편적인 증거들 가운데 구약성서에 등장하는 상대적으로 작은 문학적 모음들의 위치를 정하는 과정이 학자들 사이에 의견의 일치를 이끌어내지 못하는 작업이라는 점을 독자에게 일깨운다. 현대 사회가 시민들에게 복잡하고 다층적인 의미로 경험되는 것처럼 고대 사회 역시 그 거주민들에게 복잡하게 경험되었다고 주장될 수 있다. 그들은 여호수아서에 나오는 이야기를 어떻게 평가했을까? 후기 청동기 시대 시리아-팔레스타인 사람들은 이 메시지를 통해 무엇을 만들어냈을까? 물론 이것은 매우 중요한 쟁점이다. 현대 학자들이 내놓은 **모든** 설명은 현대인들이 제시하는 것들이다. 과거의 사람들은 현대의 대화자들이 다음과 같이 제기하는 질문에 직접적으로 대답할 수 없기 때문이다. "그럼, 여리고성이 정말로 그렇게 함락되었나요? 당신이 그 자리에 분명히 있었지요? 당신은 무엇을 보았나요?"

그러므로 팔레스타인 안에서 이스라엘의 역사적 기원에 대한 문제는 분별하는 과정이며, 시리아-팔레스타인의 땅에서 나오는 더 많은 증거와 설명을 기다리고 있다. 모든 연구자는 청동기 시대 말에 팔레스타인의 중앙 고지대에서는 인구의 재배치가 이루어졌으며 새로운 사회가 형성되면서 성장이 있었다는 사실에 대해서는 동의한다. 하지만 여호수아서가 얼마나 정확하게 이 사건들을 묘사하는지의 문제에 대해서는 논란이 많다. 이 논란은 부분적으로는 요단강을 건너는 사건과 같이 단위 자료 가운데 나타나는 전형적인(formulaic) 표현 방식에서 비롯되고, 또 부분적으로는 그 땅에 존재했던 이전 문명들의 멸절이라는 문학적인 이야기와 이 관점을 거의 지지하지 않는 것으로 보이는 고고학적 기록 사이의 차이에서 발생한다.

이번 장은 여호수아서부터 열왕기하까지를 역사비평적(historical-critical)으로 접근하면서 시작했다. 우리는 물리적인 실제 여호수아의 군대가 가나안을 정복한 이야기를 전하는 문학적인 설명 간의 관련성을 살펴보았으며, 고고학적인 증거는 그 지역의 물질문명이 갑작스럽고 전적으로 변했다는 주장과 일치하지 않는다는 점을 지적했다. 또한 우리는 고대와 현대에 사용되는 역사라는 개념과 연관된 몇 가지 논점을 살펴보았다.

제3장

사사기와 고대 이스라엘 사회

JUDGES AND THE SOCIETY
OF ANCIENT ISRAEL

여호수아서가 땅을 정복하여 차지한 것에 초점을 맞추어 이스라엘 사회가 팔레스타인 안에서 자리를 잡기 위한 토대를 제공한다면, 사사기는 이스라엘이 그 땅에서 자리를 잡아가며 어떤 삶을 살았는지를 보여준다. 여기에는 지파들이 서로 차지할 땅을 나누는 일을 보여주는 상세한 자료들이 있고, 동시에 이스라엘이 그 땅을 통제하는 것을 위협하는 다른 많은 민족과 어떻게 그들이 경합을 벌이면서도 다른 여러 지역을 차지할 수 있었는지를 보여주는 이야기들이 있다. 여호수아서에서처럼 사사기에서 이스라엘은 분리된 실체이자 주변 문화와 구분되는 독립적인(self-contained) 사회로 그려진다. 다시 한번 언급하자면, 사사기는 이스라엘의 하나님이 인간사를 지배한다는 것과 그가 선택한 백성을 지원하고 있다는 것에 초점을 맞춘다.

하지만 사사기에 나타나는 장면과 여호수아서에서 나타나는 장면 사이에는 흥미로운 차이점들이 존재한다. 여호수아서에서 보이는 전체적인 인상은 그 땅을 빠르고 완전하게 정복하는 것인 반면, 사사기에서는 이스라엘이 팔레스타인의 단지 일부 지역만 장악했고 여러 다른 집단들이 그 땅에 공존하고 있었다는 점이 분명하게 나타난다. 사사기 1장은 각 지파가 차지해야 할 그 땅의 지역들을 상세히 소개하면서, 해당 지파가 그 지역을 차지하는 데 실패한 여러 사례를 언급한다(예를 들면 삿 1:29). 메이스(Mayes, 1985)와 같은 근래의 학자들은 여호수아서와 사사기가 어떻게 그 땅을 획득했는지에 대한 두 가지 병행하는 해석을 보여준다고 주장하면서, 실제로 일어난 일을 설명하는 데는 사사기의 접근법이 여호수아서보다 더 만족스럽다고 말한다. 2장에서 언급한 것처럼 고고학적 증거는 팔레스타인에 대해 이루어진 격렬하고 전체적인 침공이 상대적으로 짧은 시간 동안 수행되었다는 주장에 부합하지 않는다. 그것보다 더 개연성 있는 주장은 사람들이 팔레스타인으로 상당한 시간에 걸쳐 점진적으로 이주했다는 것이다.

1. 지파의 역사

사사기 2:10은 그 땅에 정착하는 첫 번째 단계가 끝났다고 기록한다. 그리고 2:11은 그 땅에서 살아가는 지파들의 역사로 옮겨간다. 사사기에서 이스라엘이 그곳에 거주하는 여러 민족 중 하나의 민족임이 이미 분명해졌다. 그리고 지금 사사기는 그 상황에서 이스라엘에 무슨 일이 일어났는가를 기록한다. 하지만 처음 사건을 묘사하는 것과 관련하여 정형화된 문학적인 표현들이 등장한다. 사사기 2:11-23은 사건들의 전형적인 성격에 대해 개관을 제공하고 역사에 특정한 신학적 관점을 부여하면서 그 모습을 채색해나간다. 이스라엘은 자체의 문화와 종교를 가진 다른 민족들을 살려주고, 이제는 자기 마음대로 다른 나라의 신인 바알을 따르며 자신들이 섬기던 수호신에게 예배하는 일을 경시한다. 그 결과 그들은 하나님에게서 떠났고 하나님도 그들을 버린다. 다른 민족들은 이스라엘에 대항하여 군사적인 승리를 거두고 이스라엘은 생존을 위협받는다. 이스라엘이 패배할 때마다 사람들은 이스라엘의 하나님께 부르짖고, 자신들의 필요에 따라 하나님을 예배하는 것으로 돌아온다. 야웨가 그들의 부르짖음을 들을 때마다 그들을 긍휼히 여기고 사사를 일으켜 그들을 구원한다. 이 모든 좌절과 함께 그 땅에서 점진적으로 정착해가는 이 시기는 "사사들의 시대"라고 기록된다. 사사라는 이 지도자들 사이에는 어떠한 계보상의 연관도 존재하지 않으며, 오히려 그들은 자신들이 필요했던 시기에 하나님으로부터 능력을 받은 개인이었을 뿐이고, 긴급한 상황이 종결되었을 때 그들의 통치도 끝이 났다.

이어지는 사사기의 장들은 이와 같은 여러 카리스마적 인물들의 등장과 성취를 자세히 다루며, 각각의 인물들은 전체 이야기 모음에서 그 자신만의 분리된 내러티브를 가진다. 사사로서 그들의 역할은 법률 체제를 갖추고 사건들을 조정하는 제도적인 기능보다는—드보라의 이야기에서 이런 역할에 대한 암시가 있기는 하지만—군사적인 능력에 집중되었다. 기드온 이야기(삿 6-8장)는 모든 이스라엘을 통치하는 것에 대한 보다 넓은 문제를 제기하는데, 사람들은 기드온에게 세습적인 권력을 갖는 왕조체제의 설립을 요구했다(삿 8:22). 그리고 비록 실패했지만, 이스라엘의 왕이 되고자 시도했던 아비멜렉의 이야기가 뒤따라 등장한다(삿 9장). 이 일 이후 이스라엘은 사사 체제로 되돌아갔고, 사사기 12장은 사사들의 명단을 아주 단조롭게 기록한다. 마지막에는 삼손의 이야기가 상당히 길게 등장한다.

2. 사사와 지도자

그렇다면 이스라엘의 과거에 대한 이러한 구조화는 어떤 역사적 가치를 지닐까? 사사기가 과거 위대한 영웅들이 행한 이야기를 간직한 기억의 단편들을 담고 있지만, 현대 역사 소설의 양식과 비슷한 삼손의 이야기가 전해주는 방식은 독자들로 하여금 본래의 사건과 지금 보고 있는 내러티브 사이에 간극이 있음을 주지하도록 도움을 준다. 흐릿한 기억 속의 사건과 꾸며진 사건 사이의 경계를 정하기란 쉽지 않은 일이다. 지금 본문이 보여주는 것처럼 그것은 당시 이스라엘의 사회적이고 정치적인 구조를 나타내는 온전한 보고서를 제시하지 않으며, 오히려 전쟁과 정복이라는 주제에 집중하여 군사적 폭력에 대한 공포에 큰 관심이 쏠리도록 만든다.

각각의 구원자들은 그 땅의 사람들에 대해 거둔 군사적 성공의 위업으로 잘 알려지며, 그들 중 대부분은 힘센 남성 군사 지도자였다. 이와 같은 남성적 상황에서 주목할 만한 여성들은 물리적인 힘에서 나오는 행동을 사주하거나 그것을 수행한 사람들이었는데, 바락에게 전쟁에 나갈 것을 촉구한 드보라나 천막 말뚝을 시스라의 머리에 박은 야엘 등이 그런 여성들이다(삿 4장). 삼손 이야기는 초자연적인 육체적 힘과 그 힘을 상실하는 것에 초점을 맞춘다. 삼손은 구원자가 될 운명이었으나(삿 13장), 그와 연관된 여성들은 그 힘의 근원을 찾으려고 삼손을 몰아붙여 이스라엘의 대적들이 그에게서 힘을 빼앗을 수 있도록 만든다. 마침내 삼손은 들릴라에게 자신의 힘이 머리를 자르지 않는 데 있음을 고백한다. 삼손 이야기의 정점은 자기 자신의 생명을 희생하면서 집을 무너뜨려 모든 사람

위에 덮치게 함으로써 대적들을 죽이는 장면이다(삿 16장). 이것은 대중적인 위대한 영웅과 그의 카리스마적인 능력의 이야기이지 공식적으로 조직된 국가와 그 기관에 대한 기록이 아니다.

3. 이스라엘의 사회 구조

이러한 유형의 기록이 제기하는 중요한 문제 중 하나는 그 당시 이스라엘 사회 구조의 문제다. 이스라엘은 정확히 어떻게 구성되었는가? 구약성서는 이스라엘이 이집트에서 민족으로 일어났다고 말한다. 여호수아서의 정복 기사들은 여호수아라는 단일 지도자가 있었고, 이스라엘의 군대 체계와 같은 중앙 집권적 조직 사회가 존재했다고 전제한다. 하지만 이스라엘의 시민적 기구들에 대한 다른 자세한 사항은 거의 등장하지 않는다. 대신 사사기에서 이스라엘은 가족 기반의 사회이며 안전 문제에 대해서는 친족 그룹의 수장들에게 의존하고 있었다. 억압의 시기에는 한 명의 지도자가 나타났지만, 본질적으로 이 구원자는 자신의 가장 가까운 이웃들의 지지에 힘입어 그들을 일시적인 전쟁 부대로 조직한다. 동시에 입다처럼 아무런 사회적 지위를 갖지 못한 지도자들도 있었다. 입다는 자신을 지지하는 용병 부대를 모았는데, 다윗의 이야기에는 이와 같은 유형이 다시 나타난다.

이스라엘은 서로 연관된 사회적 단위들의 연합으로 표현되는데, 그 중에서 가장 큰 것이 지파(tribe)이고, 그다음이 씨족(clan) 또는 친족(kin) 그룹이다. 가장 작은 단위는 가구(household) 또는 가족(famil, 아비의 집)이다. 이스라엘에 대한 이와 같은 묘사는 여호수아서 7장에서 여호수아가 하나님의 명령을 위반한 이스라엘의 한 사람을 찾는 기사에서 보이는 것과 유사하다. 여호수아는 실제 범죄자를 찾기까지 백성들을 모아 시험한다. 처음에는 지파 단위로, 그다음에는 족속, 그리고 마지막은 가족으로 진행한다. 따라서 이스라엘은 개별 단위인 지파들로 구성된 사회였고, 이 지파들은 때때로 함께 뭉쳤다.

사사기의 성서적 기사에 따르면 고정된 숫자의 지파가 존재했고, 이들은 모두 야곱이라는 한 명의 조상에게 그 뿌리를 두었다. 사사기 1장은 그 땅에서 각각 자기 영역을 차지하려는 지파 그룹들을 언급한다. 이 이야기는 지파들을 각각의 이름으로 언급하는데, 그 이유는 크게 보면 신명기에서 주어진 다른 민족들을 쫓아내라는 하나님의 명령이 잘 지켜지지 않았음을 보여주려는 데 있다. 그 결과 이스라엘은 YHWH에 대한 종교적 충성심에서 멀어졌고 많은 정치적 후퇴를 경험하게 된다. 이러한 묘사는 열두 지파들 사이에 땅을 정확히 분배하는 여호수아서에서 제시된 밑그림 안에 위치한다. 하지만 구약성서가 이 단위들에 대하여 동일한 정도의 상세한 내용을 항상 제공하지는 않는다는 점을 주목해야 한다. 한 곳에서는 레위 지파가 열둘에 포함되고 요셉이 단일 지파인 반면(창 29-30장의 경우), 다른 곳에서는 레위가 빠지고 요셉이 므낫세와 에브라임이라는 두 지파로 나뉜다(민 26장의 경우).

아마도 고유의 이름을 가진 열두 지파의 형태는 이 본문의 편집 중 늦은 단계에서 포함되었을 것이다. 하지만 이것은 이스라엘이 일반적으로 지파 중심의 사회였을 가능성을 보여준다. 현대 학자들은 이 같은 초기 이스라엘의 사회적 역사에 관심을 기울이며 이것들이 모두 어떻게 기능했는가에 대해 다양한 설명을 제시한다. 그들의 논의 중 하나는 비록 이스라엘이 독립적인 사회적 그룹들로 구성되었다 할지라도 이 단계에서 이스라엘이 단일 사회였음을 어느 정도까지 설득력 있게 주장할 수 있는가다. 신명기 역사서의 전체 편집자가 묘사하는 온 이스라엘(All-Israel)은 역사적으로 정확한가? 노트(M. Noth)는 바로 온 이스라엘의 역사성을 주장하는 주요한 학자 중 한 사람이다.

4. 마르틴 노트와 이스라엘 역사

노트는 자신의 『이스라엘 역사』(*History of Israel*)에서 이스라엘 사람들은 유목민이었고 가나안 고지대에 정착했다고 기술한다. 이스라엘의 이주는 청동기 시대 말에 나타난 광범위한 민족들의 일반적인 이주 현상 가운데 일부분이다.

> 이 대규모의 이주는 청동기에서 철기 시대로 넘어가는 시기에 일어났는데, 시리아-아라비아의 사막에서 시작하여 농경지가 있는 경계 지역으로 진행되었다. 여기에는 아주 다양한 요소가 포함되었으며 이스라엘 지파들의 정착은 그중 하나였다(1960, 83).

각각의 지파들이 팔레스타인 내부의 자신들의 지역에 정착한 이후에 온 이스라엘 연합(federation)이 등장한다. 이 연합이 공유하는 사항은 이스라엘의 하나님이라는 특정한 신을 고수하는 것이었다. 노트는 이 점이 자신이 "고대 이스라엘의 인보 동맹"(amphictyony), 곧 지파들의 거룩한 연합체(sacral association)라고 표현했던 특별한 형태의 사회 조직을 형성했다고 주장했다(Noth, 1960, 88). (고대 그리스 사회에서 사용하던) "인보 동맹"이라는 용어를 사용하여 노트는 이스라엘을 고대 그리스처럼 고대 세계에서 알려진 다른 지역 연합체와 비교하고 있다. 비교 대상인 이 조직들에서 결속을 이루는 것은 공통의 제의였다. 여기에 소속된 그룹들은 중앙 성소에서 행해지는 특별한 축제들을 위해 모이는데, 구성원들은 그 축제를 지킬 책임을 진다. 이 접근법은 단순한 지역적 연관성을 보지 않고, 사회 속에 보다 작은 하부 단위가 존재했으며 사회적 정체성에 대한 보다 넓은 이해가 존재했다고 믿는다.

노트는 이 모델이 고대 이스라엘의 역사를 설명하는 데 사용될 수 있다고 주장했다. 그는 신명기 역사에 하나님의 언약궤가 위치했고 이스라엘이 자신들의 하나님에게 예배하고자 나아왔던 중앙 예배 처소를 언급하는 본문들에 주목했다. 예를 들면 여호수아 24장은 여호수아가 모든 지파를 세겜에 함께 모았다고 말한다. 노트는 사회를 하나로 묶어주는 이스라엘의 예배와 관련된 일련의 기관들이 존재했을 것이라고 주장했다. 하지만 구약성서는 이런 체제에 대한 상세한 사항을 포함하고 있지 않다. 구약성서가 언급하는 것은 일반적인 법(a common law)인데, 이것은 하나님과 그의 백성들 사이의 언약을 형성하고 중앙 성소에 함께 모였을 때 기억해야 할 것이었다.

노트에 따르면 역사가는 율법이라는 주제에 초점을 맞추어야 했는데, 이 율법이 제의적 집회를 위해 지파들을 하나로 모으는 중앙 집권력(centralizing force)을 제공했기 때문이다. 이 집회는 제의에 초점을 많이 두지 않았다.

> …율법의 조문들을 준수하고 위반하는 것에 대한 축복과 저주였고, 여호수아서 24:25에 따르면 이 조문들의 유효성을 담보하는 기초는 하나님과 백성들 사이의 언약이었고, 이 언약은 중앙 성소에서 정기적으로 확인되어야 했다(1960, 100).

따라서 노트에 따르면, 이스라엘의 정체성은 이스라엘 사람들이 똑같이 섬기는 신의 이름으로 함께 모이는 것에 의해 형성되었지만, 이 모임은 하나님과 사람들이 서로 맺은 계약 또는 언약 개념에 의해 특징지어진다. 이 언약은 백성들에게 특정한 사회적 규율을 부여하는 결과를 가져왔다.

> 이스라엘의 특별함은 중앙 성소에서 이루어진 특별하고 독특한 예배의 형태에 있는 것이 아니라 정기적으로 지파들이 모인 곳에서 낭송되는 신의 율법에 복종한다는 사실에 있었다(1960, 101).

모세와 이집트로부터의 해방에 대한 이야기는 이러한 지파들의 모임과 관련된 거룩한 전승의 일부분으로 작용했다.

노트의 책이 출간된 이후 시간이 흐르면서 과거에 대한 그의 묘사가 지나치게 명쾌했다는 점과 신명기 역사에 나오는 서술들에 너무 문자적으로 의존했음이 분명해졌다. 예를 들면 본문에 대한 자세한 연구는 각각의 영웅들이 본래 서로 다른 지역의 인물들이었고, 연합이라는 개념은 대체적으로 그 이야기들을 함께 편집하는 과정에서 나타났다는 것을 드러내기 때문에 온 이스라엘이라는 개념이 명확한지에 대해 의문이 제기되었다. 다시 말하자면 이 개념은 이스라엘의 과거에 대한 전승의 후기 단계에서 포함된 것이다. 학자들은 기원전 11세기 팔레스타인을 기원전 6세기의 그리스와 비교하는 것이 가능하지 않다고 주장한다. 이 두 나라 사이의 시간과 지역적 정체성의 차이가 너무 크기 때문에 그 두 나라를 비교하는 것은 지파주의(tribalism)가 어떤 사회정치적 구조를 가졌는가를 결정하는 일과 관련하여 신뢰할 만한 방법이 되지 못한다는 것이다. 이에 따라 학자들은 일반적으로 인보 동맹 가설을 포기했다. 하지만 이러한 사실은 이스라엘을 지파 사회로 묘사하는 것이 틀렸음을 의미하지는 않는다.

5. YHWH의 지파들

초기 이스라엘의 사회사(social history)를 설명하려고 시도한 또 다른 학자로는 노먼 갓월드가 있다(Gottwald, 1979). 그는 고대 이스라엘 사회 체제에 대한 설명에서 사회 조직의 중심 형태로서의 "지파" 개념에 중점을 두었다. 이 "지파" 조직의 초점은 지파가 가구 또는 민족과 같이 기능하는 방식에 맞춰진다. 지파라는 용어는 가구나 "아비의 집"(House of the Father)과 같은 하위 단위들로 나뉘는데, 아비의 집은 본문의 주석가들에 의해 "가족들"(Families)로 서술되기도 했다. 궁극적으로 구약성서의 책들이 사용한 세 단계의 사회 조직이 확인되는데, 이것들은 지파, 족속 또는 친족, 가족 혹은 가구가 된다. 이와 같은 조직은 그 밑바닥에 있는 가족이라는 가장 작은 단위부터 지파라는 가장 큰 단위까지 단계적으로 이루어진다. 무엇보다 먼저 이스라엘인들은 안전을 비롯한 공동의 목표 아래 필요에 따라 함께 모인 확장된 가족의 구성원들이었다. 갓월드에 따르면 백성들은 도시 국가적 상황에서 위로부터 그들에게 부과된 계층적인 정치 구조를 가진 것이 아니라 서로 동맹하기를 선택했기 때문에 이스라엘의 사회 구조에는 본질적인 평등주의가 존재했었다.

갓월드는 이 새로운 형태의 사회 조직이 계층적이고 엘리트적인 팔레스타인 도시 문화에 반발하여 일어났다고 주장한다. 이것은 농민 봉기(peasant revolt) 형태를 띠며 농업적인 생활 형태와 연결되어 지파 체제를 이루었다.

> 우리의 기본적인 접근법은…아마르나에서 보이는 가나안의 사회정치적 구조에 공시적이면서 전형적인 지름길을 만드는 것이었으며, 그 속에서 우리는 지속적인 봉건제국의 연결을 점차 해체시키는 움직임과 가나안 체제에 대한 반동으로서 초기 이스라엘의 탄생이라는 궁극적인 지평을 가져오는 움직임을 보게 되었다(1979, 489).

이스라엘은 불만에 찬 농작인들, 아피루 무리, 이집트에서 온 난민들, 그리고 후기 청동기 시대 가나안의 다른 사회적인 "무법자들"(outlaws)과 같은 다양한 사회적 구성원들이 함께 어우러져 형성된 사회였다.

하지만 이스라엘을 안정적이고 독특하며 그 지역의 권력을 차지할 수 있도록 만든 것은 그들이 가진 종교적인 믿음이었다. 종교적인 이상은 사회적이고 정치적인 체제들 속에서 이들을 조화로운 전체로 만들었으며, “야웨 유일신앙”(mono-Yahwism)이라는 새로운 문화를 창출했다. 이스라엘 사회는 이스라엘 종교에서 발전했다. 갓월드는 “야웨 유일신앙이 왕정 이전 시기 이스라엘의 사회정치적 조직을 작동시켰다”라고 말한다(1979, 611). 그는 “야웨 유일신앙은…문학과 지성적인 문화, 경제, 사회조직, 군사적 사안, 자치 정부에 있어 중심축이 되고 힘을 공급하는 실재로서 절대적인 중요성을 가졌다”고 주장한다(1979, 616).

따라서 갓월드가 저술한 이스라엘 사회는 사회과학적 방법론의 통찰과 구약성서에서 나오는 증거들을 결합한 것이었다. 일반적으로 이 방법은 이후의 학자들로 하여금 성서 해석과 현대적인 사회학적·인류학적 방법론의 상호 작용을 고무시키는 길로 이끌었다. 하지만 갓월드의 야웨 유일신앙에 대한 이론 자체는 비판받았고 대체되었다.

> 마침내 대다수 학자들은 “농민 봉기” 모델을 거부했다. 왜냐하면 이것은 “계급 투쟁”(class-conflict)이라는 현대 마르크스적 개념을 너무 명백하게 고대 이스라엘에 투사하고 있기 때문이며…외부에서 지지하는 증거 없이 “야웨신앙”이라는 이상적인 개념을 사회 변혁을 가져오는 “원동력”으로 삼기 때문이다(Dever, 1997, 25).

6. 기본적 논점들

위에서 언급한 이론 중 어느 것도 학계의 지지를 얻는 데는 성공하지 못했다. 하지만 이 이론들의 기본적인 사항에는 모두가 동의한다. 즉 “지파적"이라는 말은 초기 이스라엘에 적용되는 적절한 표현이고, 이런 형태의 사회는 후기 청동기 시대 팔레스타인의 인구 패턴에 변화가 있었기 때문에 발생했을 가능성이 농후하다는 것이다. 고고학은 이 시대의 팔레스타인에 대해 상당히 분명한 모습(image)을 보여준다. 후기 청동기 시대 인구 분포의 중심은 해안 평야에 위치한 도시 국가들이었고, 이집트가 이 지역을 주도하는 권력이었기 때문에 이 도시 국가의 지도자들은 이집트의 통치자에게 충성하고 있었다. 해양 민족들(페니키아인)의 이동은 해안 자체로부터의 침공을 초래했고, 이집트는 이들의 외부 침공을 막아냈지만 해양 민족들이 가자(Gaza) 근처의 해안 지역에 다섯 도시의 정착지를 형성하는 것을 용인했다. 이 문화를 형성한 사람들이 바로 블레셋인(Philistines)으로 알려진 사람들이다.

후기 청동기 시대가 끝나가면서 가나안 지역은 동요하기 시작한다. 이것은 부분적으로 이집트에 권력의 위기가 발생하여 팔레스타인에 대한 통제가 약화되었고 지역 통치자들이 서로 경쟁하게 되었기 때문이다. 하나의 도시 국가는 다른 도시 국가와 동일했고, 민족주의(nationalism)가 수반되지 않았기 때문에 불만이 있는 사람들은 한 도시에서 다음 도시로 옮겨갔으며, 이 현상은 상당 기간 경작 가능한 지역의 경계지에 살면서 도시 거주민들을 약탈했을 수도 있는 유동적인 이주자 무리를 형성하게 했다. 나아가 블레셋 연합은 내륙으로 그들의 지배를 확장할 기회로 삼았을 것이다. 이상의 모든 이유로 인해 도시 문화는 쇠퇴하게 되었고, 더 많은 사람이 중앙 고지대의 비옥하지 못한 농경 지대에 정착하여 살게 되었다. 바로 이런 변화가 결국 이스라엘의 탄생을 이끌어낸다.

> 만약 우리가 아마르나 서신과 벳샨(Beth-Shan) 비문과 메르넵타 비문에서 주어진 내용을 따르고, 이것들을 구약성서가 담고 있는 내용과 비교한다면…우리는 후기 청동기 시대 후반과 초기 철기 시대에 팔레스타인의 산악 지역에서 나타났던 다른 형태를 가진 사회의 개략적인 모습을 보게 될 것이다(Lemche, 1988, 89).

이스라엘 내부의 고고학적 발전은 이 과정에 대한 우리의 지식에 도움을 주었다. 고고학의 초기 단계에서 발굴자들은 근동에서 크고 유명한 도시들의 유적에만 관심을 기울였기 때문에 성서학자들이 사용할 수 있는 시골 지역에 대한 증거는 거의 존재하지 않았다. 핑켈슈타인(I. Finkelstein)은 팔레스타인 중앙 고지대에서 행한 일련의 촌락 발굴을 통해 이 간극을 메웠다.

> 특별히 산악 지대에서 또한 동시에 다양한 평원과 네게브에서 새롭게 설립된 수많은 촌락이 발견되는데, 이것들은 기존 도시 국가의 외부에 위치했고…그 면적이…극히 일부의 경우를 제외하고는 0.5헥타르에서 1헥타르를 초과하지 않았다(Fritz, 1995, 13).

프리츠는 자신의 『고대 이스라엘의 도시』(*The City in Ancient Israel*, 1995)에서 1948년 이후 이스라엘에서 행해진 수많은 발굴을 통해 얻은 증거를 사용하여 청동기 시대부터 철기 시대에 걸친 도시와 촌락 지역에 대해 설명한다. 이 연구는 남겨진 물건들을 통해 이 지역에서 실제 거주한 모습을 파악하여 보여주기 때문에 성서 내러티브 연구에 새로운 초석을 제공한다. 하지만 구약성서의 기록과 교차 비교할 수 있는 문서 자료들이 존재하지 않기 때문에 고고학적 결론을 가져와서 사사기의 이야기와 직접 연결하는 것은 불가능하다.

7. 재구성

이스라엘 사회를 "지파적"이라고 묘사하는 것이 합리적인 방법으로 생각되지만, 이 지파 체제가 어떻게 운영되었는지를 명확히 정의하기는 어렵다. 가구(household)의 존재를 설명하려는 최근의 시도는 마이어스가 쓴 "초기 이스라엘의 가족"("The Family in early Israel," in Perdue *et al.* [eds], 1997, 1-47)이라는 논문에서 나타난다. 그녀의 연구는 여호수아서와 사사기, 일부 오경의 본문들, 그리고 고고학적 증거들과 일부 비교 가능한 문화 인류학의 요소들을 사용한다. 환경이 그 안에서 일어나는 일을 결정하는 경우가 많기 때문에 마이어스의 연구는 고지대의 지정학적 특징들을 먼저 살핀다. 고지대의 환경은 거주의 모양과 경작의 유형을 결정한다. 예를 들면 작은 규모의 마을과 생계형 농업은 척박한 토지와 부족한 물 공급의 결과였다. 이를 기초로 마이어스는 젠더(gender) 역할의 차이를 반영하여 고지대 촌락과 가구들의 전형적인 활동을 재구성한다.

> 토양과 기후, 도구의 유형, 작물의 선택, 그리고 가축의 관리를 능숙하게 하는 노인 남성들의 경험은 다음 세대들에게 점진적으로 전수되었다. 대가족에서는 할아버지, 아버지, 삼촌이 자신의 경험을 가족 내 젊은 남성들에게

> 전수했다.…유사한 형태로 대대로 지식을 전수하는 일이 여성의 삶에 영향을 끼쳤다. 일상의 활동에서 나이 많은 여성들은 원예와 음식 가공, 식사 준비, 직물 생산, 그리고 전문적인 경제 분야에서 하는 다른 일들에 대한 모든 기술적인 면들을 젊은 여성들에게 물려주었다(1997, 30).

다른 학자들은 비교 인류학에서 사용되는 모델을 보다 적극적으로 활용하여 사사기에서 묘사된 그림을 설명했다. 피엔시(D. Fiensy)가 자신의 "아프리카 누에르족 문화의 사용"("Using the Nuer culture in Africa," in Chalcroft [ed.] 1997)이라는 논문에서 인용한 말라마트(A. Malamat)와 로핑크(N. Lohfink)는 누에르족과 같은 아프리카의 부족 구조 가운데 발견되는 "분절 사회"(segmentary society) 개념을 다시 꺼내 들었다. 이 사회 체제에서 구성원들은 부족 내의 씨족에 소속된다. 중앙 권력은 존재하지 않으며 구성원의 자격은 계보 상의 연결을 통해 주어진다. 위기 상황에서는 권력이 한 사람의 개인에게 주어질 수 있지만, 그 권력은 비상 사태 동안만 유지된다. 비록 공식적이고 중앙적인 기구가 없지만 개개인은 이 사회 속에서 "자신의 위치를 알고" 소속에 대한 공통된 인식을 가진다.

이와 같이 아프리카의 부족 체제와 사사기에서 발견되는 초기 이스라엘의 증거들 사이에는 상당한 유사성이 나타난다. 두 경우 모두에서 중앙 권력은 존재하지 않지만 위기의 시대에는 개별 지도자가 권력을 갖는데, 이 권력은 보통 이웃 집단으로부터 가해지는 군사적인 위협과 관련되어 있다. 아프리카의 증거는 한 사회가 그 구조와 관련해서 독립적인 그룹들로 존재할 수 있으며, 이 사회는 공식적인 중앙 정부가 없음에도 불안정하거나 일시적이지 않다는 사실을 보여준다. 이 모델은 현재 상황에서 후기 청동기/초기 철기 시대의 역사적인 실체에 가장 근접할 수 있는 연구 결과일 것이다.

8. 지파 체제의 연속성

신명기 역사의 해석과 거기서 나타나는 농경 지파 체제의 모습과 관련해서 한 가지 더 살펴야 할 것이 있다. 이 지역의 역사를 도시의 삶과 시골의 삶 사이에 존재하는 균형이라는 면에서 파악할 때, 그것은 도시들의 몰락과 초기 이스라엘의 출현이 계속되는 현상이었고 이 시대에만 나타난 특별한 현상이 아님을 보여준다. 프리츠는 초기 청동기 시대에 실제 도시 문명들이 존재했으며, 현대의 역사가들이 파악할 수 없는 이유로 붕괴했다고 말한다(1995). 이 도시들의 몰락은 중기 청동기 시대 제2기에 일어난 두 번째 도시 문명의 유행 이전에 나타난 소규모 촌락들의 시기로 연결되었다. 이스라엘의 발생과 관련된 도시의 몰락은 바로 이 시기에 일어난다. 성서 본문에 따르면 이스라엘 자신도 도시 문명을 이루게 되었다.

기원전 6세기 예루살렘의 함락 이후에 유다는 이방 제국의 작은 지방행정 조직이 되었으며 경제적인 쇠퇴로 고통받았을 것이다. 아마도 부분적으로는 이러한 이유로 인해 페르시아의 통치자는 예루살렘에 성전 국가를 새롭게 건설하여 이를 중심으로 하는 지역 재생 계획을 수립했을 것이고, 이것은 가족과 친족 체제라는 일반적인 구조 속에서 진행되었을 것이다. 이 체제는 이스라엘인 친족 그룹 안에서 이루어지는 제사장들의 결혼과 이방인 아내들의 분리에 대한 강조 등에서 드러난다(예를 들면, 스 9

장).

이 모든 증거가 가리키는 것은 가족 중심의 사회가 팔레스타인에서 일반적인 삶의 형태였다는 점이다. 이스라엘의 기원이 지파적이었다는 일반적인 설명은 충분히 인정받지만, 열두 지파의 이름과 같이 사사기의 세부 묘사에 등장하는 몇몇 사항들은 과거 기원전 11세기의 사회가 아니라 5세기 유다 속주에서 운영되었던 지파 체제의 형태에서 유래했을 가능성이 농후하다. 아마도 후대에 보다 더 탄탄하게 구성되었던 사회 조직이 초기 사회에 대한 설명에 투영되었을 것이다. 분명한 것은 사사기 내러티브의 초점이 왕정을 향한 점진적인 움직임에 맞추어졌다는 것이며, 이러한 사실은 사사기의 끝에서 아직 왕이 없으므로 각 사람이 자기 소견에 옳은 대로 행했다고 말하는 서술에서 암시된다.

9. 요약

여호수아서와 사사기라는 두 책은 독자들에게 초기 이스라엘의 삶에 대한 정보를 제공하는데, 여호수아서는 정착의 역사를 서술하고 사사기는 초기 이스라엘의 사회적 역사를 서술한다. 학자들은 이 자료들을 아주 중요하게 여겨야 한다는 데 동의하지만, 현대 성서연구자들의 첫 번째 세대가 취했던 본문에 대한 다소 문자적인 해석은 최근 들어 더 비판을 받고 있다. 성서 고고학의 발전은 일반적으로 이스라엘의 기원 문제에 있어 진일보할 수 있는 방편으로 여겨졌지만, 문명들이 물질로 남긴 유적들은 그 지역의 삶에 대한 온전한 그림을 제공하지 못했다. 특히 이스라엘과 관련해서는 구약성서라는 매우 정교한 문학적 본문과 청동기 시대 팔레스타인의 정착지에서 보이는 주로 비(non)문자적인 자료들 사이에 상당한 차이가 존재한다.

이스라엘이 등장한 방법과 관련해서 정복 관점에 대한 지지가 요즘 더욱 약해지는데, 이는 성서의 이야기와 대립된다. 이집트에서 이주한 사람들이 포함되어 있었지만, 사람들의 이동은 보다 점진적으로 이루어졌고, 이것은 여호수아서의 묘사와 달랐다고 주장될 수 있다. 하지만 학자들의 주된 관심은 이스라엘의 발전과 관련된 내부적인 특징들에 맞추어져 있다. 이런 면에서 사사기는 지파와 가족의 개념을 보여준다. 그러나 실제 지파 집단과 영웅적인 인물에 대한 상세한 묘사는 성서 외적인 증거로부터 지지를 받지 못한다.

이번 장에서는 사사기 본문의 배후에 있는 사회적인 실재에 대해 살펴보았으며, 사사기의 역사성을 평가하는 데 있어 문학적인 서술과 비교할 만한 실제적인 고고학적 증거가 없음을 이야기했다. 노트와 갓월드의 연구를 통해 생성된 초기 이스라엘에 대한 모델들이 고대 이스라엘 사회체계의 역사적인 재건으로서 여전히 타당한가에 대해 검토해보았다.

제4장

사무엘상하:
사회적·정치적 리더십

1 AND 2 SAMUEL:
SOCIAL AND
POLITICAL LEADERSHIP

초기 이스라엘을 지역적이고 친족 기반의 구조를 가진 사회로 파악할 때 제기되는 질문은 이스라엘이 언제 그리고 어떻게 국가 체제의 조직을 갖추었는가 하는 것이다. 여기서 국가 체제란 공공 행정(public administration)에 의해 유지되는, 지속적이고 중앙 집권적인 리더십이 존재하는 사회 체제를 말한다. 현대의 학자들은 구약성서에서처럼 보통 하나의 민족을 포괄하는 단일한 국가 체제를 지칭할 때 "왕국"(kingdom)이라는 용어를 사용한다. 이 관점은 솔로몬의 통치를 묘사하는 것에서 비롯되었는데, 열왕기는 그가 병거성(chariot cities)에 근거를 둔 상설 군대를 만들었고 세금을 부과했다고 말한다. 신명기 역사는 이스라엘인들이 이룬 한 국가의 존재를 암시하는데, 이 국가는 이후에 이스라엘과 유다라는 두 개의 왕국으로 분열되었다. 이 두 왕국은 모두 도시 문화에 근거했으며 국가의 관원과 상비군, 특별히 왕이 존재했다. 만약 이와 같은 성서의 묘사가 역사적 사실에 기초했다면, 다음과 같은 질문이 생길 것이다. 이와 같은 사회 체제가 어느 시점에서 나타났으며 어떻게 발전했는가?

성서 본문에서 이것에 대한 대답은 왕권의 발전이 사울과 다윗이라는 두 인물의 생애를 통해 이루어졌음을 보여주는 사무엘의 두 책 안에서 나타난다. 다윗은 통치 말년에 시리아-팔레스타인 대부분을 자신의 통치 아래에 두었고 예루살렘을 그 수도로 세웠다. 이 모습은 사무엘상의 초반부에 이스라엘이 혼란에 빠져 언약궤를 블레셋에게 빼앗기는 상황과 대조를 이룬다(삼상 6-8장). 이와 같은 왕국의 성장에 대한 묘사는 고대 근동을 연구한 고고학자들이 거둔 연구의 결과로 취합된 증거들과 비교해 평가될 수 있다. 다시 한번 부연하자면, 위에서 살핀 것처럼 역사적인 질문에 대한 손쉬운 답변은 존재하지 않는다.

1. 지파들에서 왕국으로

신명기 역사는 국가의 출현이 빠르게 이루어졌음을 우리에게 보여준다. 두 사람의 삶은 이스라엘을 지파 사회에서 왕국으로 성장하게 하는 데 바쳐진다. 사실 이스라엘은 공동의 정체성을 가진 지파들로 이미 잘 조직되어 있는 듯 보이고, 이제 당만 있으면 연맹에서 하나의 국가로 온 이스라엘이라는 중앙 집권적 구심점을 확실하게 다질 수 있을 터였다. 하지만 이전 장들에서 지적한 것처럼 후기 청동기 시대에 잘 조직된 사회적인 그룹이라는 이스라엘의 이미지는 성서학자들에게 많은 비판을 받았다. 그렇기 때문에 왕정의 발생에 대한 성서의 그림은 그 속도와 결과와 관련해 더 특별하게 보이고, 그 내러티브가 실제로 일어난 역사적 변화를 정확히 전달한다는 점을 독자들에게 확신시키는 것을 더욱 어렵게 만든다. 사회 체제는 경제와 인구 성장에 기반한다. 일반적으로 인구와 경제 규모의 변화는 오랜 시간에 걸쳐 점진적으로 발생한다.

지나간 일들에 대한 신명기 사가의 그림은 간략히 요약될 수 있다. 그것은 제도로서의 왕권의 발흥에 초점을 맞춘다. 이와 같은 유형의 리더십에서 첫 번째 표징은 기드온과 아비멜렉의 이야기를 다루는 사사기에서 찾아야 한다. 기드온과 아비멜렉은 제도적인 지도자의 역할을 차지할 기회가 있었다. 기드온은 물러섰지만(삿 8장), 아비멜렉은 그 기회를 잡았다. 하지만 그 결과는 비참했다(삿 9장). 아비멜렉은 자신의 정적들을 죽이고 그 피 값을 자기 머리에 돌렸으며 데베스 포위 중에 작은 접전이 일어나는 와중에 죽게 된다(삿 9:53-55). 그 후에 사무엘상하에서 사울과 다윗의 이야기를 시작할 때까지 왕권은 공석이었으며, 사울과 다윗은 둘 다 왕권이라는 주제와 연결된다.

분명한 왕들의 역사는 사울로부터 시작하고(삼상), 다윗 시대에 이르러서야 왕권 제도가 완전히 자리를 잡는다(삼하). 다윗은 온 이스라엘에 의해 통치자로 인정되었고(삼하 5장), 그의 왕국의 중심점을 자신의 왕궁 처소와 하나님의 거소가 된 예루살렘이라는 도시에 두었다(삼하 6장). 비록 다윗이 하나님을 위해 석조로 된 집을 건설하지는 않았지만, 그는 분명히 언약궤를 가져와 예루살렘에 안치했다. 세속적 권력과 종교적 권력의 결합은 새로운 형태의 정치적인 조직이 탄생했음을 알려주며, 이 조직은 영속할 것이고 "다윗의 집"이라는 상징적인 문구를 통해 표현된다. 사무엘하 7장에서 하나님은 다윗의 아들을 돌보고 그를 후계자로 삼겠다는 것과 그 자손들이 뒤를 잇게 되리라는 것을 약속하는데, 그 조건은 왕의 후손들이 그들의 "아버지"인 국가의 신에게 충성해야 한다는 것이었다.

2. 다윗의 제국과 고고학

우리는 앞서 대략적으로 설명한 내러티브를 통해 다윗은 위대하고 유명한 통치자가 되었다는 인상을 받는다. 그는 (신의 지지와 함께) 개인적인 능력을 통해 개별 지파들을 하나로 묶어 블레셋과 다른 대적들에 대항하도록 이끌었으며, 팔레스타인에 이스라엘 왕국이라 이름 붙일 수 있는 큰 영토를 이루어내는 데 있어 핵심 인물이었다. 단순히 목동이었던 다윗이 골리앗을 이기는 것과 같은 여러 이야기는 독자로 하여금 카리스마적인 영웅의 모습을 그리게 만든다. 여인들은 사울이 수천의 적을 죽이는 데 그쳤지만 다윗은 수만의 적을 죽였다고 노래했다(삼상 18:7). 이 이야기는 제국의 수장으로 위대한 전쟁을 이끄는 지도자의 모습을 묘사하는 듯 보인다. 하지만 현대적 개념에서 "제국"이라는 용어는 영토의 소유와 연결되어 있으며, 현대의 독자로 하여금 많은 다양한 지역과 사람들을 하나의 중앙 권력 아래 복종시키는 거대한 나라가 탄생했음을 의미하는 것으로 받아들이게 한다. 제국에는 다양한 언어와 관습, 그리고 다른 정치 체제를 가진 그룹들이 포함된다. 이 용어는 높은 수준의 군사적 능력과 군대의 정복 활동을 뒷받침하는 배후의 체계를 나타낸다. 고대 팔레스타인에서 이런 명칭은 청동기 시대 이집트의 지배와 철기 시대 아시리아와 바벨로니아의 권력들에 붙여졌다. 이스라엘/유다가 이와 같은 통치권을 행사했는지는 그리 분명하지 않다.

큰 제국을 다스린 위대한 통치자들은 그 권력의 흔적을 남기는 경향이 있으며, 이 흔적들은 고고학자들의 연구 대상이 된다. 그러므로 바벨로니아의 권력에 대한 정보는 니느웨에서 수집될 수 있으며, 여기에는 통치자들의 문서고(library)가 포함된다. 공물 기둥들(tribute pillars, 공물 바치는 장면이 새겨진 기둥들—옮긴이 주)은 북부 팔레스타인에서의 아시리아의 통제를 보여주고, 아마르나 서신들은 보다 이른 시기에 있었던 이집트의 통제를 보여준다. 하지만 다윗과 솔로몬에 관련해서는 커다란 침묵이 존재한다. 철기 시대의 시리아-팔레스타인의 거주지 잔해를 발굴한 결과, 현재까지 다윗의 영향에 대한 주요한 표시들은 발견되지 않았다. 다윗과 분명하게 연결될 수 있는 승리 기념비나 왕궁의 유적은 존재하지 않는다. 아마도 이러한 문제의 일부분은 다윗의 수도였던 예루살렘이 현재 세계의 3대 종교인 유대교와 기독교와 이슬람의 종교적 전통과 연결되어 있어 제대로 발굴되지 않았기 때문이라고 말할 수 있다. 하지만 이 사실이 성서 기사에 의해 이스라엘이 통치했을 것으로 간주되는 다른 곳에서도 비문들이 발견되지 않는다는 점을 설명해주지는 못한다.

최근 유적들에서 하나의 증거가 나타났는데, 텔단(Tell-Dan)의 발굴 현장에서 "다윗의 집"과 관련된 비문이 발견되었다. 이 비문은 왕이 침공하여 승리한 것을 기록하는데 여기에는 다윗의 집에 대한 승리로 간주될 수 있는 내용이 포함되어 있다. 하지만 이 증거에는 몇 가지 문제가 있다. 이 돌의 표면은 풍화되었고, 기록은 파편화되었다. 이 증거의 신빙성에 대해 성서학자들 가운데 격렬한 논쟁이 촉발되었다. 비문의 해독은 어려웠으며, 이것이 정말 다윗의 집을 가리키는 것이 확실하냐는 질문이 일어났다. 두 번째로 그 본문이 다윗의 집을 언급하는 것이 확실하다 할지라도 그것은 지나가며 언급된 것이다. 이 기록은 다윗이 그 지역을 다스리는 왕조의 통치자라는 것을 말해줄 수 있지만, 다윗 내러티브 전체의 역사성을 증명하지는 못한다. 다윗의 이야기는 일련의 짧은 이야기들로 사무엘상하에 등장한다. 여기에는 다윗과 사울의 불행한 관계(삼상 18-30장)와 다윗이 밧세바와 간음을 범하는 데 나타난 권력 남용이 있다(삼하 11-12장). 이 내러티브들은 세련된 방식으로 전해지며(이 책의 두 번째 부분을 참조), 공식적인 왕실의 사건 기록으로 간략하게 이루어진 것이 아니다. 이 이야기들의 자세한 사항들은 기원전 10세기의 공식적인 사건들로 아직 인정받지 못했다.

3. 침묵으로부터의 논증

학자들은 고고학적 연구에서 나온 자료 중 성서의 이야기를 보강하는 증거들이 부족한 것에 대해 상반된 방식으로 반응해왔다. 한편에서 휘틀램은 사무엘상하에서 묘사된 다윗의 국가는 실체가 없다고 주장한다. 본질적으로 그는 다윗의 권력에 대한 고고학적 측면에서의 구체적인 증거가 부족하다는 사실이 다윗 제국은 존재하지 않음을 지지한다고 말한다. 여기에는 비문과 대규모 공공 기념물의 부족, 아울러 기원전 10세기 팔레스타인의 경제 발전이 일반적으로 낮은 수준이었다는 것 등이 포함된다. 휘틀램은 다윗에 대한 기사가 현대의 역사기술적인 설명이라고 주장한 다른 학자들의 결론과 자신의 결론을 대조한다. 휘틀램이 다윗이라는 인물에 대해 회의적인 데 반해, 다른 학자들은 이스라엘의 확장에서 다윗의 핵심적인 중요성을 강조한다.

이스라엘 국가, 특히 다윗 군주 국가의 발흥이 우리를 역사 그 자체로 인도

> 한다는 것과, 이것이 이스라엘 역사를 결정짓는 순간이었고 이 지역 전체에 결정적인 순간이었다는 것은 단순한 가정이 아니다(1996, 128).

다윗이 이스라엘의 발전에 중요한 역할을 했다고 강조하는 방식에서는 이스라엘 국가의 발흥이 “영웅사관”(Great Men of History theory)과 연결된다. 원인과 결과를 살피는 이와 같은 이론적 접근에서 강력한 인간 지도자들은 사회를 형성하는 동시에 혁신과 변화를 위한 기초를 제공한다. 성서 내러티브의 인과 관계에 대해 이 이론을 적용하면, 다윗의 역할에 초점을 맞추게 되고 이스라엘의 개별 지파들의 “개인적인 통합”(personal union)을 주장하게 된다. 휘틀램의 주장에 따르면 이와 같은 의견들은 역사기록자들 자신의 상황에서 비롯되었다. 휘틀램은 “역사기술가들”(historiographers)이라는 용어를 사용하면서 실제로 과거에 일어난 일(역사)과 과거의 사건에 대해 기록된 것(역사기술)을 중요하게 구분한다. 현재 이스라엘의 서안 지구(the West Bank) 확장에 대한 정당성 논쟁의 배경에는 과거 위대한 지도자가 동일한 지역을 성공적으로 차지했었다는 주장이 존재한다(Whitelam, 1996, 147).

다른 학자들은 성서 이야기에 역사적인 사건의 흔적들이 포함되었다고 인정하려 한다. 샤퍼-리히텐베르거(Schafer-Lichtenberger, 1966)를 예로 들면, 그는 이 문제가 국가의 개념을 어떻게 해석하느냐의 문제라고 믿는다. 다윗의 이스라엘을 고대 근동의 이집트와 메소포타미아에 있던 거대 제국들과 비교하는 것은 분명히 부적절하지만, 이 사실 때문에 이스라엘을 국가로 규정하는 것이 완전히 잘못되었다는 의미는 아니라는 것이다. 그녀는 그 지역의 보다 큰 권력의 기록이라는 예외를 제외하면 작은 국가의 존재 증거가 발견될 가능성이 낮다고 주장한다. 10세기에 이집트와 메소포타미아의 국가들이 모두 쇠퇴를 경험했고 일시적으로 팔레스타인에 대한 통제를 상실했기 때문에 이스라엘의 정치적인 움직임은 아마도 기록되지 않았을 것이다. 그 결과 이 시기에는 공물 기둥들이 나타나지 않고, 이스라엘을 봉신 국가로 언급하는 외부 기록도 보이지 않는다.

샤퍼-리히텐베르거는 이와 같은 조건을 가진 작은 국가에 적용할 수 있는 이해의 방법을 제시한다. 그녀는 현대의 독자들이 "국가"라는 단어를 접할 때면 커다란 공공 영역의 행정과 경제를 가진 현대적인 사회 경험을 떠올린다고 말한다. 하지만 여기에는 대체 가능한 해석들도 존재한다. 그중 가능한 해석 하나는 족장 국가(patrimonial state, 1996, 83)로서 그 체제에서는 확장된 가족 제도를 통해 중앙 통제가 기능한다. 공공 관료들은 왕가의 일원이고 좁은 범주의 엘리트 가족 중 한 명인 통치자에게 충성하기 때문에 왕실의 재산(estates)을 통해 왕실 외부에까지 그 통치가 미친다. 현대의 산업 국가와 같지는 않지만 이것 역시 하나의 국가 체제다. 이런 종류의 국가가 사울과 다윗의 왕권과 관련하여 성서 본문 가운데 나타나는 국가일 수 있다.

휘틀램은 과거와 그 시대의 정치 구조에 대해서 자신은 그것이 사실과 다른 가정이라고 생각한다는 점을 강조하는 데 관심을 기울였지만, 샤퍼-리히텐베르거는 과거에 대한 사실적인 기술이 아니라고 간단히 치부하는 데서 나아가 구약성서에서 보여주는 사울과 다윗의 통치를 이해하기 위한 대안적 모델을 제시한다. 휘틀램의 접근법은 사무엘상하에 등장하는 이야기들의 신뢰성에 계속해서 의문을 제기하는 경향이 있지만, 샤퍼-리히텐베르거의 관점은 이 본문들의 일정 부분이 신뢰받을 수 있음을 보여준다. 휘틀램은 "제국"에 초점을 맞추어 이것이 사용 가능한 용어가 아님을 보여주지만, 샤퍼-리히텐베르거는 "국가"라는 용어의 가치를 용인한다. 이 두 학자는 소위 최대주의자와 최소주의자가 벌이는 논쟁의 한 예를 잘 보여준다. 최대주의자들이 성서 기사의 진실성을 지지하는 반면에 최소주의자들은 실제로서의 과거와 과거 시대에 대한 후대의 이야기 사이에 매우 큰 연속성이 있다는 주장에 의문을 제기한다. 학자들은 신명기 역사가 얼마나 신뢰할 수 있는가라는 문제에 대해 계속해서 상반된 반응들을 내놓고 있으며, 이 논쟁과 관련해 중도 노선을 지지하는 이들은 페르시아 시기에도 과거에 대한 기억이 어느 정도 남아 있다고 믿는다. 하지만 그들은 이 자료들이 과거와 연속성이 있고, 유다의 엘리트들이 포로기 이후에 자신들의 권위를 세워야 한다는 필요에 의해 그것을 변형시켰다고 주장한다.

집단 기억에 의해 이루어지는 과거와 현재 사이의 연결은 최근에 편찬된 에델만(D. Edelman)과 벤 즈비(E. Ben Zvi)의 저술 배경이 된다. 이 책에 기고한 많은 학자가 포로기 이후 유다의 공동체가 지역 문화를 강화하기 위해 과거에 대한 기억을 어떻게 사용했는지를 고찰한다. 예를 들면 에델만은 포로 시기 왕권의 상실이 지역 엘리트들의 과거에 대해 기록할 때 유대인의 토대로서 다윗의 이야기를 강조하도록 만들었다고 주장한다. 다윗에게 주어진 약속들은 영원히 지속되는 것이고 이로 인해 다윗 통치의 새로운 시대가 오리라는 희망이 더욱 커졌다. 렘케(N. Lemche)는 기억 작용의 중요성에 대해 고찰하면서 본문과 전승이 존재하는 토대가 바로 문화적 기억이라고 주장한다. 이와 같은 관점에서 보면 솔로몬에 대한 기억은 한 사람에 대한 기억일 뿐 아니라 이제는 쇠락한 한 도시에 대한 기억이기도 하다.

4. 리더십 모델

사울과 다윗에 대한 신명기 사가의 서술이 역사적인 것인지 아닌지에 대한 논쟁의 기저에는 현대의 주석가들이 사용하는 용어에 대한 논쟁과 이러한 용어들이 본래의 문헌에 나오는 어휘들과 어떻게 연관되는가 하는 논쟁이 존재한다. 앞서 지적한 것처럼 이 논쟁 중 일부는 정치 조직에 대한 칭호들과 고대 근동에서 국가와 제국 및 왕국이라는 용어가 사용되었을 때 그러한 용어들의 의미에 관심을 기울였다. 다른 논쟁들은 군주(*nagid*, prince)나 왕(*melek*, king)과 같이 리더십의 유형을 정의할 때 쓰이는 용어들에 초점을 맞춘다. 이 용어의 개념에는 또한 현대적인 의미들이 들어 있어 고대 사회를 표현하는 데 적합하지 않을 수 있다. 이제 용어와 관련된 문제들을 좀 더 자세히 살펴보고자 한다.

신명기 역사에서 정치 조직을 일컫는 중요한 용어는 "왕국"이다. 이 용어는 자신의 영토를 다스리는 한 인간의 통치에 초점을 맞춘다. 다윗은 예루살렘과 연결되어 있지만, 이스라엘의 왕권이라는 그림은 후기 청동기 시대 팔레스타인에서 보이는 도시 국가적인 문화의 그림이 아니다. 도시 국가에서 왕은 하나의 도시나 촌락, 그리고 그와 인접한 주변을 다스렸다. 어느 하나 특별하고 우월한 도시는 없었고, 하나의 도시 국가는 이웃 도시와 동일했다. 대조적으로 다윗과 사울은 이스라엘 백성과 그 백성들이 거주하는 지역이라는 하나의 특정한 나라를 책임지는 왕으로 표현된다. 신명기 사가의 본문은 이 왕정의 이후 시기까지는 예루살렘을 제외한 다른 주요한 중심 도시들을 언급하지 않는다. 사실 성서적 이스라엘은 커다란 촌락 중심의 사회로 보이는데, 이 그림은 해당 시기와 해당 지역의 고고학적 증거에서 보이는 정착 형태와 일치한다.

그렇다면 이 모든 상황에도 불구하고 성서 기록을 증거로 사용하여 이스라엘이 기원전 10세기에 단일 국가로 발전했다는 표식이 있다고 주장할 여지가 있는가? 샤퍼-리히텐베르거의 논문은 이 연구를 위한 일부 근거를 제공한다. 그녀는 "국가"(state)의 의미를 조직화되고 독점화된 정치권력으로 정의하며, 그곳에서의 리더십은 최고의 권한을 가지고 권력의 분배와 사회의 조직에 영향을 끼친다고 말한다. 실제로 이 유형은 사울과 다윗에 대한 성서의 증거에 부합하는 것으로 보이며, 성서적 용어인 멜레크(*melek*, 왕)와 연결될 수 있다. 따라서 왕은 실제 국가 체제의 수장이지만, 자신이 물려받고 획득한 자원들에 그 근거를 둔다.

이 용어가 가진 성서적 의미의 좋은 예는 사무엘상에 등장하는데, 거기서 사무엘은 다른 나라들처럼 왕을 갖게 해달라는 백성들의 요구에 대해 이스라엘의 하나님과 이야기를 나눈다. 사무엘상 8장에는 이 왕이 자신의 부를 축적하고 자신의 일가와 토지 및 전쟁을 위해 백성에게 일을 시키기 때문에 그가 절대적인 권위와 많은 권력을 행사한다는 내용이 담겨 있다. 이 같은 왕은 자신의 국가의 번영과 성공을 위하여 종교적이고 세속적인 의무 역시 지게 되는데, 이것이 사무엘상 8:19-20에서 이스라엘이 추구하는 왕권의 요소들이다. "우리의 왕이 우리를 다스리며 우리 앞에 나가서 우리의 싸움을 싸워야 할 것이니이다." 본문이 가리키는 것은 이와 같은 형태의 정부 형태는 이스라엘이 쫓아야 할 것이 아니며, 백성들이 왕정을 선택하여 당시의 일반적인 체제를 갖는다면 그들이 가진 자신들의 독특한 문화적 유산을 일정 부분 포기해야 한다는 것이다.

이 본문에 왕권의 의미와 가치에 대한 논쟁이 있다는 것은 사회정치 구조에 주요한 변화가 곧 일어나게 되리라는 것을 인지하고 있다는 의미다. 본문은 이 변화의 종교적인 의미에 초점을 맞추는데, 그것은 이스라엘의 왕인 하나님을 버리고 대신 인간적인 통치 모델을 택한다는 것이다. 하지만 이 상황을 말하면서 본문은 초기 철기시대 환경에서 이스라엘 사회에서 일어난 변화에 대한 증거, 최소한 성서 자료들의 후기 편집자들이 염두에 두고 있었던 증거를 보존하고 있다. 이 변화는 새로운 정치적인 용어, 곧 왕을 지칭하는 용어를 포함하는데, 사무엘상의 다른 곳에서 사울과 다윗을 지칭할 때는 나기드(*nagid*, 군주)라는 용어가 사용되었다. 이 두 용어는 왕권의 발흥을 서술하는 본문들에서는 상호 교차하여 쓰이는 것으로 보이지만, 솔로몬의 통치와 같은 이후 왕정의 기사들에서는 왕이라는 용어가 주로 사용된다(참조. 왕상 4장).

군주(prince)라는 호칭은 보다 작은 규모의 통제권과 연관되며 왕조가 아닌 사사들의 리더십에 더 가깝다. 이 역할은 본질적으로 군사적인 것이라고 주장될 수 있을 것이다. 사울과 다윗에 대한 기사들은 그들 사이에 벌어진 전투에 대해 아주 상세하게 기록한다. 그 두 사람은 가까운 친족 그룹에서 뽑은 자신들의 군사를 갖고 있었으며 다른 지파에서도 인원을 차출할 수 있었는데, 사무엘상 11장을 보면 사울은 길르앗 야베스에서 암몬에 대해 승리를 거두었고 이로 인해 군사적인 통제권을 갖게 되었으며 그때 사울은 각을 뜬 소의 일부를 온 이스라엘에 보내 표식으로 삼았다. 그 결과 사울은 이스라엘 전체에서 군사를 모아 적과 싸웠다. 군주라는 호칭의 뿌리는 이러한 군사적 기능에서 비롯되었을 것이며, 이 주장은 플래너건(Flanagan)의 "이스라엘의 부족장들"("Chiefs in Israel," in Chalcroft [ed.], 142-167)이라는 논문에서 언급된다.

플래너건은 사울과 다윗 모두 부족장(chiefs)이었으며 이 역할을 통해 문화 인류학자들이 말하는 사회 구조 발전의 유형—무리(band), 지파(tribe), 부족장(chiefdom), 왕권(국가)—가운데 들어가게 되었다고 주장한다. 그 주장에 따르면, 사울과 다윗은 부족장 역할을 했으며 이들의 경력은 지파와 국가 사이의 중간 단계를 보여준다. 그러한 주장은 성서 기사를 해석하면서 정치적 발전에 대한 현대적 지식을 적용하여 고대 사회의 성격을 이해하는 것이다. 플래너건(1997, 147)에 따르면 부족장의 권한은 일반적으로 전쟁, 춤, 동맹을 맺는 것, 물건의 재분배와 관련된 기술들에 부여된다. 플래너건은 사무엘상하에 등장하는 사울과 다윗 두 사람의 업적들이 부족장제와 부족장 통치의 요소들을 보여준다고 주장한다.

플래너건이 취한 주장들은 성서 본문이 기원전 10세기의 이스라엘에 대해 참된 증거들을 반영하고 있다는 견해에 무게를 두지만, 문제는 이와 같은 인식이 과연 어느 정도까지 받아들여질 수 있는지다. 사무엘상하에 기록된 상황과 비교 인류학의 연구에서 나온 사회학적 모델 사이에는 일반적인 공통점이 존재한다. 사울과 다윗 둘 다 사사들처럼 단일한 지도자였다는 주장과, 이전과 다르게 사울의 집과 다윗의 집이 세워져서 그들의 친족 그룹이 평화 시에도 이스라엘에 대한 통제를 계속할 수 있었다는 주장은 논리적으로 보인다. 이 변화의 원인으로 플래너건은 그 지역에서 정치적인 변화를 초래한 사회적이고 경제적인 변동이 있었다고 제안한다. 하지만 이 시기의 고고학적 기록에는 특별히 이스라엘의 경제적인 상황에 대한 실제적인 증거가 없다는 사실에 주의해야 한다. 그리고 이집트의 패권이 무너지면서 팔레스타인이 "무주공산"(up for grabs)이 되었을 가능성이 있다. 이스라엘에 대한 주변 세력의 압박, 특히 블레셋 연합의 군사적인 압박은 중앙 군사 지도자에 대한 필요성이 거의 상시적이었음을 의미한다.

하지만 이 사실들이 사울과 다윗의 경력의 세세한 면들이 진짜임을 뒷받침하는 것은 아니다. 에델만(D. Edelman, in Fritz and Davies [eds.], 1996, 142-160)은 "역사와 전승 속에 나타난 기스의 아들 사울"(Saul Ben Kish in history and tradition)을 연구했다. 그녀는 어느 정도 구분이 가능하다고 주장한다. 그 이야기 속의 특정한 요소들은 본문의 문학적 특성에서 비롯되는데, 여기에는 사울에게 임한 선한 영과 악한 영(삼상 11장/삼상 16:14), 다윗과 요나단의 우정(삼상 20장), 사울이 죽는 장면(삼상 31장) 등이 포함된다. 다른 한편으로 사울이 행한 전투와 승리의 세부적인 면은 사무엘상 9:1에 나오는 사울의 족보와 사울과 기브온의 연관성과 함께 어느 정도의 역사적인 가치가 있을 것이다(Edelman, 1996, 152-154). 그녀는 다음과 같이 결론을 맺는다. "나 자신의 재구성은 사울이 처음에는 기브온의 작은 왕으로 출발했고 그 궁전 국가에서 이웃으로 확장해갔다고 상정한다"(Edelman, 1996, 156).

추가로 살펴보아야 할 사항들은 독자들을 "신명기 사가의" (Deuteronomistic)라는 단어로 다시 인도한다. 이 모든 개별적인 이야기들은 이제 하나님과 그의 백성들의 관계에 대한 증거의 부분으로서 함께 연결되며, 이 관계 속에서 백성들의 무죄/죄는 신에 의한 축복/저주와 짝지어진다. 사무엘상의 일부분에서는 사울을 군주로만 언급하고, 왕의 명칭을 다윗이 군주 국가를 세울 때까지 유보하고 있다는 사실은 한참 후인 기원전 6세기에서 4세기 당시의 구약성서 편집자들이 가졌던 관점을 반영하는 것으로 보인다. 이 시기는 본문 속에서 다윗이 이상적인 지도자의 전형으로 규정된 때인데, 국가의 신과 다윗의 조화는 모든 백성에게 성공과 번영을 가져왔다(시 72편은 이 같은 지도자의 모습을 보여준다). 그 결과 이스라엘 지역 내부의 자원에 대한 전체적인 통제를 위해 경쟁자인 족장들이 서로 다투는 상태에서 신에 의해 선택되고 보증된 지도자들이 그 예정된 운명에 따라 순차적으로 즉위하는 상태로 변화하게 된다.

5. 사무엘상하에 보이는 다른 형태의 리더십들

사무엘상하에서 사울과 다윗의 리더십과 평행하는 리더십의 모습이 사무엘이라는 인물 자신에게도 나타난다. 사무엘은 예언자(prophet)이자 선견자(seer)인 인물이다. 그의 이야기는 사무엘의 잉태에 하나님이 직접 개입하는 것을 강조하는 출생 내러티브로 시작하는데, 이는 아이를 갖지 못하는 여인의 기도에 대한 응답이었다. 소년 사무엘은 하나님을 섬기는 일에 바쳐졌고 사자(messenger)로 부르심을 받는다. 이것은 드문 일이었는데 당시는 하나님의 말이 자주 들리지 않았기 때문이다(삼상 3:1). 그는 야웨의 예언자가 되었고, 야웨의 말이 그에게 임했으며, 이것은 백성에게 전하는 사무엘의 말이 되었다. 따라서 그는 하나님의 사자의 역할을 감당하여 신의 통지와 결정을 동료 인간들에게 전했고, 이 과업이 예언자라는 단어의 의미와 연결되었다(*Nabi*).

사무엘상 7:6에는 사무엘이 가진 역할의 다른 면이 강조되는데, 그 곳에서 사무엘은 백성들의 사사로 나타난다. 이 장면은 독자들에게 사사기를 떠올리게 하는데, 여기서 나타나는 사무엘은 과거의 사회질서의 모습을 대변한다. 비록 사사기에서 "사사"라는 용어가 어떤 권력과 의무를 의미하는지 분명하지는 않지만, 사무엘은 이전 스타일의 리더십의 마지막 인물로 그려진다. 동시에 사무엘이 가진 또 다른 형태의 리더로서의 역할은 사무엘상 7:8에 나타난다. 백성들은 적 군대로부터 위협을 받았고 신의 도움을 간구한다. 여기서 사무엘은 이스라엘의 야웨에게 도움을 구하며 번제를 드리는 제사장의 중재자 역할을 한다. 하나님은 때맞춰 블레셋에 우레를 발하고, 그들은 혼란에 빠져 도주한다(삼상 7:10-11).

이렇게 사무엘은 상기 본문들에서 예언자와 사사와 제사장으로 드러나고, 그의 역할은 사무엘상 7:15에서 사무엘이 사는 날 동안에 이스라엘을 다스렸다는 언급으로 요약된다. 그의 일생은 백성들의 안녕을 오랫동안 책임지는 것과 연관되었고, 이후에는 그 자신의 아들들에게 이 책임을 물려주려고 했는데, 이것은 왕조적 리더십(dynastic leadership)으로 옮겨가는 신호였다. 하지만 백성들이 여기에 개입하여 왕을 요구한다. 사무엘 자신은 이제 왕을 세우는 사람이 되고, 하나님은 그를 보내 사울에게 왕권의 상징으로 기름을 붓도록 한다. 병행 기사(삼상 10장)에서 사무엘은 점술로써 제비를 뽑아 사울을 왕으로 만드는 인물이다. 사울이 통치자가 된 이후에는 사무엘상 12장에서처럼 사무엘은 원거리에서 이스라엘의 여러 일에 조언을 주는 역할을 한다. 하나님이 사울을 버릴 때도 다윗을 그의 처소에서 왕으로 기름 붓도록 하나님이 부른 이는 사무엘이었다. 사무엘의 일생은 이스라엘의 초기 왕들과 밀접하게 연관되며, 심지어 사울이 전쟁을 준비하면서 신의 인도가 절박하여 신의 예언을 얻기 위해 죽은 자를 불러내는 영매(주술사)를 찾아 사무엘을 불러올리라고 명령을 내려 그를 무덤에서 다시 불러낼 정도로 연관이 있다.

6. 선견자와 점술가

사무엘의 이야기가 신명기 역사의 전체적인 모양에 맞추어졌다는 것은 분명하다. 그의 일생에 대한 기사는 사사와 왕을 연결하고 후대에 왕권을 비판하는 역할을 한 예언자들의 역할을 미리 맛보게 한다. 본문의 표층(surface level) 아래서 사무엘은 여러 다양한 사회적 역할을 보여준다. 중요한 역할 중 하나는 예언자의 역할이며, 특별히 점술가(diviner)로서의 역할이다. 예를 들면 그는 신의 인도를 받기 위해 제비를 뽑았으며(삼상 10:20), 그 자신이 집단을 향한 신의 말을 전하는 직접적인 통로였다(삼상 8:10). 이 같은 역할은 왕의 통치를 평가하는 정치적인 평론가라기보다는 일상의 필요를 채우는 신의 능력을 가져오기 위해 의지하는 지역 인물에 가깝다고 할 것이다.

문화 인류학은 고대 근동의 상황에서 사무엘과 같은 인물을 파악하는 작업과 관련된다. 예언이라는 영역에서 이스라엘의 예언과 비교할 만한 많은 비교 문화적 요소들이 존재한다. 오버홀트(T. Overholt)의 『문화 인류학과 구약성서』(*Cultural Anthropology and the Old Testament*, 1996)는 문화적인 비교 방법을 통해 구약성서를 이해하는 새로운 방법론을 열어간다

(1장). 그는 특별히 예언과 점술(divination)에 대한 현상을 살핀다(3장). 그는 사무엘의 역할과 다른 문화권의 점술가들의 역할을 비교하고 대조하면서 사무엘상하에 등장하는 점술 활동의 사례들에 관심을 두고 사무엘 자신을 선견자로 묘사한 것에 대해 심층적인 의미를 제시한다.

크라이어(F. Cryer)의 연구 『고대 이스라엘과 고대 근동 지역에서의 점술』(*Divination in Ancient Israel and Its Near Eastern Environment*) 역시 고대 이스라엘에서 점술의 역할에 대한 이해에 기여한다. 크라이어는 점술에 대하여 메소포타미아와 이집트의 사례를 살피면서 이스라엘을 향한다. 사무엘상하와 관련하여 그가 발견한 내용 중 매우 흥미로운 점 하나는 메소포타미아의 왕들이 권력을 차지하고 경쟁했던 권좌에 올라갈 때 그 정당성을 보여주기 위해 점술을 사용했다는 점이다(1994, 213). 이 사실은 사울과 다윗이 점술을 사용하여 자신들의 권력을 보다 공고히 세우려 했던 것과 평행하는 흥미로운 사례를 보여준다. 실제로 크라이어는 사울과 다윗 두 사람의 일생은 신탁(oracular) 행위와 밀접하게 엮여 있다고 주장한다. 또한 그는 사무엘의 행동 중 점술의 사례들을 지적한다.

크라이어는 사무엘이 집전한 몇몇 희생제사 장면은 징조 희생제사(Omen Sacrifice)의 사례일 수 있다고 제안한다. 이러한 제사 의식은 미래의 정책을 위한 신적인 인도를 제공하는 표징(signs)으로 해석된다. 그러므로 사무엘상에서는 사회와 통치 기구에 있어 지역적 단계와 광역적인 단계 모두에서 활동한 종교적 인물들의 행적을 찾는 것이 가능하다. 사무엘은 제의적인 장소와 연결되며 이를 통해 하나님과 백성 사이의 가교를 형성했다. 동시에 그는 보다 세속적인 면에서도 공동체의 사건들에 관여했고, 정의의 제공자이며, 또한 왕을 세우는 자가 되었다. 사무엘은 정치적 사안과 사회적 사안들에 신적인 인도를 제공하는 통로로서 활동했고 이를 통해 지도자로서의 역할을 수행했는데, 예를 들면 전쟁에서 성공적인 결과를 가져올 만한 계획들을 실행했다.

7. 결론

사무엘상하의 내러티브들은 지도자와 왕과 예언자라는 세 가지 유형의 리더들을 그린다. 하지만 이 세 가지 형태의 리더십의 초점은 그들 속에서 일어나는 세속적인 사건들보다는 종교적인 의미에 있다. 또한 이 세 형태는 여러 방면에서 이 리더십의 역할을 예시하는 사무엘과 사울 및 다윗이라는 세 인물을 중심으로 돌아간다. 내러티브는 이들의 이야기를 말하면서 세속적 사회에 대한 가치 판단을 제공하며, 예언자의 역할이 종교적인 리더십에서 중요한 부분을 차지하도록 만든다. 이 기능은 역사적으로 넓게 보면 고대 근동에서 이루어진 점술 관행(divinatory practices)의 범주 속에 위치한다. 하지만 사무엘서에는 일상적인 문화적 행위들이 종교적인 해석들과 함께 엮여 있어 예언자를 점술가에서 정치적인 조언자로 변형시킨다.

전체적인 역사적 흐름은 지역적인 단계에서 국가적인 장으로 옮겨가고 있는데, 이것이 사무엘상하에 나타나는 편집층이 관심을 두는 것이고 내러티브가 전달하고자 하는 것이다. 만일 어떠한 연유로든 과거에 대한 이 같은 단일 접근법이 무너지고 독립적인 이야기 요소들이 그 자체의 가치로서 다루어질 수 있다면, 독자들은 마침내 기원전 10세기의 역사에 도달할 수 있을까? 이에 대답하기 위해서 살필 또 하나의 문제는 고고학적 기록을 다루는 것과 관련된다. 본문과 그 사회의 현존하는 유물들을 비교하고 대조하는 것을 통해서 우리는 당시 시리아-팔레스타인에서 일어난 정치적 균형의 변화에 상응하여 전반적으로 새로운 사회 형태가 발전하는 모습을 확인할 수 있지만, 이것은 성서 이야기들의 세세한 것들이 정확하다는 증거가 되지는 못한다.

이번 장에서는 초기 이스라엘의 다윗 제국 개념에 대해 자세히 살펴보면서, 과거에 대한 정확한 기억은 개별적인 부족장에서 한 명의 안정적인 리더십으로의 점진적인 변화라는 면을 고려하더라도, 이 제국은 그리 가능성이 없어 보인다고 말했다. 다윗 왕권이라는 이상을 누가 무슨 목적으로 세웠는가의 문제를 돌아보았고, 이것이 그 땅을 잃어버렸던 후대의 산물이고 집단 기억의 행위로서 간주될 수 있다는 제안들을 살펴보았다.

제5장

열왕기상하와 성서 고고학

1 AND 2 KINGS AND
BIBLICAL ARCHAEOLOGY

이전 장에서는 사울과 다윗에 의한 "왕정의 발흥"이라는 문제를 살폈다. 분명한 것은 기원전 10세기 팔레스타인에서 이스라엘의 상태에 대한 증거들이 모호하고 상반된다는 점이다. 사무엘서의 기사에서는 지파 연합에서 국가 상태로의 변환이 빠르게 일어난 것처럼 나타나지만, 다윗 제국에 대한 고고학적인 증거는 미약하다. 문학적으로 나타나는 그림은 과거의 기억을 붙잡으려는 후대의 염원에 그 근거를 두고 있으며, 이것의 일부는 사무엘서에서 새롭게 만들어졌을 수도 있다. 고대의 역사와 구약성서 사이의 연결이 보다 분명해진 것은 후대 이스라엘과 유다의 왕들에 대한 보고들에 이르러서다.

만약 이스라엘과 유다의 초기 왕 중에 누구라도 이스라엘 백성들로 이루어진 국가라는 개념과 연결될 수 있다면, 그것은 아마도 사울이나 다윗보다 솔로몬이 될 것이다. 그 이유는 성서 기사가 그를 중앙 집권화를 이룬 자, 도시 건설자, 상설 군대를 가진 자로 묘사하기 때문이다. 이 성서 기사는 솔로몬이 자기 아버지의 왕국을 통합했고, 일정 수준 이상의 지역적 중요성을 가진 나라로 만들었을 가능성을 보여준다. 하지만 동시에 솔로몬에 대한 기사 역시 후대의 기억 작업(memory work)에 기인하는 것으로 주장될 수 있다. 솔로몬이 자신이 물려받은 왕국을 견고하게 만든 자일 수 있지만, 성서의 그림은 바빌로니아 통치자들의 모습에 일정 부분 빚을 지고 있는 것처럼 보이고, 이 같은 유형화는 바빌로니아 제국에서 유배 생활을 했던 경험에서 나왔을 수도 있다.

1. 성서 속의 솔로몬

솔로몬의 이야기는 열왕기상 1-11장에서 서술되는데, 그 본문은 왕으로 즉위하여 성공적으로 통치하고 마지막 쇠퇴할 때까지 그의 인생을 다룬다. 솔로몬의 어머니는 자식을 위한 야망을 가진 여인이었고, 또 자식이 그의 아버지인 다윗을 계승할 길을 닦은 인물로 그려진다. 솔로몬은 다윗의 많은 자녀 중 한 사람이었기에 권력에 오르는 과정에서 아도니야와 경쟁하였는데, 아도니야는 솔로몬에게 의표를 찔렸고 솔로몬 자신의 성공을 확실히 하기 위해 때 이른 죽음을 당하게 된다(왕상 1-2장). 열왕기상 3장에서 솔로몬은 하나님이 선택한 왕이며 신의 큰 가호를 받는 왕으로 나타난다. 솔로몬의 기도와 꿈 이야기는 그의 뛰어난 지혜와 재판에서의 분별력에 초점을 맞추며 이 분별력은 두 명의 창기가 한 아이를 가지고 다투는 이야기에서 예시된다. 이러한 지혜로운 왕이라는 주제는 스바의 여왕의 방문에서 절정을 이룬다(왕상 10:1-13). 실제로 솔로몬은 솔로몬의 지혜서와 같은 후대의 전승에서 위대한 지혜를 가진 인물로 나타난다.

성서 기사에 따르면 이 지혜는 강력함과 조화를 이루었다. 열왕기상 4장에서는 왕이 고위 관료들(왕상 4:2-6)과 지방 행정관들(왕상 4:7-19)을 두었다고 서술된다. 또한 왕실이 사용할 수 있는 물품들의 자세한 규모가 등장하는데(왕상 4:22-24), 이것은 통치자가 자신의 땅에서 가진 개인적인 부와 권세를 보여주며 25절에서 그 모습을 다음과 같이 요약한다.

> 솔로몬이 사는 동안에 유다와 이스라엘이 단에서부터 브엘세바에 이르기까지 각기 포도나무 아래와 무화과나무 아래에서 평안히 살았더라.

무화과나무와 포도나무라는 주제는 평화로운 번영의 시대를 강조하는데 이것들은 곡식 재배와 관련된 힘든 노동을 하지 않는 손쉬운 농경 생활을 상징하기 때문이다. 마지막으로 솔로몬은 병거와 마병으로 구성된 상비군을 가졌는데, 이것은 그 당시 가장 강력한 형태의 군대였다. 권력과 부에 대한 이 이야기의 초점은 성전 건축에 있으며 이에 대해서는 열왕기상 5-7장에 기록되어 있다. 이 기사의 정점인 열왕기상 8장에서 솔로몬 자신은 제사장적인 역할을 감당하여 백성들과 그들의 하나님 사이에 서서 축복을 간구한다.

2. 역사 속의 솔로몬

그렇다면 이 이야기들은 과연 어느 정도까지 진정으로 역사적 사실을 담은 기사일까? 다윗의 이야기와 마찬가지로, 건축에 관련된 비문이나 승전 기록과 같이 솔로몬에 해당하는 고고학적 증거가 현존하지 않는다는 사실이 지적될 수 있다. 또한 당연하게도 증거를 발견할 만한 최적지는 예루살렘인데 이곳을 자유롭게 발굴하는 것이 매우 어렵다는 사실은 솔로몬에게도 해당된다. 하지만 고고학적 증거를 보다 광범위하게 적용하는 것으로 기원전 10세기에 존재했을 만한 솔로몬의 왕국에 대한 탐구의 실마리를 만들 수 있다. 재미슨-드레이크(D. W. Jamieson-Drake)는 『유다 왕국의 서기관과 학파들』(*Scribes and Schools in Monarchic Judah*, 1991)에서 기원전 10세기에서 8세기까지의 유다에 대한 전반적인 고고학적 자료를 철저하게 연구했다. 만약 성서의 기록이 정확하다면 중앙 집권화되고 효과적인 행정 체제가 존재했을 것이며, 그것의 토대는 백성들 가운데 기초적인 문자 해독 능력에 놓여 있었다고 할 수 있다. 재미슨-드레이크는 이러한 전망에서부터 당시 사회에 대한 광범위한 해석에 이르기까지 연구한다.

문자 해독은 이어서 사회의 도시화 정도와 경제 발전에 기반을 둔다. 그러므로 성서에 나오는 솔로몬 왕국을 판단하는 한 가지 방법은 조직화된 공공 노동과 사치품들의 무역에 대한 증거로 (많은 도심지에서처럼) 거주의 밀집도가 얼마나 이루어졌는가를 연구하여 당시 존재했던 강력한 중앙 집권적 국가의 주장을 뒷받침하는 증거가 어느 정도인가를 확인하는 것이다. 인구의 증가, 성곽과 왕궁과 성전 같은 공공 건축물을 가진 도심지들의 건설, (숙련된 장인이 요구되는 다른 세공품을 포함한) 사치품 사용의 증가, 글쓰기 능력의 증거, 그리고 수입된 물품들의 존재 등의 사항 모두는 조직적인 읽기와 쓰기가 가능했던 발전되고 있는 문화권을 보여준다.

재미슨-드레이크가 현재 고고학적 지식의 여러 공백과 일부 고고학적 증거 해석의 어려움을 감안하여 내린 결론은 기원전 10세기에 중심지인 예루살렘에서나 국가 내 다른 지방에서 일반적으로 글을 읽고 쓸 수 있는 백성들을 뒷받침할 만한 솔로몬 치하의 중앙 집권화된 하나의 국가가 있었다는 주장을 지지하는 증거가 매우 적다는 것이다. 증거들은 기원전 8세기에 이와 같은 국가에 근접한 존재가 출현했음을 가리킨다.

> 8세기에 유다가 완전한 국가 형태를 이루었다고 주장하는 이 모델은 부족장 체제(chiefdom)에서 국가 체제(statehood)로의 이행이 발생할 수 있는 시간을 허용한다.…솔로몬이 설립한 제도들이 시간이 흐르면서 발전하고 진보하여 8세기에 이르러 국가로서 만개하게 되었다(1991, 144).

그러므로 신명기 사가의 기사에서 보이는 솔로몬은 실제보다 부풀려진 인물이고 왕으로서의 완전한 권력을 가진 자로 묘사되었을 수 있다. 프리츠가 자신의 "왕정과 재도시화: 솔로몬 왕국에 대한 새로운 시각"(Monarchy and re-urbanisation: a new look at Solomon's kingdom, 1996)이란 논문에서 이러한 사실을 주장했듯이 말이다.

> 왕은 그 자체로서 완벽하게 빛나는 존재인 그 자신의 우상화된 복제품(idolized replica)이 되었다.…이제까지 솔로몬의 통치에 대한 우리의 그림을 채색한 것은 바로 신명기 사가가 기록한 기사다(1996, 188).

재미슨-드레이크처럼 프리츠는 이 그림을 고고학적 증거들로 검증하기를 원했다. 그는 솔로몬이 여러 도시를 세운 위대한 건축자라는 개념을 취하여 하솔과 므깃도 같은 도시들에서 나온 고고학적 발견들과 연관하여 탐구했다. 특정한 발굴 층을 특정한 시기에 귀속시키는 작업에는 상당한 어려움이 존재하는데, 모든 유적이 건물들의 기초들이고 보통 누가 왜 그것을 세웠는지에 대해 기록된 증거가 없기 때문이다. 하지만 프리츠는 재미슨-드레이크와 달리 하솔과 므깃도에서 발견된 것들에 낙관적인 견해를 보인다.

> 이제까지 아주 소수의 기원전 10세기 도시들만이 발굴되었지만, 이 유물들은 분명히 일정한 결론을 지지한다.…지방의 새로운 도시들의 기초는 원래 왕국의 설립과 연결되어 있었다 (Fritz, 1996, 194-195).

재미슨-드레이크가 외부 증거들에 비추어 성서 이야기를 비평하기를 선호하는 반면, 프리츠는 고고학적 발견들을 성서 기사 속으로 수용했다. 두 학자 모두 솔로몬의 통치에 대한 신명기 사가의 견해는 이 영웅을 의도적으로 아름답게 채색하여 그 영광이 솔로몬으로부터 빛을 비추고 이상적인 왕을 보여주도록 했다는 데 동의한다. 그렇다면 이 기사 뒤에 놓인 역사적인 실체는 무엇인가? 최선의 가정은 왕정이 점진적으로 발전하여 기원전 8-7세기에 절정에 도달했다는 것이다. 왜냐하면 이 후대의 시기에 이스라엘과 유다가 그때까지 중앙 집권적 통치 체제를 발전시켰다는 것을 보여주는 문서와 인장 등의 공예품들 같은 외부 증거들이 보다 많이 등장했기 때문이다.

3. 이스라엘과 유다 왕국

실제로 이와 같은 중앙 집권화된 왕권이 기원전 8-7세기에 이스라엘과 유다에 존재했을 가능성이 분명히 존재한다. 재미슨-드레이크는 중앙 집권화된 국가가 기원전 8세기에 발흥하여 7세기에 번성했으며 6세기에 갑자기 몰락했음을 보여주는 고고학적인 표식들에 주목한다(Jamieson-Drake, 1991, 5장). 이 그림은 솔로몬 이후에 북쪽과 남쪽의 두 개의 분리된 왕국으로 이어져 기원전 7세기와 6세기 각각 아시리아와 바빌로니아의 침공 때까지 존재했다는 일반적인 신명기 사가의 왕들에 대한 묘사와 일치한다(왕상 12장–왕하). 현재 남아 있는 두 왕국에 대한 서술이 유다의 편집자들에 의해 기록되었다는 것은 사실이며, 유다가 이야기에서 주된 역할을 하고 북왕국은 다윗의 집에서 떨어져 나간 반역적인 그룹으로 간주된다. 역사적으로는 예후와 같은 이스라엘 왕들의 흔적이 다윗 계보 통치자의 흔적보다 더 많이 존재한다. 예후 자신은 현재 대영박물관에 소장되어 있는 살만에셀 3세(Shalmaneser III) 당시 공물 기둥에 나타난다. 그럼에도 동일한 종교적 전통을 공유하는 두 개의 지역 국가가 존재했다는 사실은 현존하는 고고학적 증거들에서 전반적으로 증명된다.

신명기 사가의 서술에서 유다는 르호보암을 왕으로 받아들인 반면, 여로보암은 그 통치로부터 분리하여 독립적인 북왕국을 세웠다(왕상 12:16–17). 여로보암은 경쟁적인 왕권을 세웠을 뿐 아니라 송아지 상을 사용하여 벧엘과 단에 근거를 둔 독자적인 예배 체제도 세웠다(왕상 12:25–33). 이제 북쪽 왕들의 역사에서는 일련의 반란과 쿠데타(coups d'état)들이 펼쳐진다. 열왕기상 16장에서 오므리는 권좌에 오르는데 아합이 그 뒤를 따르고 이후에는 예후가 등장한다. 이 왕들은 시리아의 왕인 벤 하닷(Ben Hadad)과 같은 통치자들의 위협에 직면하여 그 땅을 지키는 데 어려움을 겪는 것으로 그려진다(참조. 왕상 20장). 결국 외부 세력들은 이스라엘을 뒤엎을 만큼 강력해졌다. "앗수르 왕이 올라와 그 온 땅에 두루 다니고 사마리아로 올라와…호세아 제구 년에 앗수르 왕이 사마리아를 점령하고 이스라엘 사람을 사로잡아 앗수르로 끌어다가"(왕하 17:6). 북왕국의 역사는 이 시점에서 종결되지만, 유다의 역사는 바빌로니아가 유다를 점령하기까지 계속된다.

4. 이스라엘의 왕들

왕국의 설립
다윗과 솔로몬: 기원전 10세기
왕국의 분열

북(이스라엘)	남(유다)
여로보암 1세	르호보암
나답	아비야
바아사	아사
엘라	여호사밧
시므리	여호람
오므리	아마샤
아합	웃시야(아사랴)
아하시야	요담
여호람	아하스
예후	**히스기야**
여로아하스	**므낫세**
요아스	아몬
여로보암 2세	**요시야**
스가랴	여호아하스 2세
샬룸	여호야김
므나헴	여호야긴
브가히야	시드기야
호세아	
아시리아의 사마리아 점령	바빌로니아의 예루살렘 함락
기원전 8세기	기원전 6세기

이 목록은 열왕기상하에 기록된 왕들을 순서대로 언급한다. 연대가 기록되지 않은 것은 확실한 연표를 정하기가 매우 어렵기 때문이다. 그 이유는 부분적으로 이 목록에 있는 어떤 왕들은 두 개의 이름을 가진 것으로 보인다는 사실과 같이 모호함 때문이고, 또 고대의 연도 체계가 현대의 방식으로 분명히 표현되지 않기 때문이다. 일반적으로 팔레스타인의 연표는 이집트 통치자들의 연표와 비교해 정해진다(이 책의 앞의 수록된 연표를 참조하라). 이 왕들 중 많은 수가 짧은 기간을 통치했고, 성서의 종교적인 메시지에 특별한 중요성을 갖지 않는다. 성서의 이야기에서 보다 큰 중요성을 가진 통치자들은 굵은 글씨로 표현되었다.

5. 열왕기의 이야기들

우리가 이전에 제기했던 것과 동일한 질문을 통치자들에게도 던져볼 수 있다. 그들이 통치했다는 것과 관련하여 외부적인 증거가 존재하는가? 여기서 드디어 성서 본문 외부에서 메아리들이 들려온다. 신명기 사가의 서술에서 오므리는 단지 여섯 절로만 등장하지만(왕상 16:23-28), 다른 고대 근동 국가들의 기록으로 보면 그는 왕조의 창시자로 나타난다. 예를 들면 모압의 왕 메사의 승전비인 메사 석비(Mesha stele)는 이스라엘이 모압을 40년 동안 억압했다고 말하는데, 그 시기를 오므리와 그의 아들의 때로 말한다. 이 증거는 오므리가 역사적으로 이 지역에서 상당히 중요한 왕이었고, 이스라엘과 모압의 갈등을 말하는 열왕기하 3장의 기록이 전반적으로 사실이라는 것을 분명히 확인해준다.

또한 이스라엘 역사의 마지막 시기와 그 시기에 아시리아의 주군들에 저항한 것에 대한 증거가 존재한다. 예를 들면 아시리아에서 나온 검은 현무암 공물 기둥은 이스라엘의 왕 예후가 자신의 주군 앞에 절하는 장면을 보여주는데, 이것은 열왕기하에서 전하는 예후의 이야기와 반대되는 내용이다. 남왕국 유다에 대해서는 아시리아-바빌로니아의 군대가 유다의 도시 라기스(Lachish)를 점령한 것을 그린 벽화가 존재하는데, 이것은 한때 승리자의 왕궁 내부를 장식했던 벽화다(이 두 개의 유적은 런던에 있는 대영박물관에서 볼 수 있다). 이 증거는 분열 왕국이 메소포타미아의 권력 확장을 맞아 쇠퇴해가는 성서의 이야기를 뒷받침한다.

나아만(N. Na'aman)은 아하스와 히스기야 왕의 통치를 평가할 만한 값진 기록이 아시리아의 자료에 있음을 주목한다(2005). 이 기록을 보면 아하스는 그 지역에서의 아시리아의 주권에 충성했으며 이 통치에 대한 반란에 가담하지 않았지만, 히스기야는 사르곤 2세의 사후에 아버지의 정책을 버리고 인접 나라들과 연합하여 아시리아에 대항하는 싸움에 참전했고, 이 결과 앞서 언급한 산헤립의 침공이 초래된다. 외부의 침공에 대한 성서의 서술에 따르면, 히스기야가 여전히 예루살렘을 통치하고 있지만 아마도 이 시점에서 예루살렘은 봉신국으로 전락해 아시리아의 주권을 인정하고 공물을 바치게 되었을 것이다.

따라서 기원전 8세기에서 7세기에 이르기까지 이스라엘과 유다에는 중앙 집권적인 왕국들이 존재했으며 글을 아는 지도층과 일정한 수준의 지방 권력이 있었을 것이다. 바로 이 시기가 구약성서에서 아모스와 호세아와 이사야 같은 예언서들이 쓰인 시기이고, 성서학자들은 오랫동안 신명기 역사 자체가 이 시기부터 나타나 후대에 재구성된 것으로 여겼다.

이처럼 이스라엘의 국가들이 발전할 수 있었던 계기는 남쪽의 이집트와 북쪽의 메소포타미아의 일시적인 붕괴에 따른 시리아-팔레스타인 지역의 권력 공백이었다. 먼저 일어난 아시리아의 발흥과 뒤따른 바빌로니아의 성장은 이 지역의 상태를 예전으로 돌려놓았고, 주변의 큰 권력에 예속시켰다(자세한 팔레스타인 지역의 지정학적·정치적 특징은 1장을 참조하라).

하지만 이런 여러 사항을 감안해도 열왕기에 등장하는 성서 기사가 근대의 경험적인 다큐멘터리적 역사와 비교할 만한 것으로 여겨질 수 있는가는 분명하지 않다. 가르비니(G. Garbini)는 자신의 『고대 이스라엘의 역사와 이념』(*History and Ideology in Ancient Israel*, 1986)에서 성서 본문에는 독특한 특징이 있다고 지적한다. 그는 자신의 책 3장에서 "왕들의 이야기"를 연구하며 성서 기사에서 보이는 내부적인 불일치에 주목한다. 이런 불일치 중 하나는 이미 언급되었는데, 승전비에서는 오므리 왕조가 그 지역을 오랫동안 다스렸다고 말하지만, 성서 기사에서는 이 왕조의 창시자에 대해서 오로지 여섯 절만을 할애하는 것 사이에 일어나는 간극이다.

가르비니가 주목한 또 다른 문제가 있는데 신명기 사가는 아사랴라고 부르지만 역대기 사가는 웃시야라고 부르는 유다 왕의 진짜 실체에 대한 것이다. 이 왕은 두로의 주변 지역과 상당한 상업적 무역이 일어난 시대를 다스렸으며, 당시 두로의 통치자는 히람이라 불리는 인물이었다. 한편으로 이 유다 왕에 대한 성서 기사는 아주 모호하고 그 초점이 흐려져 있으며, 다른 한편으로 두로의 히람에 대한 기사는 솔로몬 시대의 한 부분으로 기록된 히람의 그림과 매우 유사하다. 가르비니는 이 경우를 들어 열왕기의 저자가 왕들의 통치에 대한 서술에 일정한 편집을 가했으며, 솔로몬을 위대한 왕으로 더 많이 보여주려 했다고 주장한다. 이러한 작업을 한 성서 저자는 아사랴/웃시야에 대하여 말할 만한 것들을 거의 남겨 두지 않았다.

6. 신명기 사가의 문체

실체적 차이점에 대한 인식과 동시에 열왕기상하를 읽는 독자는 본문 속에 독특한 문체가 쓰이고 있음을 발견하게 된다. 통치자는 선함과 악함으로 구분되는데, 이는 세속적인 성공이 아니라 종교적인 중요성에 의해 이루어진다. 기준은 왕이 엄격한 야웨 제의를 독려했느냐 아니면 다양한 신들의 숭배를 지지했느냐에 있다. 이것은 이미 솔로몬의 이야기에서 드러나는데, 솔로몬의 쇠락은 다른 나라 출신 왕비들의 영향으로 왕이 앞장서서 바른길을 떠나 다른 신들을 숭배한 데서 기인했다(왕상 11장). 또한 이 주제는 신명기 사가가 열왕기상 16:25-26에서 오므리에 대해 퉁명스럽게 언급하는 이유가 된다. 왜냐하면 오므리는 여로보암에 의해 시작된 우상숭배를 행한 악한 왕으로 간주되었기 때문이다. 흥미로운 것은 세속적으로 중요한 통치자가 좋지 않은 평가를 받는 반면, 힘이 없는 통치자가 오랫동안 권좌에 앉아 다스렸던 선한 통치의 모범으로 여겨지는 경우가 있다는 사실이다.

히스기야와 같은 왕들은 선한 왕으로 길게 다루어졌지만, 그렇다고 그들이 세속적으로 강력한 통치자였던 것은 아니다. 히스기야의 경우를 보면 사건에 대한 신명기 사가의 해석을 잘 보여주는데, 아시리아의 산헤립에 의한 예루살렘 포위에 대한 서술이 열왕기하와 아시리아의 기록에 모두 등장하기 때문이다. 열왕기하의 서술에서 아시리아는 유다를 제압했다고 주장하나 히스기야는 이스라엘의 하나님으로부터 도움을 얻었고 하나님은 천사들을 보내어 아시리아 군대를 공격했으며 밤사이에 많은 자들이 죽고 아시리아의 왕은 예루살렘에서 철수하게 된다. 여기서 히스기야는 하나님이 보낸 기적을 통해 특별한 승리를 거두었다. 아시리아의 서술에서 산헤립은 무력으로 쉽게 예루살렘을 점령할 수 있었지만, 히스기야가 자발적으로 공물을 바치며 아시리아를 주군으로 인정하는 데 동의한다. 그러므로 이것은 아시리아의 승리다. 아마도 실제 상황은 그 어느 편의 승리도 아닐 것이다. 아마도 어떤 질병이 군대에 영향을 끼쳤고, 아시리아가 제국의 다른 곳에서 일어난 일을 처리하는 동안 히스기야는 아시리아에 대한 반역을 멈추었을 것이다.

그럼에도 열왕기하에서 중점을 두는 것은 하나님이 역사에 간섭하여 오직 이스라엘의 하나님만을 섬기기로 약속한 사람들을 도우는 방법이다. 히스기야는 실제로 대제국의 봉신이었지만 신명기 역사에서는 유다의 위대한 왕으로 그려진다. 신명기 사가의 저자들은 처음부터 이스라엘의 반응에 대하여 분명한 입장을 취하지 않았으며, 이것은 사사기에서 백성들이 계속해서 하나님을 배신하며 새롭게 영감을 받은 지도자가 등장하기까지 적에게 압제를 받는 것에서 볼 수 있다. 사사기에서는 백성들이 죄를 범하고 지도자들이 되돌려놓았다면, 열왕기에서는 지도자들이 죄의 원인이 되는 것이 분명한 주제의 변형이라고 하겠지만, 그럼에도 이 본문들을 가로지르는 사고의 연속성이 존재한다. 바로 이처럼 개별적인 상황을 집합적인 전체 속에 집어넣는 서술의 형태로 인해 노트와 같은 학자들은 이스라엘의 모든 과거를 종교적인 가치에 중점을 두어 해석하는 신명기 사가 편집의 존재를 단언할 수 있었다.

여호수아서에서 열왕기까지의 본문들을 이념적인 메시지를 담고 있는 본문으로 해석하는 것은 엄격하게 역사적인 접근에서 벗어나 그것들의 목적과 기능을 이해하기 위한 다른 방법론을 찾도록 만든다. 이 작업은 성서 본문이 과거 사건에 대한 특정한 시각을 전달하는 통로라는 면에 초점을 맞추게 하며, 더 나아가 그 본문들을 후대의 입장에서 정치적인 선전의 도구로 사용했다고 파악하게 만든다. 이와 같은 해석학적 이동은 독자로 하여금 역사적인 실제에서 벗어나 유다와 이스라엘의 상징적이고 문학적인 세계에 주목하게 하며, 신명기 역사서에서 보이는 문학적인 구조를 자세히 살펴보게 만든다. 또한 이것은 독자들에게 정치 신학(political theology)의 형태로서 본문이 가진 정체성에 주의하도록 경고한다. 이상의 두 가지 논점은 이 책의 두 번째와 세 번째 부분에서 다룬다. 하지만 이 시점에서 신명기 사가 본문의 역사적인 성격에 관해 일정한 간추린 언급을 할 필요가 있다.

7. 성서 고고학

요약이 필요한 첫 번째 주제는 구약성서와 관련한 현대 고고학의 역할에 대한 것이다. 이전 장에서 고고학적인 증거는 계속해서 성서 기사와의 비교 자료로서 다루어졌다. 성서 고고학은 유럽에서 지난 2백 년 동안에 나타난 학문이다. 톰슨(H. O. Thompson)은 고고학적 기술의 발전을 약술했는데(Thompson, 1987), 처음에는 과거의 보물을 찾고자 하는 열망에서 고대의 유적지들을 찾는 시도에서 시작하여 19세기의 페트리(Flinders Petrie)와 20세기의 휠러(Mortimer Wheeler)와 케니언(Kathleen Kenyon) 같은 고고학자들의 연구를 통해 점차 정교해졌다.

대규모 정착지의 유적들은 과거의 잔해들이 층 위에 층으로 남겨져 있다. 작업을 위해서는 각각의 층을 하나씩 분리해야 하기 때문에 발굴은 주로 작은 구역들에서 이루어지며, 흙과 먼지를 조심스럽게 손으로 옮기고 체를 사용하여 토기나 뼈의 작은 파편까지 찾게 된다. 20세기에는 과학적인 연구 방법들이 광범위해졌다. 예를 들면 항공사진, 탄소연대측정법, 유전자 분석 등이 시행된다(Thompson, 1987, 3장을 참조하라). 시리아-팔레스타인에서 이루어진 이와 같은 연구의 결과 상당한 양의 자료들이 나타났다. 그중에 많은 것들이 예루살렘에 있는 이스라엘 박물관에 있으며, 다른 것들은 런던의 대영박물관과 같이 고고학자들이 속한 국가의 박물관에 있다.

물론 이 모든 자료에는 기본적인 문제가 존재한다. 이것들은 대개 비기록적이고 비문자적이어서 문자로 기록된 구약성서에 있는 사건의 표현과 직접 비교될 수 없다. 위에서 살핀 것처럼 이 사실은 학자들로 하여금 다양한 접근을 시도하게 만들었다. 남겨진 자료들이 중요한 성서 인물에 대해 침묵하는 것은 성서 이야기가 "정확한 역사"인지 의심해보아야 한다는 점을 의미한다는 일련의 주장들이 있다. 다른 편의 학자들은 자료로서 남겨진 것들은 본래 존재했던 것들의 아주 작은 부분일 뿐이고, 현존하는 물질 자료 그 자체의 성격을 넘어서서 연결하는 것은 논리적이지 않기 때문에(예를 들면, 파피루스는 팔레스타인의 서늘하고 축축한 기후에서는 오래 보존되지 않는다), 과거의 특정 인물에 대한 침묵이 그가 존재하지 않았음을 의미하지 않는다고 주장한다.

이 논쟁을 잘 보여주는 하나의 예가 있다. 기원전 8세기에서 6세기 사이의 것으로 간주되는 많은 인장이 발견되었다. 이 인장들은 보통 누구에게 속한 것인지를 보여주는 문구를 포함하고 있다. 그중 세 개에서는 "그다랴 사건"과 관련된 성서 이야기에 등장하는 인물들의 이름과 유사한 이름들이 나타난다. 이 이야기는 열왕기하 25:22-26과 보다 상세하게는 예레미야 40:7-41:15에서 나타난다. 이 시대는 바빌로니아인들이 유다의 통치자가 되었고 그다랴라는 인물을 세워 자신들의 통치를 집행하는 총독으로 삼았던 때였다. 유다는 아직 바빌로니아에 완전히 속박되지 않았고, 모반이 일어나 그다랴를 암살하고 외국의 통치에 항거하게 된다. 이 집단의 우두머리이자 총독을 살해한 이는 이스마엘이었고, 예레미야의 본문을 보면 이스마엘은 암몬 자손의 왕 바알리스의 지원을 받고 있었다. 세 개의 인장들은 이 사건의 세 인물인 그다랴(Gedaliah)와 이스마엘(Ishmael)과 바알리스(Baalis)와 관련된 이름들을 담고 있다. 그러므로 이것들은 성서 이야기가 "실제 역사"라는 것을 지지하는 물리적 증거로 주장될 수 있다. 하지만 베킹(Becking, in Grabbe[ed.], 1997, 65-83)은 그렇게 생각하지 않는다. 우선 구약성서에는 다섯 명의 다른 그다랴가 등장하는데, 이 이름은 일반적으로 많이 쓰이는 이름이었을 것이며 성서에 등장하지 않는 많은 사람이 사용한 이름이었을 것이다. 따라서 이 그달야후(Gedalyahu)는 열왕기하 25장의 이야기와 관계없는 다른 사람일 수 있다. 하나에서는 이쉬마엘(Yishma'el)을, 다른 하나에서는 바알리스(Baalys)를 언급하는 다른 두 인장의 경우도, 비록 바알리스가 일반적인 성서의 이름은 아니지만 충분히 동일한 주장을 할 수 있다. 그리고 만약 이 인장들이 실제로 열왕기하의 이야기에 등장하는 인물들에 속했다 할지라도 다른 문제가 발생한다.

> 만약 그달야후(Gdlyhw)와 이쉬마엘(Yshm"l)과 바알리쉬(B'lysh')가 실제 그달리야와 이스마엘과 바알리스로 판명된다고 하더라도 이 자체가 그 다략 사건의 역사성을 증명하지는 않는다. 이 문구들이 분명히 밝히는 것은 이 이름을 가진 사람들이 실제 그 시대에 살았다는 것이지…이것으로…이 인물들이 행했다고 후대 이야기에 기록된 행동들이…역사적이라는 것을 의미하지는 않는다(Becking, 1998, 83).

그렇다면 성서 고고학에 대해서 뭐라고 말할 수 있는가? 그것은 성서학자들이 가진 모든 역사적인 문제를 해결하지 않으며, 성서 기사와 관련된 역사적 지식의 모든 간극을 채우지 못한다. 다른 한편으로 성서 고고학은 성서 연구의 진정한 동반자다. 고대의 본문들은 문화 속에서 나타났고, 그 문화의 물질적 유산들은 이제 부분적으로 성서 연구에 이용될 수 있다. 방법론적 긴장에도 불구하고 이 두 가지 학문과 연구는 각자에게 서로 부속된다.

8. 이스라엘 역사

요약할 두 번째 주제는 역사 자체에 대한 것이다. 현대의 독자들에게 여호수아서부터 열왕기하에 이르는 부분은 역사책들로 간주된다. 즉 그것들은 과거 사건을 기록한 것으로 받아들여진다. 이미 밝힌 것처럼 이것은 이 책들의 목적에 대한 부정확한 이해다. 그것들은 과거의 사건과 관련되고 그 사건에 대한 내러티브를 구성한다. 따라서 그것들은 과거의 이야기를 전달하고 역사기술이라는 이름으로 명명된다. 역사기술은 과거의 이야기를 그 과거 사건들에 대한 긴 시간 속에서의 중요성을 이해하는 후대 저술가의 시각으로 전하는 것에 관련된다. "역사가"는 실존하는 증거에 기반을 두되 이 증거를 저자의 시각에서 해석하여 이야기를 만들어낸다. 다윗 이야기와 관련하여 언급한 것처럼 에델만(Edelman)과 즈비(Zvi)가 편찬한 책의 자료들은 역사 서술이 어떻게 집단 기억을 이용해서 자기 자신의 실체에 대해 더 좋게 이해되고자 하는 욕망을 풀어가는지를 잘 보여준다.

만약 신명기 역사서들이 역사기술 작품으로 간주된다면, 현대 역사가들이 성서 이스라엘에 대한 현대적 기술을 위해 이들을 일차 자료로서 사용하는 것이 가능한가? 이 문제는 그래비(L. Grabbe)가 편찬한 『"이스라엘 역사"가 쓰일 수 있는가?』(*Can a "History of Israel" Be Written?*, 1997)라는 책 제목에 반영되어 있다. 이 책에서 고대 세계를 다루는 많은 역사가들이 이 주제에 대한 자신들의 견해를 표명한다. 이 의견들은 고대 이스라엘에 대해 무언가를 정확하게 기록하는 것이 유효한 작업이라는 조심스러운 낙관론에서부터 그런 노력 전체에 대한 절제된 회의론에 이르기까지 다양하다. 주요한 논쟁 중 하나는 위에서 살핀 대로 고고학과 성서 본문이라는 두 개의 주요한 정보와 자료들 사이에서 현대 역사가들이 보이는 긴장이다.

두 번째 문제는 성서의 역사서들을 원자료(raw data)보다는 역사기술로 정의하는 것에 관련된다. 그러므로 그것들은 과거에 대한 글쓰기가 이루어질 기반으로서의 "역사 자료"(stuff of history)가 아니며 그 자체가 과거에 대해 문학적으로 구성된 이야기가 된다. 신명기 사가의 본문을 읽는 현대의 독자들은 고대 이스라엘의 사회 발전 과정에서 실제로 일어난 일들에 더 이상 똑바로 접근할 수 없다. 만약 현대의 학자들이 초기 이스라엘에 대한 자신만의 설명에서 이 본문을 자료로 이용하고자 한다면, 20세기 저자들의 저작에서 보이는 편견을 구별할 뿐 아니라 고대 역사기술가의 작업에 의한 편견을 구별하는 데도 주의를 기울여야 한다. 과거에 기록된 어떠한 본문의 의미라도 그 최초 저자의 관점에 의해 형성될 것이다(참조. Barstad, in Grabbe [ed.], 1997, 37-64).

휘틀램의 『고대 이스라엘의 발명』(*The Invention of Ancient Israel*, 1996)은 고대의 의미들이 그 자체의 주장대로 충분히 알려지지 않았을 수도 있고, 그 의미가 고대의 본문들에 서술된 사건들의 현대적 이해를 만드는 데 무비판적으로 흡수되었을 수도 있으며, 그 의미들이 본문에 주어진 현대적 의미의 한 부분으로 사용되었을 수도 있는 방법들을 강조했다. 이런 과정을 통해 실제로 만들어진 것은 사실 두 단계로 이루어진 과거에 대한 이론적 평가다. 두 단계로 이루어진 과거에서 고대의 저자들이 고대 이스라엘에 대해 묘사한 내용들과 현대의 저자들이 과거에 대한 고대 저자들의 묘사로 제시한 또 다른 내용들이 결합되었다. 문제는 고대 자료들이 가진 편견이 배제되어 특정한 장면들이 다큐멘터리적 서술로 다루어지게 되었고, 다른 배경을 가진 독자가 그 독자 자신의 문화와 연결된 개인적인 편견을 가지고 이것을 설명한다는 것이다.

그렇다면 유효한 성서 역사를 쓴다는 것은 가능한가? 그래비(L.

Grabbe)는 이 문제에 대해 괜찮은 접근법을 제안한다. 성서 본문은 사용될 수 있고 사용되어야 한다. 충분한 고고학적 자료가 존재하지 않으므로 성서 자료는 필수적이지만, 성서 본문을 사용하는 데 있어서 어려운 점들이 과소평가되어서는 안 된다. 어떠한 자료의 통합이 시도되기 전에 다양한 종류의 자료들은 그 자신의 가치로서 평가되어야 하며, 이 자료를 사용해서 현대 역사가들이 여러 접근을 할 때에도 이 사실은 절대적으로 분명해야 한다. 역사가는 자신의 문화적인 입장을 꼭 밝혀야 하고, 이 사람의 연구를 평가하는 곳 어디에서든지 이 입장은 고려되어야 한다.

이번 장에서는 역사적인 문제에 대한 첫 번째 부분을 마무리하면서 솔로몬이 실제로 동시대의 다른 고대 근동의 통치자와 같이 중앙 집권화된 국가를 이스라엘 안에 형성했을 가능성을 살펴보았다. 비록 아시리아와 바빌로니아의 왕실 기록을 통해 두 왕국의 이야기에 등장하는 인물들이 성서 본문 밖에도 존재하는 것을 분명히 보여주지만, 결론적으로 이 그림은 실제보다는 이상에 가까운 것이었다. 일부가 성서 밖에서 나타난다고 하더라도 이는 왕들의 이야기가 그들의 활동에 대한 정확한 다큐멘터리적 기록이라는 말은 아니다. 이번 장의 마지막에서는 성서적 지식이라는 면에서 성서 고고학으로부터 얻을 수 있는 것이 무엇인가를 요약했다.

JOSHUA TO KINGS

제2부

이야기로서의 역사

제6장

내러티브 기술과 신명기 역사

NARRATIVE ART AND
THE DEUTERONOMISTIC
HISTORIES

이 책의 첫 번째 부분에서는 여호수아서에서 열왕기하까지의 본문과 관련된 역사적인 문제들에 주의를 기울였다. 신명기 사가의 본문들이 이스라엘의 역사로 보이기 때문에 던져져야만 하는 질문들은 이것이 어떤 종류의 역사인가 하는 것과 그 내용이 고고학적인 자료들로부터 끌어낸 시리아-팔레스타인에 대한 역사적인 정보들과 얼마나 일치하는가 하는 것이었다. 이러한 질문들을 던지는 과정에서 고대 이스라엘 연구를 위한 역사적인 자료로서 여호수아서에서 열왕기하까지의 지위가 견고히 확립되지 않았다는 사실이 분명해졌다. 그것들은 "역사"로서 해석될 수 없으며, 보다 이전 시기의 과거에 대한 고대의 역사 기술적 기록으로 여겨져야 한다.

신명기 역사에 있어 어느 것이 더 강조되어야 하는가에 대한 일치된 견해가 없기 때문에 그 의미에 대해 여러 학자가 다양한 의견을 내놓았다. 하지만 신명기 사가 본문의 역사비평적 접근의 목표는 고대 이스라엘에 대한 "진실"에 도달하는 것이다. 모든 독자가 연관된 자료를 받아들일 수밖에 없도록 하는 단일한 본문 해석을 만드는 것은 가능해야 한다. 하지만 실제로는 고대 이스라엘에 대해 이같이 설득력 있는 설명을 찾는 데 실패했으며, 이로 인해 학자들은 여호수아서에서 열왕기하를 해석하는 역사 연구 방법론의 사용에 대해 흥미를 잃고 좌절해왔다. 그리고 이 실패는 신명기 역사를 해석하고 연구하는 대안적 방법론을 탐색하게 만들었다.

성서에 대한 역사비평적 해석에서 벗어나려는 움직임은 다양한 다른 방법론들을 만들었으며, 이것들 하나하나는 각각의 구조와 추종자들을 갖고 있다. 이 모든 방법론은 각각 자기만의 진실을 보여주기 때문에 동일한 가치를 지닌다. 그것들은 저자의 의도를 파악함으로써 본문의 진정한 의미를 찾는 데 더 이상 초점을 맞추지 않고, 대신 독자들의 관심을 병행하는 여러 독립적인 해석들로 이끌고 간다. 그것 중 많은 것이 성서 자료에 대한 수사학적 구조를 연구하고, 성적인 편견, 정치 이념, 독자 반응과 같은 문제들을 다룬다.

1. 대안적 이념들

역사비평적 방법론은 고대의 상황에서 성서 본문이 갖는 본래 가치를 찾는 데 집중한다. 이 방법론은 구약성서에서 다양하고 다채로운 의미를 찾으려는 포스트모던적인 탐험에 점차 밀려났다. 예를 들면 『포스트모던 성서』(*The Post Modern Bible*, 1995)는 이러한 연구 방법을 사용하여 이 특정한 방법론에 관심이 있는 일련의 학자들이 함께 각각의 장을 저술했다. 각 장은 다음 주제들을 다룬다.

- 독자 반응비평
- 구조주의비평과 서사비평
- 포스트-구조주의비평

- 심리분석비평
- 페미니즘과 여성주의비평
- 이념비평

각각의 주제들은 서로 다른 연구 방법론을 만들어낸다. 독자 반응은 독자가 본문에 어떤 방식으로 반응하고 본문은 독자들과 어떤 관계를 맺는가를 살핀다. 구조주의비평 및 탈구조주의비평과 수사학비평들은 모두 본문의 문학적인 형태와 연관된다. 예를 들면 이 본문은 민담 형식인가 아니면 우화 형식인가? 본문이 가치를 두는 메시지로 독자들을 설득하기 위해서 본문 안에 어떤 문학적 기교들이 사용되었는가? 심리분석비평은 프로이트의 이론과 같은 심리학 이론을 문학에 적용하여 문학이 인간 심리를 반영하는 것으로 여겨진다. 페미니즘비평은 이 책의 한 장 전체를 신명기 사가의 본문에 대한 페미니즘적 연구를 다루는 데 할애할 정도로 성서 연구의 주요한 방법론이 되었다. 이념비평은 본문과 연관되고 본문을 형성하도록 한 전체적인 원칙이나 태도를 다룬다.

『포스트모던 성서』를 함께 저술한 저자들은 이 책을 통해 유럽 문화의 형성에 상당한 영향을 끼친 책인 성서가 어떻게 고대의 과거에 대해 증언할 뿐 아니라 지속적으로 사회에 영향을 끼칠 수 있는가를 현대의 독자들에게 보여주려고 노력한다.

> 우리가…주장하는 것은 성서 해석의 "**변화**"로서 이것은 문화 속에서 성서의 계속되는 영향을 이해하도록 만들고, 또…언어, 인식론, 방법론, 수사학적 힘…젠더(gender), 인종, 계급, 성적 지향(sexuality), 종교 등 참으로 대중

적이고 학문적인 논쟁에서 중앙 무대를 점유해왔던 주제들에 관한 현대적 사상의 풍부한 자원들로부터 도움을 얻는다(*Bible Collective*, 1995, 2).

2. 포스트모더니티와 사사기

이(G. Yee)가 편찬한 『사사기와 방법론』(*Judges and Method*, 1995)은 『포스트모던 성서』에서 논의된 여러 접근법을 사사기에 적용한다. 그 목적은 두 가지인데 하나는 현대 성서 연구 방법들이 실제로 어떻게 사용되는가를 보여주는 것이고, 다른 하나는 사사기의 의미 자체에 새로운 영감을 불어넣는 것이다. 특정한 방법론의 전문가인 학자들이 이 책에 참여했고, 사사기에 대한 내러티브비평을 통해 사회과학적비평과 페미니즘비평, 구조주의와 해체주의적 방법론, 이념비평들에 접근한다. 각각의 기고자들은

> 각 방법론의 전제들을 검토하는 방법론을 소개한다. 본문과 그 주요 인물들에 대한 특정한 질문들을 던지고…그러고 나서 기고자들은…그 방법론을 사사기의 본문 전체나 특정한 부분에 [적용한다](in Yee [ed.], 1995, 12).

바우만(R. Bowman)이 쓴 장은 내러티브비평에 초점을 맞춘다. 바우만에 따르면, 내러티브비평은 내러티브 자체의 고유한 강조점을 찾고 발견하는 것을 추구한다(Bowman, 1995, 17).

이 접근법의 전제는 본문의 마지막 형태가 일관성 있는 이야기로서

작동한다는 것인데, 이 이야기는 그 자체로서 하나의 문학 작품으로 존재하며, 문학적인 도구들로 분석했을 때 그 저자의 특정한 인식을 드러낸다. 여기에 사용되는 문학적인 도구는 이야기를 전하는 화자의 역할, 전달된 이야기의 구조와 그 프레임 속에 삽입된 대화 장면들 사이의 연결, 내러티브의 구조와 플롯, 그리고 등장인물의 묘사에 대해 평가한다. 바우만은 내러티브비평가의 시각으로 사사기에서 발견되는 이러한 각각의 문학적인 장치들을 논의한 다음 책 전체에 대한 연구로 옮겨간다.

바우만의 주장은 사사기의 근본적인 주제가 하나님과 히브리 백성 사이의 관계이고, 여기서 하나님과 백성은 이야기 속에서 같은 비중을 차지하는 두 주인공이라는 것이다. 하나님과 히브리 백성은 화자의 해설과 평가를 통해 직접적으로 묘사된다(Bowman, 1995, 21). 내러티브의 구조화는 하나님-백성의 관계에 대한 해석을 제공하는데, 여기서 하나님은 죄악을 벌하기 위해 개입하는 분으로 비친다. 백성들이 "하나님 보기에 악한 일을 행하여"라는 구절은 백성들의 운명이 위험에 처하는 이야기의 중요한 순간마다 반복해서 등장한다. 각각의 경우에 이 문구는 이야기 속에서 대적들을 통해 이스라엘을 벌하는 하나님의 개입으로 이어진다(Bowman, 1995, 32). 이 같은 내러티브 패턴은 압제로부터 구원하는 하나님에 관한 묘사와 균형을 이룬다. 매번 백성들은 대적들에게 위협을 당하고, 하나님은 구원자를 일으킨다. 그리고 각 사사들의 개별적인 이야기들은 사사들의 영웅적인 행동에 대한 설명들을 더 강조하는 보다 넓은 내러티브 구조에 삽입된다.

이 넓은 구조는 신의 행동과 인간의 반응의 결합을 차례대로 보여준다. 본문은 하나님을 "그의 백성과 함께"하거나 (삿 6:12, 16에서처럼) "너와 함께"하는 분으로 선언한다. 이와 평행하는 주제는 하나님의 영이 선택된 사람에게 임하는 것이다. 예를 들면 기드온과 입다 두 사람은 신적인 영으로부터 도움을 받는다. 하지만 각각의 경우에 인간의 반응 역시 이야기의 일부가 된다. 기드온은 신적인 도움에 대한 추가적인 확인을 요구하고 입다는 신적인 도움에 대한 보답으로 희생제사를 약속한다(Bowman, 1995, 37). 특히 입다의 경우에 인간의 반응은 내러티브 속에서 모호하게 처리되는데, 이는 하나님을 자신과 함께하도록 설득하려는 그의 요청이 딸의 죽음을 불러왔기 때문이다. 하지만 하나님은 인간의 반응을 바꾸거나 제한하려고 개입하지 않는다. 한번 서약한 것은 이루어져야 했다.

신적인 행동과 인간의 행동 사이에 있는 사사기의 내러티브적 긴장은 삼손 이야기에서 더욱 커진다. 하나님은 삼손의 출생을 이끌고 하나님의 영이 그 아이와 함께했다(삿 13:24-25). 삼손은 거대한 힘으로 여러 이적들을 행할 수 있었고, 이로 인해 블레셋 사람들에게 위협으로 여겨졌다. 하지만 그는 이방 여인들과의 관계를 통해 그 자신의 힘을 약하게 했고, 그 여인 중 한 사람인 들릴라는 그에게서 힘의 비밀, 즉 자르지 않는 머리카락의 비밀을 알아낸다. 이로써 삼손은 자신의 힘을 위험에 빠뜨리고, 하나님의 영을 잃어 힘이 빠지게 된다. 하지만 머리카락이 자라나면서 그는 신적인 힘을 회복하고, 인간으로서 그가 파멸하기로 한 최후의 선택은 자기 백성의 대적들도 무너뜨렸다. 이 내러티브 구조는 하나님의 역할과 인간의 행동이 직접적으로 연결되어 있음을 보여준다.

신적인 성공은 적절한 인간적 반응에 달려 있는 것으로 보인다. 이런 까닭에 신적인 능력의 나타남은 인간의 자유로운 행동에 의해 제한되는데, 이 행동은 자주 인간의 가능성을 오용하고 남용한다.…하나님은 죄를 벌하기 위해 행동하지만 그것을 막지는 않는다(Bowman, 1995, 39).

사사기 전체의 내러티브 구조에 대한 바우만의 연구는 하나님과 백성들을 본문의 두 주요한 "등장인물"로 여기며, 문학적인 형식과 의미나 메시지 사이의 상호작용을 강조한다. 이 견해에서 본문의 구조화는 의미를 전달하는 역할을 담당한다. 하지만 역설적으로 바로 이 특별한 의미를 전달한 필요성 때문에 저자는 본문에서 발견되는 특정한 문학적 장치들을 사용해야만 했다. 구조는 의미를 강조하고, 의미는 구조를 형성한다. 이 결론에 도달한다면 사사기의 독자는 이 책이 한편으로는 하나의 통일적인 내러티브를 형성하고 있다는 것을 받아들이게 되고, 다른 한편으로는 개별적인 짧은 이야기들이 어떻게 전체를 아우르는 내러티브 구조 속에 결합되었는지를 깨닫게 될 것이다.

3. 내러티브비평의 방법론

사사기의 내러티브비평에 대한 바우만의 논문은 문학적인 방법론들이 포스트모던 시대의 본문 연구에 있어 어떻게 주요한 학문적 방법이 되었는지를 보여준다. 이 연구 방법은 공시적(synchornic) 해석으로 정의된다. 연구 대상이 되는 저작이 그 속에 수많은 개별적인 부분이나 단위들로 나뉜다고 해도 본질적으로 하나의 단일한 작품으로 간주된다. 성서 본문에 대한 보다 역사적인 해석은 그 책의 완성된 최종적인 형태가 기록되거나 구전된 기존 자료들을 재구성한 일련의 고대 편집자들의 작품이라고 가정한다. 따라서 그 책은 각각의 구성 요소들로 분해되어야 한다.

반면 내러티브비평은 하나의 책에서 수많은 하위 요소들이 상호 간에 작용하여 독자가 파악하는 최종 메시지를 만들어내는 방법들을 들여다본다. 이를 통해 저자의 기교를 알아보고, 언어적 장치들이 얼마나 정교하게 사용되었는지를 평가한다. 이런 형태의 문학비평의 주된 요소는 화자의 역할, 플롯, 등장인물, 언어유희나 비유 같은 언어적 기술들에 관심을 둔다. 이 책에서 이야기로서의 역사의 부분을 구성하는 세 장(chapter)의 목적은 신명기 역사들에 적용된 내러티브비평의 요소들을 탐구하는 것이다. 이번 장에서의 의도는 내러티브비평적 형태에 대한 기본적인 정보를 주는 것이고, 신명기 사가 본문들에서 이 방법이 사용되고 있다는 증거로 열왕기상의 내러티브비평을 살펴보는 것이다.

4. 내러티브 기술이란 무엇인가?

내러티브비평은 내러티브들(이야기들)이 기록되는 방식을 연구하는 방법론이다. 내러티브는 화자의 역할을 가정하는데, 화자는 이야기를 전하는 사람이며 성서의 책들에는 주로 익명으로 등장한다. 화자가 이야기를 전하면서 이끌어가기 때문에, 그는 이야기의 저자를 대변한다. 하지만 저자는 주어진 이야기 속에서 화자가 어떻게 나아갈지를 결정하기 때문에 화자와 구분된다. 이야기는 플롯을 가지며 등장할 사람들과 사건들을 소개하는 시작부와 사람들이 일련의 상황 속에서 서로 관련되는 중반부, 그리고 이야기 속에서 만들어진 긴장들이 해소되는 종결부로 구성된다. 가장 단순한 내러티브 구조는 다음과 같은 형태다.

> 옛날 옛적에…그리고…
>
> 그러나…그래서 그들은 모두 오랫동안 행복하게 살았다.

독자는 이렇게 주어진 내러티브의 틀 속에서 플롯과 플롯이 진행되면서 나타나는 등장인물들을 연구하고, 저자가 이야기 속에서 이런 요소들을 표현하고 엮어가는 기술을 알게 된다. 마지막은 본문의 언어적 구조에 대한 연구다. 히브리 성서의 경우 이것은 히브리적 내러티브 형식의 구조와 히브리어의 관용적 표현들을 살펴보는 것이다.

5. 내러티브 기술과 히브리 성서

알터(R. Alter)와 커모드(F. Kermode)가 편찬한 『성서에 대한 문학적 안내』(*The Literary Guide to the Bible*, 1987)는 내러티브비평 분야의 기초가 되는 서적이다. 각 장은 기독교 성서의 각 권에 대한 문학적 주석을 제공하며, 문학적 주석을 역사적인 주석들과 동등한 위치에서 다룬다.

> 종교적이고 세속적인 비평론의 결합은 종교적인 비평론을 연구하는 연구자들에게 그들의 연구가 세속적인 방법론에 주의를 기울일 때 크게 향상될 수 있음을 가르쳐주었다. 세속적인 비평론은 지난 시대 가장 영향력 있는 비평

가들이 거의 주의를 기울이지 않았던 성서에 매우 큰 가치가 있는데, 그들이 성서를 소홀히 해서 큰 손해를 보았다는 것을 발견함으로써 유익을 얻었다 (1987, 3).

보다 최근에 건(D. M. Gunn)과 페웰(D. N. Fewell)은 『히브리 성서에 나타난 내러티브 기술』(*Narrative Art in the Hebrew Bible*, 1993)을 출간했다. 이 책은 등장인물, 플롯, 언어의 문제를 히브리 성서와 관련지어 다룬다. 각각의 경우에서, 관련된 인물의 대략적인 소개는 그 인물이 등장하는 특정한 성서 본문의 해석과 연결된다. 그러므로 창세기 38장에 등장하는 다말과 유다의 이야기에 대해 연구할 때 등장인물과 화자에 대해 고려하고, 사사기 10-12장을 연구할 때 플롯을 고려한다. 후자를 다루면서 저자들은 "대부분의 이야기가 하나 이상의 인물과 관련되기 때문에, 때때로 갈등 관계에 있는 여러 욕망들이 나타다는 것을 관찰하는 것은 이상한 일이 아니다"(1993, 112)라고 지적한다.

이 해석은 사사기 10-12장에 나오는 입다의 딸 이야기의 플롯에도 적용될 수 있다. 입다는 국가적 사건의 공적인 장면에 등장한다. 그는 전쟁에서의 승리를 원했고, 자신이 이긴다면 전투에서 돌아올 때 제일 처음 만나는 사람을 제물로 바치겠다고 하나님에게 서약한다. 하지만 그가 처음 만난 사람은 가정생활이라는 사적 영역의 사람인 자신의 딸이었다. 공적인 사건과 사적인 사건의 영역이 서로 얽히면서 부닥친다. 국가적인 승리의 영웅은 자기 자신의 아이를 잃은 부모로서 슬퍼야만 했다. 입다의 딸은 그녀 자신의 의제 역시 갖고 있는데, 죽음에 직면하여 자신의 사건을 책임지면서 자기 아버지로부터 주도적인 역할을 가져온다.

또 다른 주요 연구인 『히브리 성서의 내러티브 기술』(*Narrative Art in the Hebrew Bible*, 1989, 2판)에서 시므온 바르-에프라트(Shimon Bar-Efrat)는 화자, 등장인물, 플롯, 시간과 공간과 문체를 다룬다. 이 주제들에 대한 일반적인 논의는 성서 내러티브의 실례를 가지고 서술된다. 시간과 관련하여 바르-에프라트는 다음과 같이 기술한다.

> 문학 저술을 전달하는 수단으로서 언어가 가지는 연속적 성격으로 인해 내러티브는 단번에 흡수될 수 없으며, 시간 속에서 계속해서 일어나는 일련의 과정을 통해 소통하게 된다(1989, 141).

저자는 의미를 만들어내기 위해 이 시간의 흐름을 빠르게 하거나 느리게 할 수 있다. 다윗의 딸인 다말을 이복형제인 암논이 욕보인 이야기(삼하 13:1-22)에서 시간은 서술된 모든 사건에 걸쳐 상당히 고르게 분배된다(Bar-Efrat, 1989, 280). 그 내러티브는 시간을 이렇게 분배함으로써 독자들에게 욕보인 사건 자체보다 그 전후에 일어난 일들이 더 중요하다는 사실을 전달한다. 저자는 욕보일 것을 준비하는 것과 욕보임에 대한 반응에 집중하며, 실제 행동은 간결하게 보고한다. 이 사실은 이 내러티브의 강조점이 사실을 묘사하는 데 있지 않고 인간적이고 심리적인 면에 있음을 생각하도록 만든다.

6. 열왕기상과 내러티브 주석

내러티브비평에 대한 계속된 관심에 기초하여 본문의 의미와 해석에 대해 역사적인 주석보다 문학적인 주석에 초점을 맞춘 새로운 성서주석 시리즈가 출간되고 있다. 이 시리즈는 전형적인 주석의 형식을 따라 특정 성서 본문을 단일한 전체로서, 그리고 그 구성 요소들 속에서 깊이 파헤친다. 역사비평적 방법과 같이 내러티브비평적 접근법은 해당 성서의 히브리어 판본에 대한 언어상의 패턴들과 번역의 문제들을 언급한다.

월시(J. T. Walsh)는 열왕기 부분을 책임졌다(1996). 그의 연구는 그가 주석에서 적용할 비평적인 방법론들을 풀어놓는 서문으로 시작한다. 여기에는 화자와 플롯과 등장인물 묘사(characterization) 연구 같은 일반적인 요소들이 포함되지만, 저자는 의미를 만들어내는 데 있어 언어적인 요소의 역할에도 관심을 기울인다. 히브리어 내러티브는 동사의 특정한 시제에 의해 구분되는데, 학자들은 이것을 스토리-텔링 시제(story-telling tense)라고 부르며, 새로운 이야기는 "그리고 이것은 ~이다"(히브리어 *wayyictol*)로 시작한다. 히브리어는 종속절을 취하지 않기 때문에 보통 사건들은 "그리고…그리고…"로 연결되는데, 그 가운데 어떤 것은 영어에서는 때때로 "그러나"로 번역되기도 한다.

하나의 아이디어를 다른 아이디어에 종속시킬 것인가는 독자에게 남겨진 몫이며 사건들은 계속 이야기되고 그 의미에 도달하게 된다. 이런 면에서 히브리어 산문은 개방형이며 여러 해석을 가능케 한다. 더 깊은 의미는 비슷한 형태의 단어나 소리를 반복하는 언어유희를 통해 이루어진다. 솔로몬의 왕국이 앞으로 분열될 것을 보여주기 위해서 아히야가 자신의 옷(히브리어 *S-l-m-h*)을 12개로 찢는 장면에서 솔로몬의 이름(히브리어 *Sh-l-m-h*)에 대한 유희가 이루어진다(왕상 11:29-32[Walsh, 1996, 16]). 구문의 반복 역시 하위 문단의 시작과 끝을 표시하고 구조적으로 중요한 요소가 등장할 수 있게 해준다.

이렇게 월시가 지적한 것처럼 열왕기상 2:31-33은 반복된 주제를 사용하여 그 의미를 전달하는데, 이는 전문용어로 교차대구법(chiasm)이라 불리는 본문 속의 평행법으로서, 이 속에서 다윗 집의 운명에 대한 하위 문단이 시작되고 끝난다. 독자는 구문들이 반복에 의해 엮여져 어떻게 서로 균형을 이루는가를 분석할 수 있는데, 요압의 살인에 대해 다윗이 알지 못했던 것이 그 중심 요소로 남겨진다. 이것은 요압의 범죄와 다윗의 무죄함을 대비시킨다.

A 다윗의 집이 피 흘린 죄에서 자유할 것이다(왕상 2:31b)

B 죗값은 요압의 머리에 돌아갈 것이다(왕상 2:32a)

C 그가 자기보다 선한 두 사람을 죽였다(왕상 2:32b)

D 내 아버지 다윗은 그것을 알지 못했다(왕상 2:32c)

C* 아브넬과 아마사(왕상 2:32d)

B* 그들의 피가 요압의 머리에 돌아갈 것이다(왕상 2:33a)

A* 다윗의 집에는 평강이 있을 것이다(왕상 2:33b)[Walsh, 1996, 58]

열왕기상 2:28-35은 상기 본문을 포함하는 보다 광의의 단락이다. 이것은 솔로몬과 요압의 관계에 대한 이야기와 솔로몬이 어떻게 요압을 죽이게 되었는가와 관련된다. 이 단락은 솔로몬이 자신의 잠재적인 대적들을 향해 어떻게 움직이고 있는가를 요압이 듣고 성소로 도망치는 장면에서 시작한다. 요압이 제단 옆에 있었기 때문에 신성모독의 죄를 범하지 않기 위하여 솔로몬의 부하는 그의 주군이 명령한 대로 요압 죽이기를 주저한다. 하지만 솔로몬은 요압 자신이 다윗의 부하로서 살인을 저질렀기 때문에 다윗의 집에 피 흘린 죄를 가져온 살인자임을 지적하고 따라서 그가 무죄한 자가 아니므로 성소에 걸맞지 않는다고 하여 그의 죽음을 정당화한다. 월시는 이 본문의 가운데 위치한 짧은 본문을 분석하여 이 본문의 문학적 구조가 어떻게 이 내러티브를 결론으로 이끌고 가는지를 자세히 보여준다.

월시의 주석은 열왕기상의 본문에서 사용되는 평행법을 자주 언급하는데, 이것은 짧은 본문들과 이 책의 처음 열한 장과 같은 보다 큰 단위 모두에서 나타난다. 열왕기상 1-11장은 솔로몬의 이야기로서 그가 다윗의 아들 중 한 명으로 성인이 되어 왕위에 오르는 장면에서부터 점차 힘이 약해지고 죽는 장면까지 전달한다. 월시의 주장에 따르면(1996, 151), 솔로몬 이야기를 담은 열한 장 전체는 성전의 건축과 봉헌을 구심점으로 삼는데, 이 사건은 내러티브의 절정인 동시에 왕권의 정점을 이룬다. 이 내러티브의 처음 부분에서 솔로몬은 왕국을 물려받고, 안정시키며, 잘 다스리고, 국가 신을 공경하는 인물로 그려진다. 이와 평행을 이루는 나머지 절반은 동일한 주제들이 등장하지만 조금 다른 관점을 갖는다. 솔로몬은 이제 자신의 재능을 자신을 강화하는 데 사용하면서 북쪽의 지파들에게 무거운 세금을 부과하고, 이방 여인들과 결혼하여 다른 신들에게 제사하게 된다. 그의 통치의 영광은 쇠퇴하여 인간들로부터는 통치를 위협받고 신으로부터는 왕으로서 거부된다.

이 문학적 구조를 통하여 전달되는 메시지는 등장인물 묘사를 통해 더욱 강화된다. 처음 부분에서 솔로몬은 표면적으로는 박수를 받는 인물이다. 하지만 본문을 자세히 읽으면 그의 영웅적인 모습에 의문의 여지가 있음이 드러나며, 주된 메시지가 무너지고 그의 통치에 궁극적인 실패의 그림자가 드리워진다. 이런 인물 묘사는 이야기를 전달하는 화자의 역할에서 드러난다.

> 표면적으로 그는 솔로몬을 긍정적으로 묘사한다. 그의 결정은 언제나 정의롭고 종종 자애롭기까지 하다. 하지만 표면 아래에서 화자는 미세한 내러티브 장치들을 다양하게 사용하여 훨씬 더 부정적인 다른 그림을 그려낸다 (Walsh, 1996, 65).

예를 들면 솔로몬은 다윗의 왕권을 주장한 아도니야에 대항해서 그의 자리를 보전할 때 신속하고 현명하게 행동한다. 하지만 솔로몬이 요압의 범죄와 같은 상황을 사용하여 왕국의 권력에 적대적인 상대들을 완전히 제거할 때 보여준, 자신의 정적들을 처리하는 무자비한 방법은 독자들에게 재고의 여지를 남긴다.

월시의 주석은 열왕기상의 본문에 숨겨진 일련의 의미들을 만들어내기 위해 서로 얽힌 내러티브 형식의 복잡성을 탐구하는데, 독자들은 문학적 형식과 언어 구조에 기초한 연구 방법을 통해서 여기에 접근할 수 있다. 이 연구에서 중요한 것은 바로 히브리어다. 이 사실은 독자들에게 소통의 궁극적인 기초는 단어의 사용과 그 의미에 있다는 점을 일깨워준다. 예를 들면 "탁자"는 특정한 형체를 지닌 물건을 나타내고 "고양이"는 고유하게 알아볼 수 있는 동물을 나타내는 것처럼 하나의 단어는 모종의 실체를 표시하며, 그 단어는 바로 그 실체를 표현하는 상징이나 표지로서 여겨져야만 한다. 하지만 실체에 대한 상이한 경험은 특정한 단어가 가진 의미에 대한 상이한 이해를 초래한다. 가령 우리가 "탁자"라는 단어를 들을 때 떠올리는 것은 무엇일까? 네 개의 다리를 가진 단단한 나무로 된 장방형의 물체인가? 금속 지지대 위에 놓인 투명한 유리로 된 둥근 물체인가? 아니면 그것은 또 다른 무엇인가? 아마도 우리는 다양한 종류의 물건들을 "탁자"라는 단어의 상징으로 인식할 것이다. 하지만 때로 이 단어는 나에게 단지 어떤 한 특정한 종류의 물건을 떠올리게 하지만, 다른 사람에게는 다른 특정한 종류의 물체를 나타낼 수도 있다. 그렇다면 우리는 같은 단어를 사용할 때조차도 우리 사이에 효과적인 소통이 이루어질 수 있는가를 물어보아야 할 것이다. 왜냐하면 그 단어는 우리 각자에게 다른 의미를 불러일으키기 때문이다.

인간의 소통의 이런 문제들은 언어의 기원과 관련된다. 각각의 언어 체계는 고유한 어휘들을 가지는데, 이것들은 그 소통 체계를 가진 그룹의 문화적이고 일상적인 경험을 통해 만들어진다. 단어를 한 언어에서 다른 언어로 번역하는 것은 이미 해석이다. 새로운 단어는 원래의 단어가 자신의 고유한 언어 환경에서 가졌던 가치를 새로운 언어 환경 속에서 완전히 똑같이 지니지 못할 수도 있기 때문이다. 어떤 단어들은 다른 언어에서 동일한 대체어를 찾을 수 없기 때문에 외래어로서 차용되기도 하는데, 예를 들면 프랑스어는 영어 문화권에서 "주말"(Le Weekend)이라는 말을 차용했다. 또는 기존의 어떤 단어가 외국어 단어의 번역으로서 새로운 의미를 부여받아 새로운 기능을 하도록 강제될 수도 있다.

7. 언어의 사용

그러므로 성서 문헌의 연구는 언어가 소통의 도구로 어떻게 기능하는가를 살피는 것이다. 언어가 어떻게 기능하는가의 문제는 언어를 다른 실체에 대한 상징(그리스어 *séмeion*)으로 연구하는 기호학(semiotics)의 영역에 해당한다. 아이칠리(G. Aichele)는 성서 연구에서 기호학과 연관된 개론서인 『본문, 기호, 그리고 경전』(*Text, Sign and Scripture*, 1997)을 출간했다. 그는 본문 해석의 가장 근본이 되는 층이 독자와 본문 사이의 상호작용이라고 주장한다. 이 관계는 간접적인 소통을 포함하기 때문에 쉬운 관계가 아니다. 만약 두 사람이 서로 대화하고 있다면, 그들은 대화 속에 사용된 단어의 의미에 대해 서로 질문하면서 확인할 수 있을 것이다. 하지만 성서 본문의 저자들은 독자가 만날 수 없기 때문에 독자가 성서 본문 속에 쓰인 단어의 의미를 확인하고 그 특정한 단어를 사용한 이유를 질문할 수 없다.

> 학문적인 연구를 통해 다양한 성서 본문을 기록한 사람들의 역사적이고 문화적인 특징들을 찾아낼 수도 있을 것이다.…하지만 결국 우리에게 이 본문들을 남긴 사람들은 전화기 너머로 들리는 미지의 목소리만큼이나 잘 알려지지 않은 존재들이다(1997, 27).

본문 속 단어를 이해하는 데 있어 이 같은 장애물 외에도 번역으로 생기는 문제가 있다. 이런 맥락에서 아이칠리는 "모든 번역에 수반하는 어려움과 위험과 불확실성을 생각한다면, 어떤 번역도 번역자의 신학적이거나 이념적인 편견으로부터 자유로울 수 없다"(1997, 55)고 주장한다.

언어 형태들은 각기 고유한 생명을 가지고 있다는 것이 사실이고, 우리가 성서 본문의 메시지를 파고들기 위해서는 빈번하게 언어의 장르를 확인해야만 한다. 예를 들면 데이비드 램(David Lamb)은 자랑과 모욕의 사용은 전쟁의 상황을 다루는 본문에서 특정한 목적을 가진다고 말한다(2013). 그는 "모욕적인 말"(trash talking)이 군사적인 상황 속에서 일어나는 행동 중 중요한 과정이며 전투를 위한 사기를 끌어올리는 역할을 한다고 주장한다. 그는 이집트의 람세스 2세의 비문과 같은 고대의 자료들과 신명기 역사에 수록된 성서 자료들에서 이런 용법들을 찾아낸다. 그는 골리앗이 다윗을 조롱하는 장면을 이 유형의 실례로 언급하며 이런 언어적 형태는 일종의 심리전으로써 기능한다고 말한다.

이러한 연유로 본문 속 언어 해석의 초점은 단어에 의해 나타나는 메시지에서 단어들, 곧 기의들(signifiers) 자체로 이동한다. 언어는 하나의 사회 속에 존재하는 특정한 사람들에 의해 생성되며 그 사회의 생활 방식이나 역사적 경험에 의해 조형된다. 예를 들어 신명기 역사에서 자주 쓰이는 용어인 "이스라엘"을 생각해보자. 이 구절은 특히 "이스라엘 자손이 여호와의 목전에 악을 행하였으므로"(삿 6:1)와 같은 구절에서 등장한다. 현대의 독자들은 본문 속에서 이 용어를 마주칠 때 그 의미를 파악하기 위해 이것이 가지고 있는 다양한 뜻을 가져오게 될 것이다. 한편으로 이 용어는 현재 세계의 종교와 연결될 것이며, 특히 그 종교와 관련된 지역과 연결될 것이다.

하지만 이 용어가 기원전 13세기의 메르넵타 석비에서 비록 특정한 지역이나 사람들을 지칭하는 데 쓰였다 할지라도, 이것이 동일한 사회적·정치적 실체를 말하는 것은 아니다. 현대 기독교 독자들은 신약성서의 바울 서신들에 쓰인 이스라엘이 그리스도인들의 문화적 본향인 하나님 나라를 가리킨다는 사실을 알고 있을 것이며, 마치 기독교적인 정체성에서 말하는 것처럼 이 독자들은 신명기 사가의 본문에서 보다 넓은 의미를 해석하게 될 것이다. 물론 이러한 몇 안 되는 사례가 "이스라엘"이라는 단어에 들어 있는 다양한 의미를 다 설명하지는 못하지만, 그럼에도 그 단어가 전달하는 의미의 복잡성을 보여준다. 그렇다면 이 단어가 사사기에 등장할 때는 어떻게 해석되어야 할까? 우리는 궁극적으로 그 본문 자체의 세상과 세계로부터 그 의미를 취해야만 한다.

"이스라엘"은 여러 의미를 갖지만, 신명기 사가의 저작에서 이 단어는 온 이스라엘(All-Israel)의 존재를 암시한다. 비록 지역적이고 정치적인 함의가 여기에 있지만, 중심적인 의미는 종교적인 것이다. 이스라엘은 광야에서 하나님께 예배하기 위해 출애굽했기 때문에 이 단어는 일차적으로 신에게 예배하는 사람들의 모임을 일컬으며, 나아가 그들의 일상생활 역시 이런 기본 진리를 따라야만 했다. 여기서 이스라엘이라는 용어는 두 개의 얼굴을 갖는다. 한편으로 이것은 신적인 능력과 주권의 상징으로서 온 이스라엘은 하나님의 백성으로 간주되고, 다른 한편으로 이것은 인간적인 존재가 자신을 위해 만든 왕국으로서 때로 그 지도자들이 YHWH를 경시하고 다른 신들을 섬길 때면 이스라엘의 하나님과 반목하는 존재가 된다.

8. 요약

이번 장에서는 다양한 현대의 성서 주석 방법론 속에서 내러티브비평의 여러 영역을 살펴보았다. 이것은 특히 한 본문이 그 메시지의 타당성을 독자들에게 설득력 있게끔 제시하는 수사학적 구조와 관련하여 성서 본문을 해석하는 분명하고 주요한 방법론이다. 내러티브비평은 서사학(Narratology)이라는 공식적인 이름을 가질 때도 있으며, 그러한 경우 목소리, 플롯, 행위자, 상황을 포함하는 내러티브 패턴화에 대한 공식적인 요소들을 연구한다. 시간과 장소 모두 공식적으로 사용되어 의미를 집중시킬 수 있다. 회상 장면(flashback)은 과거를 돌아보는 등장인물로 하여금 지나간 삶의 형태에 대해 보다 깊은 이해를 가져오게 하지만, 동시에 내러티브를 전달하는 목소리는 독자들에게 여전히 다가올 사건들을 암시함으로써 그간 살아온 경험 속에서의 인과론이라는 주제를 강조하며 이야기의 깊이를 한층 더 깊게 만든다.

이상에서 내러티브비평의 방법론에 대한 전체적인 개요를 다루었다. 다음 장에서는 내러티브에서 장르의 사용, 특히 희극과 비극이라는 두 가지 주요한 형태의 사용을 살필 것이다. 2부의 세 번째 부분에서는 젠더(gender)에 초점을 맞추어 본문이 어떻게 전형적인 남성/여성 인물상을 사용하며, 학자들은 어떻게 이런 전형적인 면의 바깥에 놓인 의미들을 찾아내는지를 알아볼 것이다. 젠더 연구에서 주요한 개념들은 “시선에 저항하기”와 “의심의 해석학”인데, 전자는 이야기가 전달되는 길에서 옆으로 비켜서서 독자에 대한 영향을 평가하는 것이고, 후자는 독자로 하여금 본문이 함축적으로 전달하는 가치들에 의문을 품어야 한다는 것이다.

그러므로 젠더 연구와 근래의 탈식민주의(post-colonial) 연구들은 본문이 보여주는 이념적 선호에 대한 정치적인 비평을 제안한다.

이번 장에서 우리는 본문 “안”에 무엇이 있는가를 다루는 2부의 논의를 시작했다. 내러티브비평의 주제들을 소개했고, 성서의 책들을 해석하는 데 적용되어온 보다 최근의 많은 해석 전략을 살폈다. 언어의 문제와 언어가 어떻게 그 의미를 소통하는가를 둘러보면서 동시에 본문이 사회적인 산물이고 다른 방식으로 특정한 청중들에게 의미를 가진다는 중요한 사실을 다시 돌아보았다.

제7장

비극과 역사

TRAGEDY AND HISTORY

앞 장에서는 구약성서의 내러티브비평 개념을 독자들에게 소개했다. 그 과정에서 본문에 대한 내러티브비평의 적용에 이야기의 본질로부터 파생된 문학적 도구들—즉 플롯, 등장인물 묘사, 화자의 역할—의 사용이 필요하다는 것이 지적되었다. 내러티브비평의 다른 영역은 이야기의 분위기(mood)에—특별히 이것이 희극인지 비극인지에—관련된다. 비극이라는 장르에는 긴장들의 행복한 결말이 없으며, 선(good)을 위한 인간의 의도들이 파편화되고 혼란스러움이 강조된다. 내러티브는 독자들로 하여금 대답할 수 없는 인간의 고난과 고통을 직면하게 만든다. 이것과 대비되는 희극 장르에서는 이야기가 고난이 장황하게 설명될 수도 있지만 내러티브의 절정에서 모든 문제들이 해결되고 주인공과 여주인공이 행복한 미래를 맞이하게 된다.

1. 비극의 본질

문학의 맥락에서 "비극"(tragedy)은 하나의 특정한 유형을 뜻하는 기술적 이름이다. 이 용어는 고대 그리스의 극장에서 유래했는데, 아이스킬로스(Aeschylus), 소포클레스(Sophocles), 에우리피데스(Euripides)의 연극들이 비극적인 드라마를 위한 기본 패턴을 제공했다. 나아가 아리스토텔레스는 자신의 『시학』(*Poetics*)에서 비극의 본질을 철학적인 논증으로 정의하려고 했다. 이 고대의 문학 형태는 현대의 문학비평가들에 의해 서양의 문학, 예를 들면 셰익스피어의 연극들을 평가하는 도구로 사용되었다.

> 이 위대한 비극의 최후의 순간에는…비탄과 기쁨이 융합되어 인간의 몰락에 대한 애가와 그의 영혼의 부활에 대한 환호가 하나가 된다(Steiner, 1961, 10).

이 모델은 그 중심에 파국이라는 사실이 자리 잡고 있다. 비극적인 드라마의 어떤 실제적인 개념도 파국이라는 사실에서 시작해야만 한다. 비극은 나쁘게 끝난다(Steiner, 1961, 8). 재난은 일반적인 조건에서 예견되지 않으며 오히려 외관상 부작위적인 방식으로 인간사의 장면에 나타난다. 하지만 이것이 이 드라마의 사건들을 주도하고, 등장하는 사람들이 완전한 어둠과 고통에 직면하도록 끌고 간다. 욥기 3장을 이 맥락에 넣을 수 있는데, 욥 이야기의 이 부분에서 욥은 아무런 희망이 없고 자신이 태어난 날을 저주하며 혼돈의 힘이 그 위에 풀려나기를 바란다.

그러나 스타이너는 이것에 동의하지 않는데, 욥기는 성서의 책이고 따라서 하나님이 사건들을 궁극적으로 책임지는 저작 모음의 한 부분이기 때문이다. 이 신은 권위를 가지고 세상일을 합리적으로 통제할 수 있는 존재로 나타난다. 이런 이유로 스타이너에게는 욥기 3장은 진정한 의미의 비극이 되지 않는다. 야웨는 그의 진노 중에도 공의로우며…모든 시간을 통하여 하나님이 인간에게 행하는 방법이 공의롭다는 데는 의심의 여지가 없다"(Steiner, 1961, 4). 엑섬은 바로 이 지점에서 스타이너와 의견을 달리하며 때때로 성서의 내용이 정말 비극적이라고 주장한다.

> 성서에서 신 안에서의 선과 악의 연합은 비극적인 인식이 자라날 비옥한 토양을 제공한다.…만약 사울의 타락이 전적으로 그 자신의 행동이었거나 입다의 서약이 미리 계획된 결정이었다면, 이 이야기들의 비극적인 힘은 크게 감소했을 것이다(Exum, 1992, 9).

스타이너의 견해가 아니라 바로 이 엑섬의 견해가 이번 장의 기초가 된다.

2. 비극적 영웅

비극적 사건은 한 인간 존재의 생애에 초점을 맞추며, 이 위대한 영웅의 성장과 몰락은 비극이라는 플롯 속에서 전달된다. 한 등장인물의 성공과 실패에 대한 강조가 초서(Chaucer)의 『캔터베리 이야기』(*Canterbury Tales*)라는 비극에 주어지는 의미인데, 우리는 그 같은 정의를 수사 이야기의 서문에서 발견할 수 있다. 셰익스피어의 희곡들은 이와 유사한 많은 인물을 포함하는데, 대표적으로는 리어왕(King Lear)이 있다. 본래 큰 권력을 가진 인물이었고 현명한 판단과 정직함을 자랑했지만, 리어는 믿었던 딸들에게 기만당하고 그들의 손에 의해 권력을 잃게 된다. 그는 고난에 분노하여 자기 궁정의 어리석은 자들과 함께 지방을 배회하며, 죽음으로 자신의 일생을 마치기 전 막내딸에게서 평안을 찾는다. 여기서 자신의 결정적 실수로 인해 병들고 죽음에 이르는 위인의 원형이 나타난다.

비극적인 영웅이라는 이 유형과 성서의 인물들을 비교해볼 수 있다. 욥기 3-41장에서 욥은 자신의 고난을 직접 초래하지는 않지만 이런 인물처럼 행동한다. 그렇지만 욥의 사려 깊은 경건함은 오히려 자기만족적으로 나타나며, 그에게 종교적인 행실의 힘으로 인해 미래의 번영이 주어질 것을 믿게 만들고 오만(hubris)의 인물상(profile)을 제공한다. 이 오만은 자기 자신의 탁월함에 대한 믿음과 위험으로부터 안전하리라는 믿음이다(욥 1장). 신명기 사가의 본문에서 사울과 다윗은 모두 비극적 영웅의 후보가 되는데, 이들 역시 자신이 직면하는 모든 상황 속에서 지혜롭게 행동할 여지를 가로막는 결함들을 가지고 있기 때문이다.

3. 비극 내러티브로서의 사울과 다윗 이야기

사울의 이야기는 사무엘상 9-31장에서 볼 수 있는데, 여기서는 이스라엘 왕권 제도의 발흥을 전해준다. 사울의 통치는 희망에 가득 차 보인다. 그는 젊고, 힘이 넘치며, 용모가 수려했고 또 YHWH의 영으로 충만했다. 하지만 오래 가지 않는다. 무엇보다 사울이 지도자로서 자신의 역할을 수행하는 과정에서 최초의 약속이 희미해진다. 그는 대적을 추격하는 길에서 벗어나 다윗과의 외교적 싸움으로 자신을 몰아넣었다. 사무엘상 16장부터 그 마음이 점점 악한 영에 의해 일그러지는 사울을 하나님은 거절한다. 이 거절은 결국 전투에서 사울이 죽는 것으로 이어진다. 이 이야기에서 사울의 힘과 그의 약함이 대비되며 그 논조에서 독자는 이 이야기를 비극으로 바라보게 된다.

사무엘상하에는 다윗의 이야기가 사울의 이야기보다 훨씬 더 많은 공간을 차지하고 있다. 다윗 역시 젊고 수려한 외모뿐 아니라 지도자로서의 많은 약속도 받는다. 그는 블레셋 용사와 일대일로 벌인 결투(삼상 17장)와 사울의 질시(삼상 18장 이하) 가운데서도 살아남았다. 그는 사울을 이어 이스라엘의 왕이 되었고, 이스라엘의 모든 지파를 자신의 권력 아래 통합했으며, 마침내 주님의 언약궤를 자신이 건립한 새 수도인 예루살렘에 안치했다(삼하 6장). 그러나 다윗이 밧세바를 범하고 연이어 그녀의 남편을 죽임으로써 그의 운명의 수레바퀴는 전환점을 맞이한다. 다윗은 이제 서서히 쇠락하는데, 이것은 특히 그의 아들 압살롬의 반역으로 나타나 내전과 압살롬의 죽음으로 이어진다. 다시 한번 왕이라는 인물 속에서 힘과 연약함이 대비되며 독자는 이 내러티브를 비극 문학의 단편으로 바라보게 된다.

엑섬은 자신의 『비극과 성서 내러티브』(*Tragedy and Biblical Narrative*, 1992)에서 사울과 다윗 내러티브의 바로 이 요소들을 선택했다. 그녀는 사울과 다윗의 이야기를 구약성서 속 비극 문학 유형의 전형으로 간주한다. 위대한 사울은 그 왕권에서 내려오기를 거절한다.

> 자신의 격동적인 성격과 인간 왕권에 대한 하나님의 반감 사이에 끼어…(그는) 사무엘에 의해 예언된 운명에 순응하기를 거절하며 영웅적인 위대함을 보여준다.…위대하지 못한 사람이라면…그의 운명을 순순히 받아들였을 것이다. 하지만 사울은 그것에 대항하여 씨름한다(1992, 41).

다윗의 이야기 역시 비극적 차원을 포함한다.

> 우리는 자신의 죄에 대한 결과로서 발생하여 영웅의 운명이 역전되는 상황 속에서, 다윗의 범죄에 따르는 적대적인 초월의 제안들 속에서, 그리고 다윗의 집을 둘러싼 경감되지 않는 일련의 재난들 속에서 그것을 발견한다 (1992, 142).

이 두 사람의 내러티브에서 비극이라는 주제가 어떻게 전개되고 있는지를 살피기 위해 우리는 두 개의 사건에 주의를 기울일 것이다. 이 사건들은 각각 그 이야기의 중심인물의 비극적 상황에 초점을 맞춘다.

4. 사무엘상 28장

이 장에서는 사울이 자신의 마지막 원정을 준비하는 이야기가 전해진다. 사울은 여전히 공식적으로 이스라엘을 다스리는 왕이고 군대의 지휘관이다. 하지만 독자는 하나님이 오래전에 사울을 버렸고 그를 대신하여 다윗에게 자신의 영을 줬음을 알고 있다. 악한 영이 사울을 격동하여 그를 우울하고 의심하도록 만든다. 사울은 전쟁을 준비하는 블레셋을 맞아 예민해졌고 불안해졌다. 영웅에 대한 이러한 인물 묘사는 영웅의 쇠락을 위한 무대를 반영한다. 사울이 자신의 경력을 시작할 때는 이스라엘의 대적과의 전투를 두려워하지 않고 이스라엘 사람들을 모았지만(삼상 11장), 이제 그는 떨며 두려워한다. 사무엘의 죽음으로 인해 사울은 하나님의 예언을 들을 수 없었고, 6절에 나오는 것처럼 신의 인도를 얻기 위한 다른 방법들도 실패했다. 모든 표징은 사울이 전투에 임하는 것이 결국 불행을 마주하게 될 거라고 말한다.

하나님께 버림받은 사울은 자신의 옛 권력에 집착하고 초자연적인 도움을 얻고자 마지막 시도를 한다. 그는 위기 속에서 율법에 어긋나는 행위를 하는 종교 행위자를 직접 찾아간다. 그는 이를 통해 자신의 정체성을 포기하며, 이러한 사실은 그가 변장하여 어둠 속에서 비밀스럽게 나아가 신접한 여인에게 자문을 구하는 데서 드러난다. 이 비극적인 사울의 모습은 그가 익숙했던 길에서 벗어나 그가 이전에 가졌던 사회적 역할의 외부에 서 있는 모습이다. 이 장면은 사울의 정체성 결여를 보여준다. 여인은 그를 위해 영혼을 소환하기를 두려워하는데, 이는 왕(즉, 사울)이 그런 행위를 금지했기 때문이다. 사울이 도움을 얻으려고 노력하면서 자신이 저버린 바로 그 하나님의 이름으로 맹세한 그때에야 그 여인은 안심하게 된다. 여기에 나타나는 극적인 반전은 이 장면의 비극적 함의를 강조한다.

하지만 사울의 익명성은 사무엘이 올라오며 사라진다. 그녀는 올라온 사람이 사무엘이라는 것을 깨닫고 왕 또한 알아본다. 사울의 악한 운명은 이제 그 절정을 향해 나아간다. 사무엘이 땅에서 올라와 이스라엘의 야웨로부터 사울에 대한 파멸의 마지막 예언을 선포한다(삼상 28:17). 이스라엘 역시 그의 왕과 함께 고통당할 것이며, 이튿날 하나님에 의해 모두가 블레셋인들의 손에 넘겨질 것이다. 이 장면의 분위기는 두려움과 공포로 그려질 것이다. 사울은 절망적이고, 여인은 징벌의 두려움에 떨며, 땅에서 올라온 사무엘의 모습은 신과 비슷하여 이제 두려워하는 왕에게 파멸이라는 천둥 같은 소리를 발하고 있다. 사울은 그 감정의 극한으로 내몰렸고 아무런 희망도 없는 채 남겨졌다. 이 완전히 비극적인 분위기는 내러티브 속에서 만들어진다. 나머지 장면에서 이 여인이 왕에게 먹을 것을 권하면서 한 인간이 고통받는 이웃에게 친절을 베푸는 행동을 통하여 비극적 긴장이 완화된다. 하지만 이 긴장의 완화는 동시에 비극의 불가피성을 확인하며, 이 비극은 사울이 전장에서 마지막까지 블레셋에 저항하다가 죽음을 맞이하는 마지막 장면에서 완성된다.

5. 사무엘하 15장

이 장에서 다윗의 아들 압살롬은 비밀리에 자신을 위한 군대를 모아, 자기 아버지 다윗에게서 왕위를 빼앗으려는 대담한 음모를 꾸민다. 사무엘하 15:13에서 압살롬의 활동에 대한 소식이 다윗에게 전달된다. 다윗은 자신의 가솔들을 불러 압살롬에게 붙잡히지 않도록 도피하라고 명한다. 이 위대한 왕은 수도 예루살렘에서 자신의 말을 하달하여 이스라엘 지파들을 호령해왔지만, 이제 그 자신의 권력의 중심지에서 자신의 가솔들만을 데리고 붙잡히지 않기 위해 급히 피난가는 운명에 처한다. 역설적으로 15:16에서 왕년의 용사는 열 명의 후궁을 남겨 자신의 집을 지키게 한다. 구약성서에서 열등한 시민인 열 명의 여인은 위대한 왕의 왕궁을 차지한다. 그러므로 용맹한 자가 어떻게 몰락했는가라는 비극적 주제가 이 내러티브 속에서 구체화된다.

다윗이 자신의 성을 떠날 때 비애감(pathos)이 이야기 속으로 들어온다. 이방인인 잇대는 왕을 버리기를 거절하며 다윗의 친아들이 그를 거부한 것과 은연중에 대비된다. 다윗은 과거에 이스라엘의 하나님께 아주 큰 헌신을 보여 언약궤를 예루살렘에 가져와 안치했다. 이제 제사장들은 다윗이 그 도시를 떠나는 것을 인도하기 위해 언약궤를 가져온다. 하지만 언약궤 역시 뒤에 남겨져야만 했다. 다윗은 그가 다시 언약궤를 보지 못할 수도 있음을 알았다(삼하 15:26). 백성들이 떠나는 왕을 보며 울었다는 언급이 사무엘하 15:30에 등장하지만 여기서 우는 사람은 바로 왕이다. 이 장면에서 화자는 한 사람이 완전히 쇠약해져서 의존적이 되었음을 강조하는데, 그 사람은 이전에 다른 사람들의 인생을 전적으로 좌우했던 인물이었다.

모든 사람과 떨어져 가솔들과만 함께한 다윗은 한편으로 므비보셋의 친절함을 마주하고, 다른 한편으로는 시므이의 저주를 만난다. 비극적 사건들은 그를 수동적인 인물로 만든다. 그는 한 사람에게 음식을 대접받고, 다른 사람에게는 저주를 듣는데, 이 두 가지는 모두 하나님이 그에게 정한 운명을 나타낸다.

> 내 몸에서 난 아들도 내 생명을 해하려 하거든 하물며 이 베냐민 사람이랴! 여호와께서 그에게 명령하신 것이니 그가 저주하게 버려두라(삼하 16:11).

모든 것을 잃고 고통받는 이 순간에 다윗은 운명 앞에 머리를 숙이고, 인간의 힘과 자부심의 덧없는 본질에 대한 비극적인 교훈을 배운다.

6. 사울과 다윗: 비극적인 영웅?

지금까지 언급한 장면들은 사울과 다윗을 비극적인 영웅으로 간주하게 끔 하는 증거를 독자들에게 전해준다. 그 두 사람은 악으로부터 괴롭힘을 당하지만 그 재난을 해결하기 위한 조취를 취한다. 동시에 그들은 하나님이 사건들에 개입하여 그들을 대적하게 만들면 단순한 인간의 노력으로는 이겨낼 수 없음을 알고 있다. 그렇다면 사울과 다윗은 온전한 의미에서 비극적인 영웅이라고 말할 수 있을까? 프레스톤(T. R. Preston)은 "사울의 영웅주의…"에서 사울을 비극적 영웅으로 보아야 한다는 주장을 펼친다(in Exum [ed.], 1997). 그는 사무엘과 다윗 및 사울이라는 세 사람의 이야기가 사무엘상에 얽혀 있음을 지적한다. 이 세 사람 중 그 누구도 이 단편 문학의 영웅일 수 있지만 프레스톤은 "삶을 반영하는 이 이야기 가운데 사울이 이야기의 영웅으로 등장한다"(Preston, 1997, 123)고 말한다.

사무엘도 영웅일 수 있다. 어떤 임신하지 못하는 여성이 신에게 간청했고, 사무엘은 그 간청에 대한 응답으로 출생한 것이 분명하며, 그는 성장하면서 신의 은총을 받았기 때문이다. 하지만 그는 사울에게 거의 도움이 되지 않는다. 그는 사울의 조언자였지만 사울의 자리에 다른 사람을 앉히고자 그에게 기름을 부어 사울을 배신했기 때문이다. 다윗은 하나님께 선택받아서 위대해지도록 의도되었지만, 그의 이야기는 그가 무자비하게 일을 다루는 사람이고, 언제나 자신의 이익을 따르는 사람임을 드러낸다. 이와 다르게 사울은 순전한 사람으로 나타난다. 비록 잘못 인도되고 나쁜 결정을 내릴 가능성이 있지만, 사울은 자신에게 주어진 운명인 이스라엘의 지도자 역할을 완수하고 싶어 한다. 다윗이 자신의 목숨을 살려주었을 때, 그는 자신의 약점을 알고 자기 대적에게 자애롭게 말하기까지 한다(삼상 24:16-20). 이 순간은 확실히 사울이 마지막에 군사적 왕이라는 본래의 자기 역할로 돌아오리라는 것과 길보아에서 영웅으로 죽음을 맞이할 것이라는 점을 예고한다.

이 긴장감은 다윗이 자신의 도시를 약탈한 자들에게 복수하는 이야기와 사울의 결말을 함께 혼합한 것을 통해 훌륭하게 유지된다. 이 서로 혼합된 이야기는

> 사울이 죽게 되었을 때, 다윗은 자기 개인의 운명을 고치고 있음을 독자들에게 상기시켜준다.⋯사울은 자신에게 주어지고 감당하도록 선택된 일, 곧 이스라엘을 적대시하는 적들에 맞서 이스라엘 군대를 이끄는 일을 하다가 전쟁터에서 죽었다(Preston, 1997, 133).

프레스톤은 적어도 세상에 알려지지 않은 상태에서 유명하고 권력을 가진 자가 된 사람의 위대함과 치명적인 약점을 모두 보여주는 사울 이야기를 진정한 비극으로 제시하고자 한다.

반면 다윗의 경우는 영웅적인 비극의 예로서 그리 분명하지 않다고 엑섬은 말한다. 엑섬은 앞서 언급된 예루살렘에서 도망하는 것과 같은 장면 속에 나타나는 다윗의 고난을 인정한다. 하지만 이야기를 전체적으로 살펴보았을 때, 우리는 다윗의 이야기를 비극이라고 말할 수 있을까? 그 이야기의 처음 부분에서 다윗은 실용적인 인물로 그려지는데, 그는 사건에 따라 굽힐 줄 알고 그것을 그 자신에게 유리하도록 바꿀 수도 있는 세속적인 능력을 지닌 사람이다. 예를 들면 밧세바의 첫 번째 아이가 죽었

을 때 다윗은 애도를 그치는데, 이는 그것이 그 아이의 죽음을 향한 하나님의 뜻을 되돌리지 못했기 때문이다. 애통이 더 이상 실제적으로 필요가 없어지자 그는 애통해하지 않는다. 엑섬은 이러한 유형의 표현이 사울의 비극적인 인생을 표현하는 데 사용된 것보다 약하다고 주장한다. 화자가 사울의 내적인 격동을 자주 독자들에게 보여주는 데 반해, 다윗이 권력에 오르는 이야기에서는 다윗의 내적인 감정이 거의 전해지지 않는다.

> 다윗은 고통받지만 사울처럼 그 고통으로 인해 위엄을 잃지는 않는다.… 사울은 사람들보다 어깨 위만큼 키가 클 뿐 아니라 그의 강렬함에서도 다른 이들을 능가하는 인물이다.…이에 비해 다윗은 작아 보인다. 그는 사울의 영웅적인 반항과 같은 그 어떤 것도 보여주지 못하고, 그의 내적인 갈등도—있다고 해도—거의 보여주지 못한다(1992, 142).

다윗은 자신의 자녀들에게 재난이 닥쳤을 때 개인적인 반응을 하지 않는다. 아이가 병에 걸려 죽었을 때, 그는 그 죽음을 수용한다. 자신의 딸이 강간당했을 때, 왕은 아무런 행동도 취하지 않는다. 압살롬이 자신의 여동생을 강간한 암논에게 행한 복수는 다윗의 분노를 촉발했지만 여기서도 다윗은 여전히 수동적이다. 이러한 반응은 독자들이 왕이 속으로 생각하는 의도에 대해 알 수 없게 만들 뿐 아니라 왕을 접근 불가능한 인물로도 만든다. 그리고 그가 자신의 일족들을 통제하지 못하는 것은 다윗을 또한 파멸로 이끄는데, 자신의 일족, 곧 자기 아들 압살롬이 그를 궁지에 빠뜨린다. 지금 다윗이 진정 비극적인 방법으로 예기치 못한 운명에 사로잡혔다고 말하기는 어렵다. 압살롬의 출정에 대한 다윗의 반응은 그가 운명을 받아들이는 모습을 통해 비극에 근접하고, 그 이야기의 마지막에서 압살롬이 죽었다는 소식에 대한 그의 반응은 그가 아들에게 깊은 애정을 갖고 있다는 것과 현재의 상실감을 드러낸다. 하지만 그런 후에도 다윗은 자신이 해야 할 일상으로 돌아온다.

> 다윗은 사울과 달리 그의 불행으로부터 의미를 짜내려고 결코 씨름하지 않으며, 결코 그가 불행들로부터 회복하는 것처럼 보이지 않음에도 요압과 다른 사람들의 도움으로 왕으로서의 일을 계속 수행해갈 수 있었다(Exum, 1992, 148).

이 두 왕의 이야기는 성공한 삶에서 실패하는 삶으로 추락하는 그들의 모습을 잘 보여준다는 점에서 독자들에게 비극적 내러티브로 제시되고 있다는 것은 확실히 맞는 말이다. 사무엘상하의 내러티브들은 인간 생애의 비극을 탐구하는 극적인 장면에서 이 두 왕의 고통을 그려내고, 이스라엘을 지배하기 위해 고투하는 전체 이야기 속에서 이들을 비극적 영웅으로 강조한다. 사울의 실패는 다윗의 실패보다 더 크고 그의 아들들에게까지 확장된다. 다윗은 큰 희생을 치르면서 결국 권력을 유지하는 데 성공한다. 다윗의 이야기를 비극으로 해석하는 것은 행동에 대한 도덕적 평가에 따라 성서 내러티브를 해석하는 것과 연관된다. 인간의 고통은 애통함이 무고한 희생자에게 부당하게 일어난 것인지 아니면 악행에 의해 초래되었는지에 따라 평가된다. 사무엘서에서는 사울이 부분적으로 죄를 저질렀기에 그가 몰락한 것으로 그려지는데, 이는 그가 하나님의 지원을 상실했기 때문이며, 다윗은 이 운명을 피한다.

하지만 본문은 다윗의 불법적인 행동을 그의 가족들의 실패와 치밀하게 엮으면서 다윗이 비극적인 영웅이라는 관점을 난해하게 만들고, 비극의 개념을 한 사람에게서 전체 가족의 것으로 확장한다. 밀스(M. Mills)는 『성서의 도덕성』(*Biblical Morality*)을 통해 사무엘서 안에서 다윗의 인물 묘사가 모호한 도덕적 가치의 개념을 만들어내는 방법에 대해 연구한다. 다윗이 자신의 군대를 전쟁에 보낸 시점에 그는 뒤에 머물러서 결혼한 여인과의 추문을 시작했기 때문에, 다윗이 얼마나 도덕적인 인물인가에 대해 질문이 생길 수 있다. 공적인 삶에서 다윗은 위대한 용사요 (역대기에서는) 성전의 건축자로 나타나지만, 한 인간으로서 그의 모습은 보다 모호하다. 표면적으로는 다윗 가문의 이야기에서 왕은 하나님이 선택한 자이고 그의 신에게 충성하는 자이며, 궁극적으로 주님의 총애를 받는 자로 남겨진다. 하지만 화자는 다윗과 그의 자녀들의 이야기를 풀어감에 있어서, 왕의 간통과 그의 아들의 성적인 범죄, 살인으로 이어지는 행동과 아버지와 아들 사이에 내전을 초래하는 행동 사이에 암묵적인 연결을 만드는 방법을 사용한다. 다윗은 살아남았지만 자기 아들의 생명을 대가로 치렀다.

이 자료의 내러티브 구조를 면밀히 살펴보면, 그것은 수사학적 구조가 어떻게 정교한 메시지를 전달할 수 있는지를 보여주는데, 이 메시지는 그 가족의 도덕적 쇠퇴와 다윗 자신의 비윤리적 행동을 연결하면서 다윗 왕조를 보증하는 동시에 그의 후손들에게 비극을 가져온다. 본문은 다윗이 행한 행동뿐 아니라 그가 한 수많은 연설을 함께 설명하기 때문에 독자들은 이 비극의 보다 깊은 의미로 들어가게 된다. 하지만 여기에는 독자가 다양하게 채울 수 있는 간극과 침묵이 남겨져 있다. 예를 들어 다윗이 "압살롬아, 내 아들 압살롬아"라고 애통해할 때, 그의 통치가 더 이상 도전받지 않는다는 것 때문에 심적으로 안도했지만, 그는 진정으로 비탄에 압도되었던 것일까? 아니면 공식적으로 요구되는 애도를 행한 것이었을까? 아니면 아마도 왕은 이 두 감정을 동시에 느끼지 않았을까? 이런 형태의 서술은 단순히 기본적인 이야기 전달의 결과일 수 있지만, 또한 내러티브에 깊이를 더하기 위한 의도적인 방법일 수도 있다.

7. 역사로서의 비극

사울과 다윗의 이야기는 현대의 학자들이 연속된 이야기로 해석하려는 일련의 책들 가운데 담겨 있다. 히브리 성서가 이 본문들을 전기 예언서라고 이름 붙인 반면, 현대의 학자들은 그것을 신명기 역사로 부른다. 여기서 역사는 과거에 대한 일련의 탐구를 의미하며, 과거 사건들에 대해 기록된 서술인 역사기술로 이어진다. 따라서 문학비평의 단계에서 조우하게 되는 것은 역사적 문헌이다. 기록자는 이 문학적 유형에서 장기간에 걸쳐 사건들을 지배하는 원인과 결과에 대한 포괄적인(overarching) 패턴들을 되돌아본다. 이런 전망은 비극에 적합한 상황을 제공하는데, 역사가는 그 발흥과 시초의 전망보다는 왕과 나라의 종말, 문명의 몰락에 초점을 맞추기 때문이다. 한 세대의 행동—종종 파멸적인 행동—이 연쇄적인 반응을 일으켜 후손들이 자기 조상의 행동으로 인해 고통받기 때문에 원인과 결과의 고리를 따로 떼어놓는 것 역시 가능하다.

그리스 문학에서 이와 같은 역사적 개관은 오만과 응보라는 주제와 연관된다. "오만"(hubris)은 야망과 자기만족을 나타내는 용어로, 인간 존재가 세상의 사건들을 주도하려는 시도에서 나타난다. "응보"(nemesis)는 그 인간을 기다리고 있는 운명을 정의하는 용어로, 다시 말해서 인간의 힘이라는 외관이 얼마나 덧없는가를 드러내는 불행을 뜻한다. 오만과 응보라는 용어는 한 쌍으로 사용되며 인간사에 흥망의 사이클을 만든다. 이 움직임의 축은 신들의 행동이다. 오만은 신들을 기분 나쁘게 하는데, 이는 신들과 인간의 간극이 좁혀지는 것을 의미하기 때문이다. 응보는 신들이 자신들의 초월성을 다시 주장하는 방법으로서, 인간을 그들의 자리로 되돌려 그들에게 필멸하는 운명과 그 한계를 일깨우는 것이다.

그리스의 저술가 헤로도토스(Herodotus)는 고대 세계에서 위대한 왕들의 발흥과 몰락에 관한 비극적인 차원을 포함하는 주요한 역사가 중 한 사람이다. 그의 『역사』(*Histories*)는 기원전 6세기에서 5세기에 있었던 그리스인들과 페르시아인들 사이에 벌어진 전쟁을 상술하며, 그들이 벌인 전투의 배경을 포악한 동양과 자유 도시 국가인 서양 사이의 문화적 충돌이라는 상황 속에서 최고의 자리를 다투는 것으로 설명한다. 헤로도토스는 이 광대한 구조 속에서 위대한 권력과 부와 지위에 올랐지만 재난이나 때로는 죽음에 엄습당한 위대한 통치자—예를 들면, 칸다울레스(Candaules), 크로이소스(Croesus), 크세르크세스(Xerxes)—의 생애를 이야기한다. 재난이 각 통치자에게 일어나는 방식은 그들이 통제할 수 없는 상황에 의해 그들의 야심 가득한 자부심이 손상되는 것을 보여준다. 일례로 자기 아내의 아름다움에 대한 칸다울레스의 자부심은 다른 남성으로 하여금 그녀의 나신을 바라보도록 부추김을 통해 그녀와 그 자신이 수치를 당하도록 이끈다. 이 굴욕에 대한 그 아내의 반응—본 사람이나 그녀의 남편 중 하나는 반드시 죽어야 한다는—은 직접 칸다울레스의 죽음으로 이어진다(Herodotus, *Histories*, Book 1).

닐슨(E. A. J. Nielsen)의 『역사 속의 비극』(*Tragedy in History*, 1997)은 헤로도토스의 저작에서 발견되는 비극적 요소들을 신명기 역사서에 있는 것들과 비교하고 두 역사서 사이의 전반적인 유사점(comparison) 다섯 가지를 제시한다. 두 문학 저작들은 아래의 것들을 강조한다.

- 신과 인간 사이의 헤아릴 수 없는 거리
- 사람은 신과의 관계에서 적절한 자리를 지켜야 한다는 것
- 신의 행동은 종종 기만적이라는 것
- 인간사에서 균형(equilibrium)을 벗어난 작동이 존재한다는 것(오만/응보)
- 사람들이 그들의 혈통에 따라 신의 축복이나 저주를 받는다는 것 (Nielsen, 1997, 114-117)

헤로도토스는 그리스인들과 페르시아인들의 역사에서 이 주제들을 도출하고, 이것들이 어떻게 인간사에 비극적 상황을 만들어내는가를 보여준다. 반면 신명기 역사서는 그 전체로서 비극적 이야기가 되는 이스라엘의 역사를 통틀어서 이것들을 도출해낸다.

8. 비극으로서의 신명기 역사들

신명기 역사 전체를 비극적 내러티브로 주장하는 것은 본문을 두 주요 등장인물인 하나님과 이스라엘에 대한 이야기로 읽는 것과 관련되며, 이 맥락에서 이스라엘은 단일한 등장인물로서 전체 국가를 묘사하는 용어로 작동한다. 여호수아서에서 약속의 땅에 정착하기 시작한 때부터 열왕기하에서 그 땅을 상실하기까지의 내러티브는 이스라엘에 영향을 주었고 이스라엘을 피할 수 없는 멸망과 파괴로 이끈 치명적 결점들을 되돌아본다. 두 가지 주요 주제가 이 자료에서 나타나는데, 그것들은 다른 나라의 신들을 예배하는 것과 국가 지도자들이 이스라엘을 위해 올바른 종교적 정책들과 정치적인 정책들을 세우는 데 실패한 것이다.

이런 방법으로 비극을 다루는 것은 본문의 주요 인물인 하나님이 자신의 의도를 알리는 분이기 때문에 예측할 수 없고 상식적이지 않은 재난에 대해서 성서는 정확한 표현을 할 수 없다고 주장하는 슈타이너의 관점과 대조된다. 슈타이너에게 있어서 재난을 죄의 보응으로 나타내는 것은 『일리아스』(*Iliad*) 등의 고전 문학에서 보이는 열린 결말이라는 비극적 사건의 본질을 제거하는 것이다.

> 예루살렘…함락은 아주 당연하며, 여기서 트로이의 함락은 비극의 첫 번째 탁월한 은유가 된다. 신을 거역했기 때문에 여기 한 도시가 파괴되었으며, 이 파멸은 하나님의 목적에 따른 합리적인 계획의 가벼운 본보기일 뿐이다(1961, 5).

하지만 신명기 역사서에서조차 내러티브의 전체적인 의미는 인과응보(retribution)라는 단순한 메시지로 요약되지 않는다. 섭리에 따라 행하는 하나님은 이스라엘에 계속해서 축복을 베풀지만, 이스라엘 자신의 행동들은 신에게 분노의 선언을 할 수밖에 없도록 만들며 이스라엘의 패배를 초래한다. 더욱이 이 무대 배경의 도덕적 차원—등장인물들이 자신들의 행동과 그 행동의 결과에 책임을 지는 방식으로—은 성서의 비극 이야기뿐 아니라 고전적 비극과 셰익스피어의 비극에서 하나의 주요 동기로 작용한다.

9. 이스라엘의 특성

이스라엘의 특성은 위대함과 결점, 이 둘로 구성된다. 위대함은 새롭게 시작하는(fledgling) 나라에 대하여 하나님이 준 언약에서 나온다. 신의 개입(출애굽)으로 노예에서 해방되어 신이 임명한 지도자(모세)에 의해 광야를 통과한 사람들은 자신들에게 약속으로 주어졌고 앞으로 오래 거주할 안식처가 될 풍요로운 땅에 도착한다. 하지만 이스라엘의 인간적인 반응은 확실하지 않다. 사람들을 하나님께로 가까이 이끄는 모세와 여호수아 같은 위대한 지도자들이 있었지만, 카리스마적인 지도자들이 다스리던 시기 사이에 사람들이 자신들의 수호신을 믿지 않고 떠났던 악한 시기, 곧 막간들이 있었다.

동시에 이스라엘의 모든 지도자가 결점이 없는 것은 아니었다. 사울과 다윗은 각기 그 자신의 약점을 가졌고, 이 장의 앞부분에서 본 것처럼 하나님의 적개심에 직면했다. 신명기 역사서의 뒷부분에서 북쪽에 다른 제의 제도를 만든 여로보암(왕상 12장)과 므낫세 이후 남쪽 유다의 마지막 왕들(왕하 21장) 같은 어떤 왕들은 기본적으로 악했다. 그러므로 이스라엘의 역사는 인간이 저지른 치명적인 결함으로 손상된 위대함으로 구성되는데, 이 역사는 가차 없이 유배(the Exile)로 몰락하는 것으로 이어진다. 이 전체적인 흐름은 이것이 비극 문학이라는 주장을 지지하고 있다.

10. 세대에서 세대로

이 책들 속에서 이스라엘 역사의 모든 무대를 가로지르는 연결 고리를 형성하는 하위 주제 중 하나는 한 세대가 행한 일이 이후 세대들에게 영향을 끼치는 방법에 대한 것이다. 닐슨은 헤로도토스에서 그리스인들과 페르시아인들 사이의 전투와 관련하여 나타나는 사건들의 연쇄 사슬에 주목한다.

> 칸다울레스가 자기 아내의 아름다움에 반하게 되었을 때, 역사적 사건들의 연쇄 사슬이 시작되어 수백 년 동안 이어지고 페르시아인들의 수치스러운 패배에서 절정에 도달한다(1997, 79).

엑섬은 이 주제를 신명기 역사서에 나오는 이스라엘 역사에 적용하여 사울의 가계의 구성원들이 처한 운명에 관한 연구를 수행한다. 사울의 후손과 관련된 이야기는 사울과 다윗의 이야기와 촘촘히 엮인다. 사울이 저지른 죄의 책임이 그의 후손들에게 부과되는 반면에 다윗은 사울과 사울의 가문이 피를 흘린 죄에 대한 벌을 감당한다. 사무엘하 21:1-4은 사울의 집을 에워싼 비극적인 사건들의 연쇄 사슬을 마무리한다. 과거에 기브온 사람들에게 행했던 범죄에 대한 속죄로써 사울의 후손 중 일곱이 하나님 앞에서 잔혹하게 희생되었다. 이 에피소드의 비극은 "충격적인 사건들에서 유래하는데, 이 사건들은 운명의 끈질긴 요구 및 사울의 집에 반대하는 신에 대하여 분노의 감정을 불러일으킨다"(Exum, 1992, 110). 살인죄와 속죄, 신의 불쾌와 누그러짐에 대한 이야기는 한 세대의 행동이 다가올 오랜 시간 동안에 여러 반응을 초래하는 그리스의 비극들에서 반향한다.

11. 이스라엘: 죄를 범한 백성?

왕실에서 대대로 이어지는 세대들이 저지른 죄책이란 주제에 더하여 신명기 역사서들은 구성하는 모든 세대가 저지른 이스라엘 온 나라의 죄책이라는 주제를 포함한다. 닐슨은 이스라엘과 유다라는 두 개의 다른 "등장인물"로 분열된 왕국의 죄책을 다루면서 이 주제를 언급한다(Nielsen, 1997, 143-151). 각 등장인물은 하나의 단일한 개인으로서 그리고 동시에 연속된 세대로서의 인물을 만들어내고, 각각의 경우에 동일한 시작점을 갖는데 그것은 각각의 왕국이 한 하나님, 곧 YHWH로 인하여 존재하게 되었다는 것과 따라서 그 신에게 충성해야만 한다는 것이다.

야웨는 질투하며 격정적인 신이어서 이스라엘의 범죄와 잘못을 용서하지

> 않는다.…이스라엘 사람들에게는 선택의 기회가 주어졌고, 그 선택에 의해 자신들의 운명이 결정된다(Nielsen, 1997, 121).

축복과 저주는 비극의 요소인데, 축복은 미래의 발전을 위한 희망을 암시하며, 저주는 파멸을 암시한다. 여로보암이 북쪽의 왕권을 이어받아 두 마리의 송아지 제의를 세웠을 때, 이스라엘에는 파멸의 그림자가 드리워졌다. 이스라엘은 신의 축복의 길을 포기했고 이제는 신의 저주의 엄중함을 경험할 것이다(Nielsen, 1997, 143). 따라서 비극은 인간의 선택과 신의 보응을 말하는 하나의 단일한 내러티브 속에서 지도자와 나라를 모두 포괄한다.

이와 유사하게 유다에게도 솔로몬으로부터 다윗 계보의 마지막 왕에게까지 계속되어 전체를 포괄하는 비극적 내러티브가 존재한다. 비록 유다가 그 조상인 다윗에게 주어진 하나님의 지지 언약을 물려받았지만(삼하 7장), 유다도 이스라엘이 행한 것처럼 축복의 길을 선택하기보다 더 자주 저주의 길을 선택함으로써 동일한 형태의 신적 통제에 의해 고통받는다. 히스기야와 요시야는 자기 백성의 의식을 개혁하여 재난을 막으려고 시도한 선한 사람으로 눈에 띄는 인물이지만, 그들의 노력은 결국 자신의 인간적 계획을 신뢰하여 백성들을 타락하도록 만든 계속된 다른 왕들의 중대함을 뛰어넘지 못했다(Nielsen, 1997, 154).

12. 이스라엘: 비극적 백성?

닐슨은 "만일 신명기 역사가 비극이라면 누가 비극적 영웅인가?"라고 질문하면서, "나는 신명기 역사에서 이스라엘 백성이 비극적 영웅으로 여겨져야 한다고 생각한다"고 대답한다(1997, 154). 왜냐하면 신명기 역사서는 "유대 백성의 역사로 간주되며, 한 명의 단일하고 우선적인 비극적 영웅을 담고 있지 않기 때문이다. 오히려 백성들이 그러한 영웅으로 간주되어야 할 것이다"(1997, 155). 궁극적으로 이스라엘의 비극은 백성들이 자신들에게 펼쳐질 수 있었던 위대한 삶을 살아내지 못하고 처음의 약속에서 멀어졌다는 사실이다. 이스라엘이라는 대우주(macrocosm) 속에서 사울과 다윗의 인생은 이 같은 유형의 소우주(microcosm)를 보여준다. 각 통치자의 이야기는 성공적인 통치라는 시초의 희망에서 인간의 야망과 강렬한 욕구에 의해 뒤틀리는 동일한 유형을 나타낸다.

비극적 분위기가 신명기 사가의 내러티브를 지배한다고 말할 수 있는데, 각 이야기가 비극적인 것으로 끝을 맺기 때문이다. 이스라엘 백성 전체의 경우에 이 비극은 열왕기의 끝에 나오는 큰 규모의 사건에 반영되어 있다. 신명기 28:65-66을 보면 모세가 이 마지막 재난을 이미 예언했으며 그 재난은 신명기와 뒤이은 책들의 연결점이 된다. 이 책들은 전체적으로 한 나라를 위한 일관된 해석을 제공하는데, 이 나라는 제의적으로 부정하기를 선택했고 그 지도자들은 전체적으로 허약하여 언약에 대한 충성심을 지켜내지 못했다. 신명기가 이 주제를 소개하고 독자들은 왕들의 통치 속에서 이것들이 적용되기 전에 먼저 요약된 형태로 만나지만, 아마도 이 자료의 최후의 기록된 형태는 이야기된 사건들이 끝난 후에 만들어졌을 것이다. 이 맥락에서 우리는 이 본문들이 반란과 형벌이라는 주제를 통해 어떤 역사적 실재를 다루는지를 질문할 수 있다.

데이비드 잔젠(David Janzen)은 자신의 『난폭한 선물』(*The Violent Gift*)에서 이 문제를 들여다본다. 그는 역사서들이 전하는 상황은 멸망과 유배를 겪으면서 받은 정신적 충격(trauma)이라고 주장한다. 따라서 역사서들은 이스라엘 백성이 외세의 침공으로부터 받은 정신적 충격을 극복하는 데 도움을 주고자 유배된 공동체를 위해 쓰였다. 이 접근법을 따라서 잔젠은 현대 외상 후 스트레스 이론을 살펴보고 나서, 역사서들의 주요 내러티브가 상실과 애통의 경험을 원인과 결과라는 합리적인 종교적 설명에 종속시키지만, 정신적 충격이 이 메시지를 전복시킨 흔적들이 그 내러티브에서 추적될 수 있다고 주장한다. 고통받는 이들은 사건들이 어떤 순서로 일어났는지를 이해하거나 과거와 현재 그리고 미래를 구분하는 것을 어려워하지만, 여호수아서부터 열왕기까지는 이스라엘과의 관계에 대한 하나님의 헌신적 노력(commitment)과 자신이 선택한 백성들에 대해 하나님이 실망한 이야기를 거리낌 없이 펼쳐놓는다.

그럼에도 하나님, 공의, 이스라엘, 구원, 회개, 예언, 역사와 같은 용어들의 안정적인 의미를 제공하려 노력하는 본문 속에 정신적 충격에 의한 스트레스의 반향이 깔려 있다. 잔젠은 각각의 구성된 저작 속에서 이 개념들에 대한 분명한 정의를 공지하며 시작하지만, 이야기 흐름의 두 번째 부분에서 그 자신의 메시지를 손상시키는 내러티브 유형을 적시한다. 예를 들면 사무엘서에서 지도자들은 하나님에 의해 선택되어 하나님과 백성 사이의 협력적인 관계를 확인해주지만, 앞서 살핀 것처럼 사울과 다윗은 모두 전쟁과 상실을 경험해야 했다. 사울의 최초의 성공은 패배와 죽음으로 귀결되었지만, 다윗은 자기 아들의 죽음을 대가로 내전에서 살아남는다. 이러한 이야기 전달의 유형에서 전쟁과 파괴의 발생은 하나님은 공의롭다는 견해나 회개가 그 민족을 향한 하나님의 반응에 어떤 영향을 끼친다는 견해를 훼손한다.

정신적 충격을 경험한 부정적 그림자에 대한 한 가지 특정한 예는 사사기에서 발견된다. 사사기의 처음 부분은 적들에 대항하며 백성들을 보호하기 위해 일어난 지역적인 영웅들을 그리지만, 내러티브는 그 책의 끝에 이를 때에는 완전한 혼돈으로 내려가는 형태를 취한다. 입다의 이야기에서 보이는 것처럼 이야기의 처음 부분들에서조차 혼돈에 대한 암시가 들어 있다. 잔젠은 입다가 내부적으로 하나님의 뜻을 행하는 데 초점을 맞추기 때문에 그가 한 서약에 그를 자유롭게 하는 주님의 말이 있었다면 자기 딸의 희생을 막을 수 있었을 것이라고 주장한다. 그 대신에 이 이야기는 혼란스러운 일련의 사건들로 점철된다. 영웅은 자신의 주도로 하나님께 서약했고, 자기 후손에게 큰 타격을 주는 희생제사에 직면하며, 그 약속을 지키면서 "자녀"를 희생제물로 드리는 지경에 이르고, 하나님의 침묵으로 이 모든 혼란스런 행동들은 허용된다. 하나님은 이 일련의 사건들에서 나타나지 않는다.

이 같은 상황은 잔젠에게 이 책에서 하나님이 이 땅에 학살 장면을 만들기 원한다는 것을 암묵적으로 주장할 가능성을 나타낸다. 이러한 이미지는 실제로 사사기의 끝부분에 존재하는데, 각 사람은 각자의 소견에 따라 행동하며 공동의 질서는 사라진다. 잔젠은 이것이 이스라엘의 모습을 "점차 사라지는 하나님을 망각하여 빠르게 해체되는 사회"로 제시하는 사회적 외상이라는 근저에 놓인 충격이라고 제안한다(2012, 5장). 역사서를 해석하는 방법과 관련해서 지금 쟁점이 되는 것은 역사서들이 사회가 진정한 종교를 의도적으로 경시하는 것에 대해 도덕적 평가를 제공하는 것인지, 아니면 그것들이 피할 수 없었던 삶의 경험에 대처하는 방편인지에 대한 것이다. 공의로우신 하나님은 왜 이런 재난들이 일어나도록 내버려 둘까? 두 가지 유형의 설명이 이 사실에 답변을 주는데, 하나는 부정적인 사건들에 견고하고 엄격히 통제된 초월적 질서를 부과하는 것이고, 다른 하나는 무질서한 사건들이 사회적 혼란으로 이어지도록 허용함으로써 초월적 질서를 해체하는 것이다.

이번 장에서는 비극이라는 문학 유형과 연관된 다양한 주제와 성서 이야기의 의미를 해석하는 데 있어 이것이 가진 가치들에 대해 살펴보았다. 한편으로는 다윗과 사울 같은 개별적인 영웅들이 존재하는데, 이들의 일생은 중요한 붕괴(major disruption)를 담고 있다. 다른 한편으로는 전체 백성이 비극적인 운명에 처했는가라는, 전체를 아우르는 질문이 존재한다. 이 질문을 탐구하는 것은 독자로 하여금 본문 구성의 세부적인 내용들과 성서 주석의 작업에 현대 비평 이론의 측면들을 적용하는 것에 관여하도록 만든다. 실제로 경험한 멸망과 공동체의 정체성 상실 때문에 비극적인 문학 유형의 사용은 충분히 일어날 수 있었다.

이번 장은 비극이라는 문학 유형에 초점을 맞추고, 사울과 다윗이 어떻게 비극적 영웅으로 해석될 수 있는지를 살펴보았으며, 그 후에 이스라엘의 운명에 대한 전체적인 기술 역시 비극적 역사로 명명될 수 있음을 고려해보았다. 예루살렘의 파괴라는 실제 비극에서 생존하여 바빌로니아로 끌려간 충격은 포로 귀환 세대로 하여금 사회 통합의 메시지를 제공하기 위해 자기 선조의 전승들을 재구성하도록 시도하게 만들었을 것이다.

제8장

이야기의 해석, 여성과 남성의 발견

READING STORIES, FINDING WOMEN AND MEN

이제 이 책은 오만과 응보라는 국가적 문제들로부터 신명기 사가의 내러티브들 안에 있는 여성과 남성의 역할들로 옮겨간다. 이전 장들은 사울과 다윗 같은 과거 이스라엘의 위대한 남성 인물들에 관심을 집중했다. 사울과 다윗의 이야기들은 쉽게 기억된다. 신명기 사가의 본문들이 이스라엘 역사에서 주요한 공적인 사건들의 관점에서 그들의 이야기를 전하고 있기 때문이다. 반면 신명기 사가의 내러티브 안에서 여성들은 일반적으로 소소한 역할을 맡고, 그들의 경력은 내러티브의 중심이 되는 남성 인물의 특성을 드러내는 도구들로 자주 사용된다.

새로운 해석 방법론 중 하나는 이 이야기들 안에서 여성 인물을 묘사한 특성에 초점을 맞추어 여성들을 단순히 패권적인 가부장적 플롯의 관심에 종속된 인물들이 아니라 그 자체로서의 등장인물로 보는 것이다. 최근 역사서에서 특정한 여성적 관심들을 찾는 것에 주목하면서 동시에 이 책들이 만들어내는 남성성의 이미지들을 연구할 필요성이 강조되었다. 남성 등장인물들은 더 이상 규범적인 인간 존재를 상징하지 않기 때문에, 학자들은 본문이 가리키는 다양한 남성성의 유형들을 탐구할 수 있었다. 남성은 더 이상 전형적인 인간으로 간주되지 않고, 여성성과 남성성 모두 그 자체로 검토된다.

이러한 과정의 첫 번째 단계는 신명기 역사에서 등장하는 여성들에게 관심을 기울이는 것으로 표현되었다. 신명기 역사서에는 많은 여성 인물들이 존재한다는 점과 일부 경우에 그들에 대한 많은 정보가 이용 가능하다는 점이 분명하다. 하지만 그들은 "X의 아내" 또는 "Y의 딸"로 알려지는 경향이 있다. 이에 따라 밧세바는 처음에 우리아의 아내로, 그다음에는 다윗의 여자로 나타나서 남자들에 의해 처분되는 사람으로 등장하는 반면에, 입다의 딸은 개인의 이름조차 주어지지 않는다. 처음 읽을 때 여성은 내러티브의 배후에서 움직이지만, 여성에게 초점을 맞추는 것은 이들을 전면에 위치시키기 위해 본문의 방향을 전환하는 것을 의미한다.

여성을 그 자체로 발견하기 위하여 내러티브의 방향을 바꾸는 과정에서 살펴야 할 또 다른 문제가 있다. 즉, 본문에서 자주 암시되는 여성에 대한 비판이다. 중심 무대를 차지하는 여성들은 자주 부정적으로 평가된다. 이에 따라 들릴라는 이스라엘의 위대한 영웅 삼손을 유혹하는 자로서 부정적으로 나타난다. 삼손은 들릴라의 매력에 빠져 있기 때문에 연약하다. 그러나 그녀는 자신의 연인을 배신하고 그 적들에게 내어주는 악한 여자다. 이후에 열왕기에서 이세벨도 남편의 왕권을 차지한 것으로 부정적인 평가를 받는다. 그 결과 그녀는 처형되어 거리의 개들에게 먹히게 된다. 이 후자의 사건은 공직을 열망하는 여성들을 비하하는 것을 의미하는데, 개는 모든 피조물 중 가장 낮은 것을 나타내는 비유이기 때문이다.

여성에 대한 이러한 부정적인 평가들은 본문에서 특별하거나 따로 떨어져 나타나는 양상이 아니며 신명기 사가의 저작에서 저자들에 의해 수행되는 사회적 역할들에 대한 전반적인 비판의 일부를 형성한다. 여성에 대한 이러한 관점을 고수하는 사회체제를 학자들은 "가부장제"(patriarchy)라고 표현한다. 이 용어는 남성들(패권적 남성들)이 주도하는 사회와 남성이 여성의 삶을 지배하는 사회를 가리킨다. 이런 사회들은 고대 이스라엘을 포함하여 고대 세계에 많이 존재했다. 신명기 사가의 본문들은 여성 활동의 적절한 장소는 집 안이라는 견해를 갖고, 여성들의 공적 역할 수행은 어리석다는 것을 보여줌으로써 자신들이 살아가는 사회의 사회적 가치들을 반영하고 있다.

1. 포스트모던성과 여성

그러나 20세기 서구 사회는 더 이상 여성에 대한 그러한 접근 방식에 의해 지배되지 않는다. 남성과 여성은 완전한 인간이자 자유로운 시민으로 동등하게 간주된다. 따라서 여성은 이제 남성과 동등한 법적 지위를 갖고, 자신의 소유를 관리할 수 있으며, 동시에 정치적 영역에 기여한다. 이러한 사회적 변화는 특히 여성 독자들이 성서를 읽는 방식에 영향을 끼쳤다. 성서 본문들의 의미에 관심이 있는 여성들은 자신의 현대 생활 경험과 관련된 메시지를 찾고 가부장적 편견을 받아들인 보다 이전의 본문 읽기를 반드시 수용 가능한 것으로 생각하지 않는다. 여성 독자들은 새로운 주석 방식의 가능성들을 탐구했고 성서가 여성들에게 좋다는 생각을 심각하게 비판했다. 이러한 발전들은 하나의 사상 학파로서 페미니즘비평(feminist criticism)의 등장으로 이어졌다. 이것은 성서에 대한 모든 페미니즘 해석들에 공통적인 하나의 해석 유형이 존재한다는 것이 아니다. 오히려 "페미니즘비평"이라는 용어는 다양한 개별적 주석 방법들을 통합하는 광범위한 용어다.

2. 여성과 포스트모던 성서

『포스트모던 성서』(*The Post Modern Bible*)라는 책에서 한 장이 페미니즘과 우머니즘(womanist)비평에 할애된다. 그 의도는 아래의 해석을 통해 젠더(gender) 및 권력 관계와 관련된 의제들의 민낯을 드러내는 것이다.

> 본문들이 젠더와 권력에 관한 이념들을 강제함으로써 독자들을 이끌고 가는 방법과 독자들이 **페미니즘**과 **우머니즘**을 통한 비판적 참여를 통해 그러한 구성들에 저항할 수 있는 방법을 보여주는 여러 해석을 통해서 말이다(Bible Collective, 1995, 225).

이러한 작업의 한 부분은 성서에 등장하는 여성들을 그들 자체로서 살펴보는 것, 즉 본문으로부터 여성들의 이미지를 되찾아오는 것이다. 더 나아가면 전반적인 이념, 그것의 특성 및 결과들을 다루는 단계가 있다.

쉬슬러 피오렌자(E. Schüssler Fiorenza)는 수년에 걸쳐 이 작업을 수행해 왔다. 그녀에게 가부장제는 궁극적으로 사회적 억압에 관한 것이다. 그것은 주변 사회집단에 대한 지배적인 사회집단의 억압을 용인하는 사고방식이다. 여기서 페미니즘비평은 해방주의(liberationism)의 한 형태로 변한다(Bible Collective, 1995, 261). 쉬슬러 피오렌자에게 페미니즘비평의 목적은 성서의 책이 사회 내에서 불평등한 권력 관계들의 불가피성을 수용하도록 만드는 위험한 방식을 독자들이 의식하도록 수사학적 구조를 통해 경고하는 것이어야 한다. 예를 들어 이세벨의 이야기를 읽는 독자는 이세벨의 시신이 거리의 개들에 의해 공격을 받는 것을 수용한 채 응시하도록 인도된다. 이 운명은 간접적 살인에 대한 처벌뿐만 아니라 여성이 남성의 역할을 찬탈한 것에 대한 결과라는 점이 암시된다.

또 다른 저명한 페미니즘 비평가인 미에케 발(Mieke Bal)은 서사학자(narratologist)로 활동하며 자신의 작업을 페미니즘과 문학 이론의 교차점에 위치시킨다(Bible Collective, 1995, 255). 발은 본문에 대한 하나의 절대적으로 유효한 해석을 찾는 것을 피한다. 대신 그녀는 내러티브비평, 언어 이론 또는 정신 분석을 사용함으로써 독자가 책에서 취할 수 있는 다양한 의미를 강조한다. 이것은 차례로 독자 안에 다양성에 대한 수용을 창조하고, 이는 다양한 해석들에 동등한 타당성을 허용한다. 서사학에 관한 발의 작업은 성서 자료에 대한 상세한 읽기들을 위한, 그리고 저자/편집자가 그들의 스토리텔링에 포함시킨 이념에 저항하기 위한 체계적인 도구를 제공한다.

쉬슬러 피오렌자와 발은 여성 자체에 대한 현대적 관심에서 등장한 본문 해석의 매우 다양한 가능성을 보여주는 사례들이다. 각각은 나름의 방식으로 성서 연구자들이 자의식적인 독자가 될 것, 곧 자신들의 독서 행위와 본문이 작동하는 방식을 모두 인식할 것을 요구한다. 독자가 불평등한 사회적 또는 정치적 구조들에 동의하도록 만드는 본문이 보여주는 설득력을 식별하게 된다면, 독자는 본문의 영향력에 저항해야 하며, 이는 책에 대한 "주된 흐름을 거스르는 해석"(reading against the grain)을 하게 된다. 이러한 이미지는 이 단락의 위에서 언급한 의심의 해석학에 대한 개념에 상응한다.

3. 내러티브와 주된 흐름을 거스르는 해석

신명기 역사는 문체와 관련해 본질적으로 내러티브이기 때문에, 본문 안에는 항상 화자, 즉 독자에게 이야기를 말하는 목소리가 존재한다. 심지어 그 화자가 익명의 인물이라고 할지라도 화자는 서술되는 사건들의 의미와 관련해 독자의 해석에 큰 영향을 끼친다. 주된 흐름을 거스르는 해석은 화자를 신중히 고려해야 할 요소로 더 잘 인식하는 것을 수반하고, 화자가 갖고 있는 가치들에 저항할 것을 요구할 수도 있는데, 이 가치는 사람과 사건들에 대해 전달된 판단들에서 드러난다. 바흐(A. Bach)는 『성서 내러티브에 나타나는 여성, 유혹, 그리고 배신』(*Women, Seduction and Betrayal in Biblical Narrative*, 1997)의 2장에서 화자에 대한 독자의 반응을 탐구했다.

바흐는 내러티브 목소리의 중요성을 정의하는 것에서 시작한다.

> 성서는 서구 문화가 가진 무의식의 중심을 차지하는 문서이기 때문에 그 등장인물들은 독자의 마음속에 살아남아 있다. 성서의 화자는 마음속에 계속 살고 있는 그러한 목소리 중 한 명으로 간주될 수 있다(Bach, 1997, 13).

바흐는 우리가 맹목적 순종으로 화자를 따라가지 말 것과 다음과 같은 방향으로 이동할 것을 촉구한다.

> 우리는 독자의 정체성을 본문의 모든 단어와 장치를 믿고, 이해하며, 수용하는 개인으로서의 이상적인 독자의 정체성에서 의심하며 듣는 자

(narratee[즉, 화자의 메시지의 수령인])의 정체성으로 전환해야 한다(1997, 15).

바흐는 성서 본문들 안의 화자가 종종 하나님의 자리에 서 있고 인간의 행동에 대한 하나님의 반응을 설명하며 독자에게 하나님의 목적을 드러낸다고 지적한다. 만약 화자가 남성적 관점에서 말하고 있다면, 사회에 대한 남성적 관점은 그 사회가 전지전능한 신적 존재에 의해 유지된다는 관점과 일치한다. 본문에 새겨져 있는 이러한 남성적 관점은 독자에 의해 받아들여져야 하는 사건에 대한 올바른 해석으로 묘사된다. 그 효과는 여러 사회적 역할과 가치들에 대한 남성 지배적 관점을 강화하는 것이다.

신명기 사가의 책들 안에 있는 여성들과 관련하여 남성적 관점은 여성에 대한 양면적인 평가를 보여준다. 한편 가족의 테두리 밖의 여성인 낯선 여인은 유혹자로 간주된다. 바흐가 언급했듯이 "그녀는 릴리트(Lilith, 셈족 신화에서 황야에 살며 어린이를 습격하는 여자 악령—옮긴이 주)나 들릴라처럼 남자들을 자기 내부의 어둠과 혼돈의 장소로 끌어 당긴다"(1997, 28). 반면에 남편의 필요들을 채워주는 좋은 아내는 소중히 여겨져야 한다. 젊은 아비삭은 나이 든 다윗에게 그러한 아내다. 그녀는 식탁과 침대에서 왕과 동행하고 그를 따뜻하게 하며 위로할 준비가 되어 있다(왕상 1장). 그렇다면 독자로 하여금 들릴라에게 야유를 보내고 아비삭에게 박수치기를 바라는 화자에게 저항하는 것은 필연적일 것이다(1997, 26).

이러한 맥락에서 바흐는 내러티브가 자신의 고유한 삶을 가지고 있다고 제안한다. 화자가 생략된 경우 그것은 다른 강조점을 제공하는 독자에 의해 다시 읽히고 재해석될 수 있다. 예를 들어 다윗의 이야기에서 왕과 연결된 여성들은 별도의 장면들로 다루어진다. 아비가일, 미갈, 밧세바는 결코 서로 대화를 공유하지 않는다. 이렇게 분리하는 것은 이러한 등장인물들이 독자에게 영향을 미치는 것을 화자가 통제하는 한 가지 수단이다. 그러나 세 여성 모두 동시대인이고, 또 세 여성 모두 다윗 왕의 아내이기 때문에 그들이 상호작용한다고 상상할 수 있을 것이다. 이러한 방식으로 내러티브를 읽고 해석하는 것을 통해 여성적인 가치들이 주목받게 된다. 아비가일과 미갈은 밧세바의 죽은 아들을 위해 통곡하지 않는다. 그러나 내 마음속에서 그들은 통곡하고 있다(Bach, 1997, 27).

4. 이야기의 해석

페미니즘비평은 신명기 사가의 저작들에 대한 새로운 해석 유형의 기초들을 제공한다. 기본적으로 이것은 등장인물, 플롯, 화자 및 언어와 관련하여 본문을 주의 깊게 읽는 것을 포함하는 서사학적 유형이다. 이와 더불어 여성 등장인물들을 전방에 배치하고 이야기의 이러한 요소들에 대한 남성 화자의 해석에 항상 저항하면서 여성들을 포함하는 플롯을 주의 깊게 탐구해야 할 필요가 있다. 그것은 본래 사건의 진실을 찾기 위해서가 아니라 이야기가 독자에게 끼치는 영향을 확인하기 위해서 이야기를 읽는 것에 관한 질문이다. 이것은 차례로 독자의 고유한 선입견들의 본질과 이것들이 어떻게 독자로 하여금 본문을 받아들이고 그것을 자신의 것으로 만들도록 이끄는지에 관한 의식적인 고려를 수반한다.

엑섬은 『각색, 촬영, 그리고 채색』(*Plotted, Shot and Painted*, 1996)에서 다음과 같이 말한다.

> 성서 내러티브들 안에서 여성들이 묘사되는 방식과 그러한 묘사들을 만들어내는 사회적 전제들과 무의식적 동기들을 나타내는 표현과 우리가 우리 자신의 태도와 상황들에 비추어 이 내러티브들의 의미를 설명하는 방법인 해석에는 이중적인 초점이 있다(1996, 9).

5. 여성의 발견

이제 신명기 역사서에 등장하는 두 여성인 들릴라와 밧세바에 관한 이야기들로 전환하여 그들을 페미니즘 관점에서 상세히 살펴보는 것이 가능하다. 들릴라는 삼손 이야기의 일부이고 밧세바는 다윗 이야기의 일부다. 두 여성 모두 신명기 사가가 이스라엘 역사를 묘사한 사건들에서 중요한 역할을 한다. 들릴라는 이스라엘의 몰락에 책임이 있고 밧세바는 위대한 왕 솔로몬의 어머니다. 그들을 이렇게 묘사하는 것은 삼손의 몰락을 한탄하고 왕의 어머니의 이름을 기억하는 남성적 관점으로 그들을 바라보는 것이다. 그러나 각각의 이야기 안에는 독자가 그 여성들을 그 자체의 고유한 등장인물들로 간주할 만큼의 충분한 자료가 존재한다.

6. 사사기 16장

들릴라는 민족 영웅인 삼손 이야기의 중간에 나타난다. 삼손은 이미 여러 여자를 자신의 첩으로 삼았고 이제는 "소렉 골짜기의 들릴라라는 이름의 여인을 사랑"(삿 16:4)한다. 들릴라는 블레셋 지도자들에게 설득되어 그들이 삼손을 패배시키는 데 도움을 주고 그에 대한 보상으로 적은 돈을 받았을 뿐이다. 삼손은 깎지 않은 머리카락이라는 비밀스러운 힘의 원천을 갖고 있다. 반복되는 일련의 장면들에서 들릴라는 삼손에게 그의 비밀을 말해달라고 간청한다. 각각의 경우에 그는 다른 원천의 이름을 대지만, 매번 그의 힘은 그대로 남아 있고 그는 자신을 묶고 있는 줄을 끊는다. 들릴라가 삼손에게 그의 비밀을 말하지 않은 것에 대해서 그에게 사랑이 없다고 비난하자 마침내 그는 넘어간다. 삼손이 들릴라의 무릎을 베고 자고 있는 동안 그의 머리카락은 잘리고 블레셋인들은 그를 포로로 끌고 간다.

화자는 들릴라에 대해 명백한 판단을 내리지 않지만, 그럼에도 그는 그녀의 기만성을 강조하는 방식으로 이야기를 전한다. 그녀는 명예롭지 못하며 뇌물에 저항할 수 없다. 그녀는 자신에게 미혹되어 있는 불쌍한 남자를 이용한다. 결국 그녀는 그를 배신하고 그를 포로로 끌려가게 한다. 래피(A. Laffey)는 『아내, 창기, 그리고 첩』(*Wives, Harlots and Concubines*, 1988)에서 가부장적 편견이 여기에 작용하고 있다고 지적한다. 예를 들어 "삼손이…사랑했다"라는 구절은 무엇을 의미하는가?

> 그녀는…욕망의 희생자였을지도 모른다. 그가 그녀를 이용했다면, 가부장

적 문화를 감안할 때, 그녀는 그를 내칠 수 있는 위치에 있지 않았다. 결혼에 대한 어떠한 언급도 존재하지 않는다(1988, 104).

들릴라는 그녀가 원하는 정보를 공개적으로 요구하고 그녀가 삼손을 묶고 제압하는 방법을 알기 원한다는 암시들을 보내고 있기 때문에, 정확하게 말하자면, 그녀는 기만적인 행동을 했다고 말할 수 없다. 삼손은 그녀의 진정한 의도를 알아채고 자신의 몰락을 막을 수 있었다. 또한 소렉은 이스라엘인들이 사용하는 이름이 아니기 때문에 들릴라는 이스라엘 사람이 아니었을 수도 있다. 따라서 그녀는 자기 민족을 반역한 반역자가 아닐 수 있다. 따라서 래피는 들릴라를 전형적인 유혹자로 낙인찍는 것의 정당성을 부인한다.

엑섬은 유혹과 속임수에 대한 문화적 상징으로 들릴라를 사용하는 것에 대해 다음과 같이 평가한다. "문화적 상징으로서 그녀가 나타내는 것은 아마도 그녀처럼 그 이름이 대중적으로 사용되는 다른 두 명의 성서 인물인 이세벨…및…유다와만 견줄 수 있을 것이다"(1996, 176). 그러나 이러한 견해에 대해 사사기의 본문은 어떤 근거를 갖고 있는가? 들릴라는 혈통과 사회적 지위란 측면에서 다소 모호한 인물로 남아 있다. 그녀는 독립적인 여성으로 등장하며 좋은 인물로 등장하는 다수 신명기 사가의 여성들의 방식대로 아버지나 남편과 관련되어 나타나지 않는다.

그러나 그녀가 매춘부라는 것은 명시되어 있지 않다. 세부 사항들의 부족은 독자로 하여금 자신의 고유한 선입견들을 통해 그것들을 보충하도록 만든다. 특히 들릴라에게 블레셋 창녀라는 정형화된 배역을 맡기는 결과를 낳는 과정은 독자들이 이야기 안에 암호화되어 있는 여성들에 대한 관점을 자동적으로 받아들일 때 발생하는 일로 이해될 수 있다(Exum, 1996, 186). 엑섬은 들릴라가 삼손 이야기 내의 다른 여인, 즉 아내와 어머니로서 "고대 이스라엘 사회에서 여성의 두 가지 가치 있는 역할들을 수행하고 자신의 위치를 알고 있는" 삼손의 어머니와 균형을 이루는 형태로써 사사기의 화자에 의해 나쁜 여자로 표현된다고 말한다(1996, 186).

들릴라는 삼손 이야기에 도덕적인 차원을 제공하지만, 이것은 남성적 가치들에 기반을 두고, 여성들을 유혹과 올가미로서 정죄하는 남성적 관점에서 제공되는 도덕적 메시지다(1996, 188). 그러나 앞서 언급한 래피의 논평은 자신을 둘러싼 다양한 남성들이 억압하는 힘에 갇힌 한 여성이 사회에서 스스로 어떤 일련의 행동들을 취할 수 있는지를 설명하는 것으로 들릴라를 이해하려는 대안적 평가를 제공한다. 가부장적인 화자는 자신의 성적 매력을 남성 행위자들이 요구하는 역할과 독립적으로 사용하는 여성은 페미니즘적 사고에서는 긍정적인 행동을 한 것으로 여겨진다는 주장을 용인하지 않는다.

7. 사무엘하 11장

밧세바 이야기의 첫 부분은 다윗이 이스라엘에 대한 통제권을 장악하고 왕으로 안전하게 세워질 때 등장한다. 그녀는 왕이 관심을 기울이는 대상이다. 왕은 전쟁터에 나가는 대신 집에서 휴식을 취하며 그녀가 정결 의식(ritual bath)을 하는 모습을 본다. 왕은 그녀를 부르고서 동침한다. 그녀는 임신하고 그에게 "내가 아이를 가졌다"(삼하 11:5)라는 직설적인 메시지를 보낸다. 이 시나리오의 나머지 부분은 다윗이 우리야를 그의 아내와 동침하도록 격려하여 그 아이를 우리야의 아이로 넘기려는 시도와, 그가 우리야에게 자기 집을 방문하도록 설득하지 못했을 때 전장에서의 우리야의 죽음에 대한 그의 책임에 초점을 맞추고 있는데, 이는 어떤 공적인 추문도 왕을 건드릴 수 없도록 정교하게 꾸며진 것이다. 밧세바는 우리야가 죽을 때까지 이 일에 관여하지 않았고 그녀는 "자기 남편을 위하여 애도한다"(삼하 11:26). 그러나 그녀는 여전히 다윗의 통제 아래 있고 그는 그녀를 자신의 아내로 삼고 자신의 집으로 데려간다.

본문은 다시 한번 남성 등장인물에 초점을 맞추는데, 이번에는 다윗이 그 초점이다. 그는 하나님의 심판을 받고 태어날 아이가 다윗의 죄로 인해 죽을 것이라고 전해 듣는다. 밧세바가 마침내 다시 등장하는데 이번에는 그녀의 아이를 애도하는 장면이다. 그러나 여기서도 강조점은 왕의 남성적 역할에 있다. "다윗이 그의 아내 밧세바를 위로하고 그에게 들어가 그와 동침하였더니 그가 아들을 낳으매 그의 이름을 솔로몬이라 하니라"(삼하 12:24). 엑섬은 밧세바 이야기의 남성 중심적 서사에 대해 다음과 같이 설명한다.

> 요점은 우리가 그녀의 관점에 접근하는 것이 허용되지 않는다는 것이다.… 모호한 관점에서 밧세바를 묘사함으로써 화자는 단순히 다윗의 공격에 대해서뿐만 아니라…각자 자신들이 취하는 이야기의 형태를 제공하는…사람들에 의한 잘못된 평가에 대해서 그녀를 취약하게 내버려둔다(1996, 22-23).

일부 주석가들은 사무엘하의 본문과 관련해서 일어난 사건에 대해 밧세바를 비난하기를 원했다. 여성이 개방된 곳에서 목욕하는 모습을 보여줌으로써 그녀는 남자의 관심을 끌지 않았는가? 엑섬은 그러한 주장에 대해 다음과 같이 반대한다. 그녀를 씻는 행위로 묘사하고 있는 화자의 책임은 무엇인가? 결국…밧세바를 남성의 시선의 대상으로 만든 것은 바로 성서의 화자다(Exum, 1996, 25). 바흐는 동일한 장면에 대해 글을 쓰면서 "왕에 대한 여성의 반응을 전혀 드러내지 않는 서사에서 그녀의 침묵은 왕과 그의 침대로 보내진 여성 사이의 역학 관계를 강조한다"고 진술한다(1997, 161). 바흐는 화자와 떨어져 밧세바와 다윗 사이의 장면을 다시 그려낸다. 바흐는 암논이 다말을 강간한 이야기를 이용하여 다말이 자신에게 행해지는 폭력을 방지하기 위해 사용한 말들을 밧세바가 다윗을 대할 때 그녀가 간곡하게 한 말로 상상한다. 따라서 밧세바는 침묵하는 등장인물이 되기를 멈추고 자신의 미래에 대해 논하는 토론에 기여할 수 있는 목소리를 가진다. 이러한 상황에서 밧세바는 유혹자가 아니라 그녀가 처한 환경의 남성적 권력 구조들에 의해 부당한 취급을 받은 여성으로 등장한다.

8. 열왕기상 1장

밧세바 이야기의 두 번째 부분은 열왕기상에 등장한다. 여기서 다윗은 노인이며 밧세바는 미래의 왕의 어머니다. 공손한 아내의 친숙한 억양으로 전해지는 그녀는 더 이상 위험한 인물이 아니다.…밧세바는 이제 수용 가능한 사회적 역할을 담당한다(Bach, 1997, 162). 밧세바는 다윗에게 자신의 아들을 왕으로 확인하라고 촉구하는데, 이는 사무엘하 7장의 하나님의 약속을 성취할 행동이다. 비록 밧세바가 자신의 무대가 되는 집에서는 왕에게 따질 수 있는 여성으로 등장한다고 할지라도, 그녀는 여전히 남성의 통제 아래 있다. 왜냐하면 솔로몬을 위해 다윗에게 가야 한다고 그녀에게 제안한 사람은 다름 아닌 바로 나단이기 때문이다.

밧세바의 일생에서 남성들에 대한 종속은 그녀가 얼굴을 땅에 대고 절했다(왕상 1:31)는 사실로 분명해진다. 그녀의 말과 행동이 화자에 의해 설정된 내러티브 틀에 의해 통제되는 한, 밧세바의 정치적 역할은 남성들의 욕망과 경쟁 관계에 의해 만들어지고 제한된다. 그녀를 중심 무대로 끌어내기 위해서는 밧세바에게서 화자의 통제를 제거하고 그녀의 특성이 독립적으로 발현될 수 있도록 그녀를 본문으로부터 자유롭게 하는 것이 필수적이다. 이것은 정경 본문의 형식적 경계를 벗어나는 것이고 기록된 대로의 내러티브가 부인하는 목소리를 밧세바에게 허용하는 것이다.

9. 사사기 안의 여성들

여성들의 이야기에 관한 내러티브적 통제는 개인적인 이야기에서뿐 아니라 전체 책들 안에서도 발견될 수 있다. 예를 들어 사사기는 많은 위대한 여성들의 이야기들을 포함하고 있지만, 이것들은 책의 내러티브적 힘에 의해 통제된다. 사사기는 이스라엘의 땅 정착과 이스라엘이 그 영토를 차지하기 위해 싸운 전쟁들에 관한 것이다. 이 내러티브 상황에서 남성

이스라엘인들은 전사와 군대 지도자들로 특징지어진다. 이런 남성적 맥락에서 여성들에 대한 등장인물 묘사는 본문의 전반적인 남성적 이해들에 기여한다. 드보라와 야엘은 갈등의 시기에 백성을 구했기 때문에 위대한 여성들이다. 그들은 일시적으로 "남성"이 되어 결단력, 용기, 정신적·육체적 지구력이라는 남성적 미덕들을 갖게 된다. 위험의 긴박성은 여성적 역할 밖에서 일어나는 그들의 행동을 용인하고, 그들의 용기는 이스라엘을 위해 그리 잘 행동하지 않았던 이스라엘의 남성들을 부끄럽게 만든다. 입다의 이야기에서 그의 딸의 행동은 공익에 대한 극도의 헌신적 모델을 제공한다. 그녀는 심지어 자신이 아버지의 서약에 대해 전혀 알지 못했고 거기에 참여하지 않았음에도 불구하고 이스라엘의 군사적 성공을 위한 대가로 자신의 생명이 희생되는 것을 수용한다.

이것은 남성적 가치들에 대한 모델이 된 명예로운 여성들의 초상화다. 이들은 사사기에서 다른 두 모델들과 연결된다. 이는 들릴라 안에 있는 유혹자로서의 여성 모델과 레위인의 아내 안에 있는 남성 학대의 대상으로서의 여성 모델인데, 그녀는 집단 성폭행을 당하고, 내버려져 죽게 되며, 그녀의 절단된 시체는 남편에 의해 이스라엘 전역으로 보내졌다(삿 19장). 이 마지막 두 개의 여성 모델과 내러티브 안에서 기저를 이루는 해석은 여성의 성과 여성의 신체에 관한 것이다. 레위인의 여자는 모든 여성의 형벌을 짊어지는데 여자의 성은 남자들에게 매우 위험하기 때문에 항상 통제되어야 한다. 엑섬은 『사사기와 방법론』(*Judges and Method*, in Yee [ed.], 1995)에서 다음과 같이 평가한다.

> 여성의 성은 죄이기 때문에 그것은 파괴되어야 하고 그 위협은 분산되어 흩

> 어져야 한다. 여성을 절단하는 것은 심리적 차원에서…여성의 성에 대한 남성적 두려움의 표현으로 간주될 수 있다(1995, 84).

비록 첩의 이야기는 끔찍하지만, 약간의 완화하는 상황들을 볼 수 있다. 시체의 조각이 백성에게 도달했을 때, 그들은 충격을 받고 이런 일이 전에는 결코 없었다고 말한다. 여기서 화자 자신이 여성에 대한 남성적 학대에 박수를 보내는 것을 주저했을 수도 있다. 여성의 죽음은 한층 더한 피의 보복을 촉발하고, 따라서 사회는 잔인한 공격으로 타락한 것처럼 보인다. 레위인 아내의 끔찍한 운명은 남자들이 할 수 있는 잔인함, 곧 크게 한탄해야 하는 잔인함을 보여준다. 이 설정에서 그 첩은 자신의 운명으로 타락한 사회에 대한 깨달음을 사람들에게 불러일으키는 희생자다. 입다의 딸이 승리를 위한 희생 제물이었던 것처럼 그 첩도 백성들에게 참사에 눈을 뜨게 하는 희생물이다.

10. 낯선 여성과 선한 여성

구약성서에서 본문 안에 새겨진 남성적 가치들은 여성들을 두 가지 범주, 곧 낯선 여성(the Strange Woman)과 선한 여성(the Good Woman)으로 분류하는 경향이 있다. 낯선 여성은 그녀가 외부인이기 때문에 낯설다. 들릴라처럼 그녀는 사회 안에서 사람을 보호하는 어떤 남성들에게도 연결되어 있지 않다. 따라서 그녀의 행동은 사회적으로 모니터링되지 않는다. 낯선 여성은 유혹자와 동의어다. 이러한 동일시는 여성들의 성적 역할에 달려 있다. 일반적으로 여성은 자신의 성을 남성의 통제 아래서 아버지에게 좋은 가격을 제공하는 처녀 딸 또는 한 남자의 아들의 아내이자 어머니로 등장한다. 그러나 낯선 여성은 이러한 관계에서 벗어나 있다. 따라서 그녀는 자신의 성을 원하는 대로 사용할 수 있다. 이것은 그녀를 남자들에게 위험한 자로 만드는데, 그녀는 남성들에게 해를 끼치기 위해 그들을 유혹하여 연인으로 삼을 것이기 때문이다. 이런 모델은 들릴라나 밧세바의 이야기와 관련하여 앞서 논의되었다.

대조적으로 선한 여성은 안전하게 자기 남자들의 권위 아래 머문다. 마치 나이 많은 밧세바가 남편과의 접견을 요구하고 자신의 요구가 수락되었을 때 그 앞에 절했던 것처럼 선한 여성은 사회적 틀에 따라 본문 안에서 말하고 행동한다. 젊은 여성들 역시 이러한 가정이라는 맥락 안으로 삽입된다. 바흐는 밧세바 장면을 새로운 젊은 아내 아비삭을 포함하는 장면 속에서 상상한다. 나이 든 여성은 더 이상 독자의 남성적 시선을 사로잡지 않기 때문에 남자의 눈은 방을 돌아다니며 새로운 관심을 찾아내려고 한다. 그것은 시선의 제국에서 새롭게 눈길을 끄는 여왕이 되기 위해 필사적으로 노력하면서 열성적인 아비삭 위를 배회한다(Bach, 1997, 163).

아비삭의 지위는 남성에게 미치는 그녀 자신의 매력에 달려 있다. 그녀는 자신을 왕의 동반자로 선택한 다른 남자들에 의해 그 위치에 오른다. 다윗이 죽을 때, 그녀의 미래는 그녀를 차지할 남자에게 달려 있다. 열왕기상에서 이것을 시도한 사람이 아도니야다. 젊고 성적으로 탐낼 만한 이 여성은 이스라엘 왕좌를 놓고 경쟁하는 남성들에게 다툼의 대상이 된다. 선한 여성으로서 아비삭은 자신의 발언권을 갖고 있지 않고, 남성들의 결정에 따라 자신의 미래를 맞이한다. 때때로 낯선 여성도 선한 여성이 될 수 있다.

사사기에서 야엘이 이스라엘 편에 서서 시스라가 그녀의 장막에서 잠자는 동안 장막 말뚝을 그의 머리에 박아 그를 죽였을 때, 그녀는 선한 여성이 된다. 들릴라가 삼손을 자신의 무릎에서 잠들게 하고 그를 배반했을 때, 그녀는 낯선 여성이다. 야엘이 시스라를 자신의 장막에서 잠들게 하고 그를 배반했을 때, 그녀는 선한 여성이다. 두 설명 모두 본문의 내부자인 이스라엘 공동체에 대한 충성을 최우선으로 하는 내러티브 목소리의 작품이다. 하지만 야엘과 들릴라는 자매가 아닌가? 남성 보호자들이 없는 여성으로서 그들은 각기 자신의 집에 들어온 남성에 대해 어려운 결정을 내려야 한다. 두 여성 모두 이스라엘과 그 이웃 국가들 사이의 전쟁 속에서 보다 강해 보이는 쪽에 자신의 운명을 걸었다.

11. 여성과 남성의 프로필

남성 내러티브의 목소리에 의해 결정되는 기준에 따라 여성을 선과 악으로 범주화하는 것에 따를 것인지를 결정하는 것은 독자의 몫이다. 하지만 비록 독자가 여성의 사회적 역할에 대한 이러한 견해를 받아들인다고 할지라도, 어떤 여성들의 이야기는 선함/악함이라는 단순한 평가를 어렵게 만든다. 레위인의 아내 이야기가 그러한 사건 중 하나다. 확실히 그녀에게 사용된 폭력의 정도는 그녀를 불의에 대한 중립적 상징으로 만든다. 이후의 신명기 사가 책들에서처럼 사무엘하 13장에서 옳은 행동과 자제를 호소하는 이복 누이의 간청을 거부하는 암논 또한 그녀를 정치적인 사건들의 중심에서 그 목소리가 결코 들리지 않는 억압받는 모든 사람을 대변하는 상징으로 만든다. 여성과 남성 독자들은 모두 이러한 이야기들을 통해 젠더의 구분이 일시적으로 사라지고 전체로서의 인간이라는 종에 관심을 기울이게 되어 인간 사회와 인간관계에 대한 보다 넓은 성찰로 넘어갈 수 있다.

내러티브 안에 있는 여성의 역할들을 식별하고 평가하는 것에 놓인 강조는 남성성에 대한 연구들이 출현하는 것으로 이어지는데 이러한 연구들은 남성성의 모델로서 남성 등장인물들의 역할을 연구한다. 이성애적·패권적 남성성(hetero-hegemonic masculinity)의 본래적 주도권이 특히 퀴어 이론(Queer Theory) 분야에서 도전을 받았다. 신명기 역사에 등장하는 남성다움에 관한 주요 이미지 중 하나는 이스라엘의 전쟁에서 승리할 수 있는 강력한 신체적 윤곽, 즉 전사의 이미지다. 이러한 남성성의 모델은 영웅이 자신의 약점을 보여줄 수 있는 감정적 표현의 여지를 거의 허용하지 않는다. 예를 들어 다윗은 사무엘서에서 이야기되는 것처럼 자신의 인생 첫 부분에서 이런 인물로 분류된다.

그러한 묘사가 남성성의 견지에서 어떻게 질문될 수 있는가? 예를 들어 히콕(A. Heacock)은 자신의 『요나단은 다윗을 사랑했다』(*Jonathan Loved David*)에서 이 두 남성 사이의 관계의 모호성을 연구한다. 그는 동성애뿐만 아니라 동성 사회의 유대감과 같이 남성들이 서로 맺고 있는 관계의 여러 유형을 지적한다. 그는 다윗과 요나단 이야기에서 주는 것은 대부분 요나단의 몫인 반면에 다윗은 완전한 관여 없이 우정이 제공하는 모든 것을 취하는 것처럼 보인다고 언급한다. 히콕은 이 이야기가 남성들이 여러 사회적 상황 속에서 수행하는 많은 역할에 관한 폭넓은 맥락 안에서 읽혀야 한다고 제안한다. 다윗은 권력을 얻는 것을 열망하는 사람이고, 반면에 요나단은 새로운 권력의 상황에서 자신의 가족을 보호하길 열망하는 사람이다. 각각의 등장인물들은 이러한 사회적 필요에 따라 자신의 내러티브적 역할을 수행한다.

이 상황에서 다윗은 감정을 배제하는 방식으로 요나단과 관계하는 전형적인 이성애적·패권적 사람으로 읽힐 수 있다. 반면에 요나단은 상당한 감정을 투자하는 보다 동성애적 관점으로 다윗에게 접근한다. 다윗은 남성들의 전사 지도자의 이미지를 갖기 때문에, 비록 그가 사적으로는 요나단에게 자신의 호감을 표명하더라도 공적 영역에서 활동할 때는 "남성다운" 남성이 되어야 한다. 따라서 이 이야기는 한 유형의 남성성이 높이 평가되지만 두 번째 유형은 다르고 이질적인 것으로 선언되는 세계에서 남성 대 남성 관계의 복잡성을 반영한다. 선호되는 남성 유형에 향한 이러한 편견은 두 남성이 평등과 상호성을 특징으로 하는 진지하고 헌신적인 관계를 맺는 것을 거의 불가능하게 만든다.

또한 크레앙가(O. Creanga)는 『히브리 성서의 남성과 남성성』(*Man and Masculinity in the Hebrew Bible*)이라는 연구에서 남성 등장인물들이 지켜야 하는 규범적인 행위와 이러한 규범성을 가지고 새로운 시각에서 여호수아서를 통합적으로 읽는 방법에 대해 언급한다. 여호수아는 모세가 죽은 후 가나안 도시들을 정복하는 일련의 정복들에서 이스라엘을 이끌었다. 따라서 그는 인간과 신이 모두 패권적 윤곽을 지닌 전사들인 상황에서 자기의 수호신과 하나가 된 것으로 묘사된다. 크레앙가의 연구는 패권주의가 남성성에 대한 규범적 프로필이라는 생각을 거부하고, 본문을 젠더 이념의 한 사례로 새롭게 바라본다. 여호수아는 용기와 육체적 힘이라는 패권적 남성성을 지지하는 방식 가운데 구체적으로 전쟁 지도자로 제시되지만, 또한 그는 칼에 의한 정복보다는 외교에 의한 설득을 추구하는 보다 부드러운 수사학의 힘들을 사용하는 것으로 나타난다. 따라서 내러티브는 패권적 남성성을 표면적으로 담고 있을 뿐 아니라 남성 지도자에 대한 묘사에서 여호수아의 외교적 노력에 관한 하위 이야기에 초점을 맞춤으로써 남성적인 규범으로 비판하고 있다.

종합하자면 이러한 해석 전략들은 성서 본문들을 면밀하게 읽음으로써 독자의 시선을 "진정한 남성"이라는 중심에서 우두머리 남성이라는 모습을 치장하는 포장지 역할을 하는 여성들로 옮기게 한다. 일단 가부장적 내러티브 안에서라도 여성 등장인물들에 대한 표현이 여성들의 독립적인 행동의 가능성을 강조하는 관점에서 연구된다면, 인간성에 대한 획일적인 접근은 젠더 연구들로 세분화될 수 있다. 만약 내러티브에 끼친 여성의 기여도에 따라 여성들이 검토될 수 있다면, 남성 등장인물을 묘사함에 있어 동일한 처리 방법이 적용될 수 있는 길이 열린다. 여성과 남성은 모두 공동체의 정체성을 유지하는 데 나름의 독특한 공헌을 한다.

이번 장에서는 젠더비평이 여호수아서부터 열왕기하에서 발견되는 여성들의 이야기에 적용될 수 있는 방법들을 다루었다. 이는 밧세바와 같은 특정 여성들과 가부장적 본문 내에서 그녀들이 수행하는 역할에 주목하며 동시에 그 세계 안에서 독립적으로 행동할 수 있는 그녀들의 능력을 바라본다. 이번 장은 여성들의 주체성을 조사하는 일의 정당성을 세우는 일에서 시작했고 남성성에 대한 연구들의 최근의 발전을 살펴보는 일로 마무리했다.

JOSHUA TO KINGS

제3부

신학으로서의 역사

제9장

이스라엘을 위한 헌법

A CONSTITUTION FOR ISRAEL

이 책의 첫 번째 부분에서는 여호수아서부터 열왕기하까지에 관련된 역사적 쟁점들이 점검되었다. 이러한 쟁점들은 이 책들이 이스라엘의 역사를 포함하는 것처럼 보인다는 명백한 사실에서 비롯한 것이다. 그 자료가 역사보다는 역사기술로 다루어져야 한다는 것이 분명해졌고, 이것은 신명기 역사서의 문학적 구조들에 대한 점검으로 이어졌다. 따라서 두 번째 부분은 본문의 의미들을 탐구하기 위해 내러티브비평의 여러 기법을 활용했다. 그러나 두 부분 모두에서 신명기 사가의 본문들이 종교적 문헌들이라는 점을 분명하게 밝혔고, 그 목적은 이스라엘의 하나님과 그의 백성 사이의 관계에 대한 신학적 사상들을 전달하는 것이다. 이제 이 책의 세 번째 부분은 여호수아서부터 열왕기하까지의 본문들의 내러티브 안에서 다루어진 신학적 쟁점들에 관한 질문으로 전환된다.

신명기 역사서의 종교적 메시지의 기초는 그것이 구약성서 안에서 묘사되는 것처럼 이스라엘의 정치적·사회적 발전이다. 여기에는 인간사와 무관한 철학적 주제 자체로서의 하나님의 내적 본성에 관한 어떠한 사색(speculation)도 존재하지 않는다. 본문들의 초점은 하나의 특별한 사회, 이스라엘을 위한 하나님의 존재의 중요성에 관한 것이다. YHWH와 이스라엘에 관한 이야기를 하나로 묶는 신명기 역사서(Deuteronomistic histories)라는 제목은 신명기에서 파생된다. 여러 작품을 관통하는 제목의 연속성은 마르틴 노트의 견해들을 반영하는데, 그는 여호수아서부터 열왕기하까지에는 신명기의 이야기로부터 계속되는 방식으로 작동하고 있는 의도적인 저자의 계획이 존재한다고 생각했다. 이 구조는 고대 이스라엘 사회의 본질을 설명해주는 두 부분의 성찰, 즉 기원들과 기본 원리들을 포함한다고 생각될 수 있다. 이후에 이것들이 계속된 역사적 사건들 속에서 어떻게 실현되는가가 이어진다.

이러한 논증은 더 나아가 신명기가 종교적 맥락에서 이스라엘의 헌법(constitution)을 나타낸다는 주장으로 발전된다. 신명기 12-26장의 법전들은 이스라엘이 그 땅에 정착한 이후에 사회가 조직되어야 하는 방식을 제시한다. 신명기 역사는 이스라엘이 자신의 각 세대 안에서 그러한 헌법에 얼마나 거리를 두었는지, 그리고 그들이 헌법을 준수하지 못했을 때 어떤 일이 일어났는지를 이야기한다. 그러므로 신명기 사가의 본문들은 부분적으로 정치적 해석의 한 형태다. 하지만 그것들은 또한 신학책들이다. 신명기에서 모세는 백성들에게 바로 YHWH가 그들을 선택하여 한 나라가 되게 했다는 점, 노예생활에서 벗어나게 해서 자유를 보장했다는 점, 이제 그들을 그들의 땅 가운데 세울 것이라는 점을 상기시킨다. YHWH는 계속해서 이스라엘의 이어지는 삶의 경험을 형성하는 데 결정적인 역할을 한다.

신명기 역사서의 신학은 이스라엘의 삶 속에 있는 사회적·정치적 사건들에 대한 종교적 고찰을 다룬다. 그것은 하나님과 백성 각각에 대한 특정한 태도들뿐만 아니라 이 두 가지를 연결하는 관계에 대한 연구를 포함한다. 개별적인 영웅들과 전체로서의 국가에 관한 이야기들은 본문의 저자들이 전달하기 원했던 전체를 포괄하는 종교적 메시지들에 의해 구성된다. 이러한 의미 형성을 뜻하는 또 다른 용어는 "이념"이다. 여기서 이념은 본문 구조의 기저를 이루고 저자들의 관점을 반영하는 수사학적 원리들을 가리킨다. 수사비평은 한 책의 내용이 독자들을 자기편으로 끌어들이고, 그들이 저자/편집자들이 전달하려는 구체적인 세계관들을 갖도록 설득하기 위해 구성되었던 방식을 이해하는 것을 추구한다.

1. 이념비평

학자들은 본문 안에서 발견되는 이념적 태도들을 찾는 것의 중요성을 점점 더 깨닫게 되었다. 어떠한 본문도 이념에서 자유롭지 않다. 예를 들어 신명기 사가의 저작들 안에 있는 각각의 이야기는 화자의 목소리로 표현되는 특정한 관점에서 말을 전한다. 『포스트모던 성서』(*The Post Modern Bible*)는 "이념은 모든 본문의 담론 안에서, 곧 본문이 말하는 것과 본문이 말하지 않은 것 안에서 마주하게 된다"고 언급한다(Bible Collective, 1995, 274). 본문의 이념은 저자와 독자의 문화적 맥락과 연결된다. 한 본문은 저자가 속해 있는 사회의 정치적이고 사회적인 현 상황을 지지한다. 이러한 맥락에서 이념은 힘의 문제와 연관되는데, 한 본문을 읽고 그것의 기저를 이루는 이념을 수용하는 사람은 그 주변 세계에 대하여 구체적이고 의도된 반응을 하도록 인도되기 때문이다.

이러한 문제들은 신명기 역사의 여성 이야기들과 관련하여 지난 장에서 이미 제기되었다. 페미니즘비평은 한 본문의 이념(이 경우에 가부장적 쟁점)을 폭로하고, 그 본문의 사회적 가치들에 대해 사려 없는 수용을 피하면서 본문을 다시 읽는 것을 추구한다. 본문에 대한 페미니즘 해석이 이념비평에서 하나의 사례라면, 해방주의자의 해석은 또 다른 사례다. 해방주의 해석에서 독자들은 신화, 가치…및 관습들에 문제를 제기함으로써 기존에 주어진 사회 질서에 도전하는 여러 질문을 제기하여 본문의 경계를 넘어서는 자신들을 발견한다(Bible Collective, 1995, 281).

여호수아서에 대한 해방주의 해석은 독자들로 하여금 이스라엘의 이익을 우선시하고 가나안인들의 이익에 차등을 두어 중요하게 생각하지 않는 이 책의 주요한 정치학에 동조하는 것을 피하도록 한다. 오히려 이 책은 이스라엘인들의 관심사에서 동떨어진 여러 문화와 사회 집단들을 다루는 방식을 검토하도록 독자들을 독려한다. 이 사실은 이스라엘인들이 노예와 출애굽이라는 고유의 역사를 갖고 있고, 이것이 그들 자신의 땅에서 누릴 안정과 자유에 대한 약속과 직접 연결되는 배경이 되기 때문에 역설적으로 보인다. 언약적 약속의 다른 얼굴은 땅이 비어 있지 않다는 것과 기존 거주민들이 그 힘을 빼앗기고 새로운 사회 집단에 의해 대체되어야 한다는 것이다. 한 집단에게 자유는 다른 집단에게는 상실을 의미한다. 따라서 해방주의의 새로운 해석은 여호수아서의 정복 내러티브에 의해 문화적으로 쫓겨나게 된 사람들에게 집중한다.

이런 상황에서 월터 브루그만(W. Brueggemann)의 『언약된 자아』(*The Covenanted Self*, 1999)는 이주 사회의 권리들이 법과 언약의 내러티브 안에서 옹호되고 있다고 할지라도 땅 자체는 항상 하나님의 소유임을 지적한다. 땅은 인간이 영원한 소유권을 가질 수 있는 대상이 아니다. 인간의 거주는 신적인 동의에 의존하기 때문이다. 브루그만은 창세기 12장에서 아브라함에게 주신 하나님의 약속을 이스라엘이 자기들의 땅을 되찾는 것의 기원으로 되돌아보면서 이 약속이 소유권을 선물하는 하나님을 향한 상호적인 인간의 충성에 의존하고 있음에 주목한다(1999, 99). 그는 땅이 단순히 "부동산의 일부"가 아니라 그 거주자들의 특성과 연결되어 있다고 주장한다. 이스라엘인들은 그 땅에서 살아남기 위해 서로를 향해 정직하고 관대하게 행동해야 한다(1999, 101). 의로운 행동에 관한 율법은 이웃의 경계석을 존중하는 것, 즉 "각 구성원은 이웃들에게 인정되는 안전한 장소를 갖고 있어야만 한다는 사실"에 대한 인정을 포함한다(1999, 103). 브루그만의 말처럼 거주의 장소는 광범위한 윤리적 쟁점들로 가득 차 있다(1999, 105).

한 영토 안에서 올바르게 행동하는 방식에 관한 자신의 연구에서, 브루그만은 땅의 소유권에 대한 고유한 권리라는 이념과 땅의 상실에 의해 무효화된 땅의 획득이라는 플롯 사이에서 균형을 맞춘다. 그의 관점은 본문의 의미에 대한 보다 깊은 신학적 탐구라는 시각에서 정치적인 자기만족(complacency)을 거부하면서 우월성(supremacy)에 대한 이념을 다시 형성하도록 만든다. 바로 이념비평이 본문 안에 있는 지배적인 정치적·사회적 경향들에 맞서서 그런 정치적 힘의 재균형을 제공하고자 한다. 이런 면에서 이 작업은 윤리적 행위이며 독자로 하여금 본문의 특정 해석의 도덕성과 절대적 권위가 부여된 일부 메시지들의 도덕성을 점검하도록 요구한다.

> 이념비평은…본문의 윤리적 특성과 본문에 대한 반응과 관련이 있다.…성서 본문들을 읽을 때에…그리고 성서의 이념적 이야기, 투쟁과 갈등을 이해하면서, 독자는 윤리적 문제 제기의 도전과 책임을 만나게 된다(Bible Collective, 1995, 275).

구약성서의 상황에서 이념비평은 의미의 여러 요소를 분리하는 것과 관련을 맺는다. 거기에는 신적 존재의 절대적인 권위와 관련된 요소가 있다. 그리고 성서 본문을 기록한 사람들과 관련된 요소가 존재한다. 이 본문들은 유대교와 기독교 공동체의 지도자들에 의해 보존되었으며 당시의 엘리트 계층들을 위해 이스라엘/유대인 저자들이 기록했다. 이 책들이 전체로서의 민족과 국가를 언급하고 있지만, 본문들 안에서 그 이해관계를 대변하는 것은 대체로 상류층들이다. 예를 들어 십계명은 모든 시민을 향하여 기본적인 윤리적 행동을 묘사하는 것처럼 보이지만 이 계명들이 누구의 이익과 관련이 있는가? 분명히 그것은 재산과 가족과 사회적 지위를 누리는 사람들과 관련이 있다. 고대 세계에서 그런 사람들은 노예나 속박된 노동자들이기보다는 글을 읽고 쓸 수 있으며 사회적 혜택을 얻거나 잃는 데 관심이 있는 엘리트 계층의 사람들일 것이다. 따라서 성서 저작들은 정치신학의 한 형태를 이루고 있다고 주장할 수 있다. 이것은 내부 사회를 이루는 체계들의 본질적 모습과 외부 세력들과 맺는 관계가 모두 인간의 행위에 대한 종교적 접근을 시작하는 책들에 자료를 제공한다는 것을 의미한다. 그러한 책들은 지배적인 사회 집단들의 정치적 이해관계와 수호신의 본성과 관심사에 대해 특정한 태도를 함께 엮는다.

또 다른 문제는 본문을 읽는 독자들이 고수하는 가치들에 관한 것이다. 신명기 사가의 저작들은 독자들에게 이스라엘 사회에 대한 여러 평가를 제공하며, 독자들은 이러한 평가들이 적절한지 적절하지 않은지를 결정해야 한다. 독자는 자신이 가진 의견을 토대로 하나님과 사회를 이해한다. "이스라엘"이라는 단어와 깊은 관련을 맺은 독자는 이스라엘이 부분적으로 가나안을 정복하지 못한 이야기를 안타까워하며 읽을 것이다. 이스라엘은 이방의 문화들과 그들의 믿음에 대한 존재를 부인하기에 충분할 만큼 하나님을 신뢰하는 믿음을 갖고 있지 않았다. 하지만 가나안이라는 개념과 관련이 있는 독자는 동일한 이야기를 복합적인 감정으로—이스라엘이 가나안 사람들을 전멸시키지 않았다는 안도감과 가나안 사람들의 권리가 애초에 무시되었다는 분노로—읽을 것이다.

이런 평가는 이념비평이 얼마나 복잡한 문제인지와 독자가 이념비평적 관점에서 시작하여 책 안에 있는 의미의 층들을 분류하는 데 있어서 얼마나 주의를 기울여야 하는지를 나타낸다. 이것은 "신학"이라는 용어에 대해서도 함의들을 갖는다. 신명기 사가 본문들의 신학은 이념의 한 형태다. 비록 본문이 종종 하나님의 관점에서 이스라엘의 이야기를 서술한다고 할지라도, 이것은 저자들과 그들의 사회가 하나님이 의도한 것으로 생각한 바를 반영한 것이다. 여기서 다루는 것은 거짓에 대한 문제가 아니다. 저자들은 당시 사회의 여러 종교적 신념들을 정직하고 진지하게 묘사한다. 하지만 비평적 관점에서 본문들이 인간의 해석을 통해 중재된 하나님을 반영한다는 것이 인정되어야 한다. 인간 사회가 변화함에 따라 저자와 독자들이 고수하는 가치들도 변한다. 이스라엘의 가나안 침공에 관한 난해한 질문은 현대 독자들이 고대 독자들이 가졌던 것과 동일한 사회적 신념 체계에서 시작하지 않았음을 잘 보여주는 하나의 예다.

따라서 비평적인 평가에 관한 문제로서 본문의 의미에 대한 신학적 해석을 그 자체로 살펴보는 것은 적절하다. 신명기 역사서의 신학은 그것이 제기하는 문제를 먼저 신중하게 고려하면서 받아들여져야만 한다. 신명기의 신학은 물론 본질적으로 윤리적인데, 그것은 출애굽기 안의 하나님과 국가 사이에 맺은 충성 계약 위에 기초하고 신명기에서 반복되기 때문이다. 양측은 상호관계의 일부분으로서 약속을 체결하는데 이스라엘에게 있어서 이것은 십계명에 요약되어 있는 계명들에 대한 순종을 수반한다. 언약 신학은 뒤에 이어지는 역사의 모델을 설정하는데, 그것은 모세의 율법 안에 명시된 하나님의 계명에 대한 헌신의 수준에 따라 백성의 행위가 죄가 되는지 의로운지를 판단하는 평가의 도구를 제공하기 때문이다.

2. 구약성서 신학

다루어져야 할 또 다른 논점은 "구약성서 신학"(Old Testament theology)이라는 표현에서 등장한다. 이 표현은 구약성서가 그 모든 부분에서 하나의 포괄적인 신학이 동등하게 발견되는 단일 작품으로 취급될 수 있음을 의미한다. 하지만 학자들은 구약성서가 지식의 보고(library), 즉 시간이 흐름에 따라 수집되었던 여러 출처를 지닌 다양한 자료의 모음집임을 보여주었다. 이 자료들이 모두 동일한 관심사를 갖고 있지는 않다. 신명기가 출애굽과 땅이라는 주제들을 통해 YHWH와 관련된 이스라엘의 전통들에 초점을 맞춘 반면, 지혜서는 개인적인 삶의 성공 또는 실패에 대해 더 자주 말하고, 신을 언급할 때에는 이스라엘의 하나님이라는 고유한 명칭보다는 일반적인 고대 근동의 호칭인 신(El)을 사용한다.

책이 다양하면 그것들로부터 도출될 수 있는 주제들도 마찬가지로 다양하다. 아이히로트(W. Eichrodt)와 폰 라트(G. von Rad) 같은 학자들은 언약(Covenant)과 같은 주제들을 취하여 전체 구약성서가 그러한 특정 주제들을 어떻게 다루었는지를 보여줄 수 있다고 믿었다. 언약이라는 주제와 관련해서 말하자면, 이것은 토라와 예언서의 내용을 살펴보기 위한 기초로서 잘 작동하는데, 하나님이 노아, 아브라함, 모세, 다윗과 맺은 계약에서 수많은 언약의 형태들이 발견된다. 그러나 "언약"이라는 용어는 지혜서 전반에 걸쳐서도 그러하고 성문서 내의 몇몇 다른 짧은 본문들 안에서도 발견되지 않는다. 심지어 토라와 예언서에서도 언약적 자료를 지나치게 조화시켜 그것들 모두를 동일한 실재로 취급할 수 있는데, 사실상 여러 계약의 내용들이 상당히 다를 수 있다. 예를 들어 아브라함은 아들을 약속받았지만, 모세는 YHWH와 맺은 국가적 계약에서 이스라엘을 대표한다. 만약 그 범위를 모세 언약으로 좁히면, 이와 관련된 자료가 다섯 권의 율법서 중 네 권과 예레미야서, 에스겔서 같은 작품들에서 발견될 수 있다는 것이 사실이다. 그러나 그것은 하나의 단일한 신학적 요소가 구약성서 전체에 걸쳐 의도적으로 체계적인 방식으로 전개되었다는 것을 증명하는 것과는 여전히 거리가 있다.

현대 성서비평 방법론들의 발전은 학자들이 본문을 바라보는 방식에도 영향을 끼쳤다. 자료비평가들은 현재의 완전한 본문들 배후에 보다 작은 판본들이 확장되고 본래 분리되어 있는 짧은 본문들이 합쳐지는, 본문 발전의 단계들이 놓여 있다고 주장했다. 양식비평가들은 아주 많은 작은 개별 요소들—속담이나 짧은 이야기나 신탁—로부터 본문이 만들어지는 방식을 보여준다. 구성(composition) 작업은 편집 작업에 가까웠을 것이며, 단일 저자가 조화롭게 다루어 단일한 신학적 주제를 만들어낼 여지를 거의 남기지 않는다. 이런 모든 것들은 구약성서의 메시지에 대한 어떤 설명이든 "신학"(theology)이 아니라 "신학들"(theologies)이라는 제목으로 다루어져야 한다는 것을 의미한다.

브루그만은 현대의 비평적 연구의 결과들과 성서신학에 대한 체계적인 설명을 만들어내려는 학자들의 지속적인 열망을 통합하기 위해 노력한 학자 중 한 사람이다. 특정한 책들의 개별적 가치들을 존중하면서, 그는 그 본문들에 의해 전달되는 하나님에 대한 기저의 믿음을 탐구했다. 그는 『구약신학』(*Old Testament Theology*, 1992)에서 "구약성서는 이스라엘과 야웨의 이상한 연결 속에서 일어나는 것처럼 보이는 것을 말하고 있는 문서들의 모음집이다"라고 주장한다(1992, 23). 그는 상처와 희망이라는 두 가지 개념을 가지고 연구한다. 그는 구약성서의 본문들이 하나님과 인간 사이의 관계에 대한 청사진을 만드는 경향이 있다고 지적하는데, 이는 창세기 1-2장에서 분명히 드러나며, 거기서 하나님은 피조물과 자신, 서로 다른 피조물들, 그리고 피조물과 거주지 사이에 질서 잡힌 관계의 유형을 만드는 존재다.

창조에 고정된 질서가 있다는 사상은 변하지 않는 사회 체제에 반영되는데, 이것은 왕정 제도와 관련하여 흔히 볼 수 있다. 그러나 이 질서의 모델은 출애굽 모델과 긴장 관계에 있다. 파라오는 압제적으로 엄격한 통치를 하는 현 상황의 지도자에 대한 명백한 예로 간주될 수 있다. 출애굽기 1장에서 이스라엘인들은 파라오의 신하들 아래서 고통으로 부르짖고 하나님은 듣는다. 출애굽 모티프에서 억압적이고 고정된 정치 질서는 신적 개입에 의해 무너져내린다. 이것으로부터 희망, 즉 보다 나은 신학적 패러다임을 제공할 새로운 사회적·정치적 질서에 대한 희망이 등장한다.

고통의 등장은 구약성서에서 **중요한 소수의 목소리**이며, 이스라엘의 하나님과 이스라엘 백성 모두를 독특하게 특징짓는다.…바로 이러한 고통의 수용이 구약성서를 미래로 열어간다(Brueggemann, 1992, 26).

이러한 틀 안에서 신명기는 상처와 희망 사이의 다리 역할을 한다. 신명기는 아직 실현되지 않은 사회적 미래로 제시된다(Brueggemann, 1992, 80). 여기서 보이는 브루그만의 접근법은 실제 본문들로부터 기본 원리들을 도출하고자 한 시도이며, 동시에 구약성서 모음집을 구성하는 본문들의 개별 내용에 민감하게 반응하는 구약성서 신학의 한 형태다.

3. 신명기 사가의 표현 방식

구약성서의 책들 사이의 연결과 구분들 모두를 살펴보면, 히브리 성서 내의 하위 모음집으로서 신명기 사가의 본문들에 초점을 맞추는 것이 가능하다. 신명기는 분명히 역사서들과는 다른 책이지만, 각각의 역사서는 자신만의 고유하고 구체적인 내용을 갖고 있다. 그러나 이러한 본문들을 특징짓는 일정한 사고방식들이 존재한다. 메이슨(R. Mason)은 『구약성서의 선전과 전복』(*Propaganda and Subversion in the Old Testament*, 1997)에서 신명기 사가 사상의 독특하고 일반적인 특징들을 설명한다. 그는 자료의 선전적 측면(propaganda face)으로 땅과 정복이라는 주제를 선택한다. 신명기에서 하나님은 이스라엘에게 땅의 선물을 약속하고 이 선물을 받을 방법을 제시하는데, 이는 다른 국가들이 이미 거주하고 있는 영토에 대한 폭력적인 침공에 의한 것이었다. 비록 고고학적 증거가 그러한 정복이 일어나지 않았음을 보여준다고 할지라도, 본문의 선전적인 가치는 독자에게 끼친 잠재적인 영향으로 남아 있다.

메이슨은 큰 적대감에 직면하여 어려운 상황에서 획득되고 수호신의 지원으로 유지되는 땅이라는 어휘는 일반적인 고대 근동 이념의 일부였으며, 신명기는 그러한 맥락 내에서 평가되어야 한다고 주장한다. 신명기가 지속적으로 폭력을 허용하는 힘은 신명기 사가의 관점이 그것의 본래 생활 배경에서 분리될 때 생겨난다(1997, 75). 비록 신명기 사가의 본문들 안에서 발견되는 거룩한 전쟁의 선전이 이스라엘의 정치적인 형성에 대한 정당성을 지원한다고 할지라도 신명기 사가 사상의 다른 측면들은 이스라엘 사회의 본질에 대한 비판으로서 기능하고 있다. 예를 들어 메이슨은 신명기와 신명기 역사서 안에서 발견되는 왕정 제도가 전복되는 경우에 대해 고찰한다.

신명기에서는 왕의 역할이 수용되지만 동시에 통제된다. 왕은 그 땅의 절대적 권위자라기보다는 철학자(philosopher)에 더 가깝다(신 17:14-20). 동시에 신명기 역사서는 사무엘상 11장에서 왕의 유용성에 의문을 제기한다. 여기서 사무엘과 하나님 사이의 대화는 이 책의 저자가 하나님을 이스라엘의 유일하고 진정한 통치자로 생각하고, 인간의 왕권을 신정 통치에 대한 열등한 대체품으로 간주했음을 나타낸다. 사무엘하 7장에 수록된 다윗 계열의 왕들에 대한 장기적인 후원의 약속과 같이 하나님도 왕들에게 약속하고, 또 다윗이 사무엘서에서 이스라엘 하나님의 호의를 입은 것으로 제시된다고 할지라도 왕들은 유다와 이스라엘의 몰락에 궁극적으로 책임이 있으며 하나님이 종교와 사회에 대해 명령한 것과 관련하여 이스라엘이 잘 듣지 않은 것의 중요한 원인이었다(Mason, 1997, 79).

신명기 사가의 표현 방식은 구체적으로는 고대 이스라엘에서, 암시적으로는 그러한 체계들이 등장하는 모든 곳에서 존재하는 권력 체계들의 억압적인 현실과 제도 속에 부여된 절대적 권위의 모호한 본질을 공격한다(Mason, 1997, 85).

메이슨은 구약성서 본문에 접근하는 관점으로 선전과 전복에 집중한다. 맥콘빌(G. McConville)과 밀라(J. G. Millar)는 신명기적 사고를 해석하는 도구로서 시간과 장소라는 주제들을 선택한다.

> [신명기]의 서문은…두 가지의 근본 개념을 제시한다. 첫 번째는 이스라엘이 야웨와 함께 여행하고 있는 이동 중인 나라라는 것이고…두 번째 개념은 첫 번째에서 분리될 수 없는데, 그것은 이스라엘의 과거의 경험이 그들의 언약 관계를 향유하는 열쇠가 된다고 단언하기 때문이다(1994, 31).

따라서 시간과 장소는 이스라엘이 하나님과 맺는 관계의 두 부분이다. 시간은 움직임과 설정된 시간의 틀(timeframe)을 모두 포함한다. 신명기 사가의 본문들을 전체적으로 보면, 이스라엘은 항상 시간에 따라 움직인다. 하지만 이스라엘이 호렙산에서 그리고 모압에서 YHWH를 만날 때 시간은 잠시 멈춘다. 이스라엘은 지나간 시간과 움직이는 시간의 틀 모두의 산물이다(McConville and Millar, 1994, 44). 시간은 장소라는 주제와 함께 엮여 있다. 이스라엘인들이 하나님께 순종하기로 한 각각의 결심은 특정한 장소에서 이루어지는데, 이 개념은 이스라엘의 종착지, 즉 그들이 대대로 머물러야 하고 신명기 12-26장에서 제시된 상세한 법전을 지켜야 하는 땅을 예표한다. 그러므로 시간과 장소라는 한 쌍의 주제는 "하나님의 초월성과 내재성 사이에 있는 신명기의 핵심적인 긴장"을 담고 있다 (McConville and Millar, 1994, 36). 신명기 사가의 전망에서, 하나님은 인간의 이해를 초월할 뿐만 아니라 동시에 항상 인간의 사회적·정치적 경험 안에서 활동한다.

앞서 언급된 다양한 주석들이 보여주듯이 신명기 사가의 표현 방식은 단일한 개념이나 비유로 정의될 수 없다. 하지만 신명기 역사서 안에서 작동하는 일관된 세계관이 있다는 것은 이 주석가들이 신명기의 본질을 전체로서 탐구하고 이 사상의 반향을 여호수아서부터 열왕기하까지의 역사들 안에서 추적하는 방식으로부터 분명해진다. 에델만(D. Edelman, 2014)이 편집한 책은 서문에서 토라와 역사서들 간에 이루어지는 연계성의 본질을 소개하면서, 일부 학자들이 본문들 간에 사유가 연속되기 때문에 토라에는 다섯 권의 책(오경)이 들어 있지 않고 다른 조합으로 이루어져 있음을 이야기한다고 지적한다. 따라서 신명기는 토라의 마지막 책이 아니라 역사서의 시작으로 간주될 수 있으며, 창세기는 출애굽기에서 시작하여 열왕기하에서 끝나는 이스라엘의 긴 역사를 소개하는 기초 문서로 다루어질 수 있다.

4. 이스라엘의 정체성

이러한 연속성의 중심에는 이스라엘의 정체성이라는 주제가 놓여 있으며, 이 정체성은 신명기 역사서 안에서 통일성과 단일성의 개념을 결정하는 특정한 핵심 개념들로 제시된다. 신명기에는 오직 한 하나님만이 그 전망 속에 존재하며, 이러한 주안점은 중앙 성소에 관한 율법에 의해 뒷받침된다. 합법적인 종교적 예배 장소는 오직 하나뿐이며, 그 장소를 지키는 것이 이스라엘인들로 하여금 다른 신들에 빠져서 그들을 숭배하지 못하게 방지할 것이다. 오직 한 하나님이 존재하는 것처럼 오직 한 국가가 존재한다. 모든 이스라엘 사람은 이웃이고 서로를 지지해주어야 하는데, 이 개념은 레위 지파가 온 이스라엘을 위하여 제사장의 일을 하는 대가로 다른 지파들이 레위 지파에게 첫 열매를 제공해야 한다는 십일조의 법에서 그려진다. 이 그림의 중심에 있는 하나의 신은 약자들에 대한 관심과 그들에게 생명과 삶의 선물을 무료로 주는 것으로 특징지어진다. 이스라엘은 하나님이 선택했고, 자신만의 장소를 선물로 받은 나라로 특징지어진다(McConville, 1993, 133). 따라서 이스라엘의 정체성은 하나님이 그들에게 갖도록 의도한 역할에서 비롯된다. 이스라엘은 하나님의 고유한 성품의 증인이 되어야 하는데, 이는 그 독특한 사회 체제의 유지를 통해 하나님의 의도를 성실하게 드러냄으로써 이루어진다.

5. 신명기 역사서

이 모든 패턴은 이스라엘과 그 땅, 그 지도자들, 그 운명이라는 역사적 주제들로 흘러간다. 신명기는 역사적 사건들의 의미를 측정하고 평가하기 위한 일련의 개념들을 제공한다. 신명기 28장은 그 땅 안에 있는 이스라엘 앞에 놓인 두 가지 길, 즉 성공의 길(축복)과 실패의 길(저주)을 보여준다. 신명기 역사서 안에 묘사된 것처럼 지속적으로 YHWH를 합당하게 예배하지 못한 것이 이스라엘이 그 땅을 유지하지 못한 것으로 이어진다. 열왕기하가 보여주는 므낫세 통치 이후 왕과 하나님 사이의 궁극적인 분리는 독자로 하여금 유다에 대한 침공과 그 거주민들의 추방을 받아들이도록 준비시킨다.

이런 방식으로 신명기는 정치신학의 배경을 제공하며 이 배경 속에서 사건들이 적시에 발생하고 이 배경과 관련되어 그 사건들이 측정될 수 있다. 이것이 신명기와 신명기 역사서를 연결해주는 기초가 된다. 제정된 이스라엘의 헌법은 시간과 장소 안에서 단지 부분적으로만 이루어졌고 끝내는 무효가 되었다(McConville, 1993, 122). 신명기는 정치신학에 있어 두 부분을 갖고 있다. 이번 장의 앞부분에서 언급된 측면은 외교 정책으로 분류될 수 있다. 두 번째 측면은 이스라엘이 일단 그 땅을 지배하게 된 후 어떻게 행동할 것인가에 관련된다. 여기에는 공동의 행동과 시민들 간의 상호존중에 대한 의식이 존재하며, 이것에는 토양과 그 생산물에 대한 존중뿐 아니라 가축에 대한 적절한 대우가 결합되어 있다.

6. 사회 질서로서의 토라

이스라엘의 역사에서 사람과 사건에 대한 개별적 이야기들과 이러한 이야기들을 평가하기 위한 해석 원칙들의 핵심 모음집 사이의 긴장은 신명기 사가의 본문들 내에서 헌법적 원칙이라는 보다 넓은 논점을 제기한다. 이 저작들 안에 있는 헌법적 사상은 토라(율법)와 언약이라는 주제에 부속된다. 하나님은 자기 백성과 계약을 맺는다. 신명기의 전체 형태는 고대 근동의 계약 형식과 유사하다. 여기에는 과거 계약들의 유익함을 되돌아보는 역사적인 서두가 있고, 신명기 12-26장에서 현재의 조건들이 제시되며, 28-29장에는 언약 위반에 대한 제재들이 등장한다. 엘라자르(D. J. Elazar)는 성서 이스라엘의 정치신학과 관련하여 이러한 언약 정치 공식의 패러다임을 연구했다.

엘라자르는 『성서의 이스라엘에서의 언약과 정치』(*Covenant and Polity in Biblical Israel*, 1995)에서 다음과 같이 주장한다.

> 성서의 목적은 인간이 이 세상에서 살아가는 올바른 방식을 가르치는 것이다.…성서는 광범위한 영역의 주제들을 논하는데, 여기에는 이스라엘의 정치 조직, 전쟁 규칙, 공적 제사에 대한 제의법들, 가난하고 불운한 자들을 부양하는 방법…등이 있다(1995, 62).

엘라자르는 이것을 하나님이 이스라엘을 사랑하고 이스라엘이 행복하기를 원하기 때문에 존재하는 사회 질서에 대한 적절한 이해의 기초로 본다. 동일한 사랑에서 나오는 충성이 언약의 질서와 하나님에 대한 인간의 반응에 영향을 끼친다(1995, 71). 충성에 기반을 둔 관계에 의해 증진되는 상호 간의 지지와 의존은 평화의 파괴와 폭력적인 침략으로 끌려 들어가는 것을 방지한다. 쟁점이 되는 것은 단순한 개인의 자유가 아니라 자신의 동료 시민의 이익에 민감하고 그것에 의해 좌우되는 자유다(1995, 71).

7. 신정국가

엘라자르는 언약적 헌법이 신정주의, 연방주의, 공화주의라는 세 가지의 근본적인 원칙들에 놓여 있다고 주장한다. 이 세 가지 중에서 신명기 사가 본문들의 신학을 고찰하는 데 중요한 것은 신정국가라는 주제다(1995, 354). 신정국가의 원칙은 정치가 더 이상 인간 존재와 그들의 사회적 선택의 전유물이 아니라는 새로운 관점에서 정치를 바라보게 하는 효과를 가져온다. 국가는 그 자체를 목적으로 존재하지 않는다(Elazar, 1995, 354). 이 원칙에서 파생되어, 정치 제도들은 국가에 봉사하는 것이 아니라 하나님과 동맹을 맺은 사람들이 서로 동맹을 맺을 수 있는 수단을 제공한다. 이것은 이스라엘 국가의 일차 목표가 지상에서 하나님의 거룩한 공화국(commonwealth) 또는 왕국의 설립이라는 명제를 수반한다.

신정주의 원칙들은 국가가 도덕적 실체로 간주되어야 한다는 것을 보장한다. 그것의 구조들 역시 도덕적이어야 하고, 시민들에게 도덕적 이상과 도덕적 행동을 심어주어야 한다. 성서의 이스라엘의 삶에서 다양한 정치적 형태가 다양한 시기에 이 도덕적 목표를 위해 사용되었다. 그러나 통치 유형이 바뀔 때마다 본문들은 신정주의의 기본 개념을 반복하여 말한다. 따라서 여호수아는 임종 직전에 백성을 세겜으로 불러 모으고(수 24장), 하나님과 맺은 언약 및 백성들 간에 맺은 언약을 갱신한다. 마찬가지로 사울을 왕으로 세우는 것은 이 사건을 포괄적인 하나님의 통치와 연결시키는 서술로서 특징지어진다(삼상 11장). 마지막으로 페르시아 시대에 유다의 성전 국가(a Temple state)의 수립에는 백성들이 하나님의 언약의 율법을 읽으면서 순종하기로 서약하는 일이 수반된다(느 8장, Elazar, 1995, 360).

8. 요약

성서의 이스라엘의 종교와 정치에 대한 엘라자르의 주석은 독자들에게 성서의 이념에 대한 특정한 관점을 제공한다. 그것은 바로 고대 이스라엘과 현대 유대교 사이에 명확하게 이어진 연속성을 추적하고, 고대의 종교 전통 안에서 그러한 유대교를 위한 영감을 발견하는 사람의 해석이라는 점이다. 마찬가지로 맥콘빌과 밀라, 그리고 메이슨은 신명기 사가의 본문들에 그들이 선택한 통로를 연결하는데 그 각각의 해석은 그들 각자의 고유한 이념적 입장을 취하고 있다. 메이슨은 신명기 역사서를 선전과 전복의 개념에 맞추며 이것으로 전체 구약성서 모음집을 비평한다. 그에게 선전은 정치적 선전, 즉 특정한 정치적 목표를 지지하기 위해 사용되는 문학을 의미한다(1997, 3). 전복은 "선전"이라는 용어에 반대되는 의미로 정의되고, 본문들이 유지하려는 바로 그 정치적 구조들을 훼손하는 방식과 관련이 있다(1997, 5).

맥콘빌과 밀라는 자신들의 연구에서 매우 다른 의도를 보인다. 그들은 본문 연구 및 본문과 신학 간의 관계에 관심을 기울인다. 그들은 편집비평 방법론에 초점을 맞추는데, 여기서 본문은 고대의 편집자들로부터 현대의 독자들에게 전달된 형태이기 때문에 하나의 전체로서 간주된다. 그들은 이러한 사고방식을 통해 신명기를 하나의 전체로 보고, 사람과 땅에 대한 고정된 정체성의 이념과 오직 하나님만을 의지하라는 계속된 호소 사이에 균형을 강조하며, 예루살렘이라는 도시에 의해 제공되는 것과 같은 중앙 집권화된 질서라는 주제들에 대해서는 가볍게 다룰 수 있도록 만든다(McConville and Millar, 1994, 13).

이 모든 현대 저자들은 독자에게 다양한 신명기 사가의 신학, 즉 신명기 역사서의 메시지를 이해하기 위한 병행 수단을 제공한다. 이러한 신학들 자체는 독자들이 평가할 대안적인 이념적 입장을 제시한다. 독자는 이 자료를 접함으로써 본문에 대한 자신의 기본적인 반응을 구체화하고 개인적인 이념을 형성한다. 이러한 방식으로 성서 본문들은 과거 이스라엘의 헌법적 정체성이라는 근본적인 그림을 제공하고 독자들이 새로운 역사적 상황에 적용할 수 있는 몇몇 헌법적 원칙들을 제시한다. 이러한 관점은 종교가 제의적 활동에 관련되는 것만큼이나 시민 사회에 관련된다는 견해에 기반을 두고 있다. 올바른 사회적 행동 양태들은 세상에 대한 신학적 개관의 일부로 확립되고, 적절한 실천 규범들을 준수하지 않는 것 자체도 종교적인 관심사다.

이번 장은 이 책의 세 번째 부분을 시작하면서 구약성서 저작들 안에 있는 신학적 탐구들의 본질을 논했고 이러한 지침들을 구체적으로 신명기 사가의 자료들에 적용했다. 이번 장은 하나님과 사람들 사이의 언약적 관계들을 다루는 성서신학의 몇 가지 기본적인 쟁점들을 제시한다. 이러한 방식으로 이번 장은 나머지 부분에서 다루어질 두 개의 주요 요소, 즉 하나님의 특성과 이스라엘의 모습에 대한 개관을 제공한다.

제10장

하나님의 특성

THE CHARACTER OF GOD

이전 장은 신명기 역사서의 본문들 안에서 중요한 역할을 하는 언약 조약(covenant treaty)이라는 성서적 주제의 당사자들인 하나님과 이스라엘을 상세하게 살피는 것이 그 본문들의 신학적 주제들을 탐구하는 한 가지 가능한 방법이라는 주장으로 끝났다. 이번 장은 신명기 사가의 저작들에 그려진 하나님의 본질(nature)과 특성(character)을 고찰할 것이다. 하나님은 이 본문들 전체에서 분명히 중심인물인데, 바로 그가 이집트의 노예 상태에서 이스라엘 사람들을 구출함으로써 신명기 사가의 이야기를 시작하게 했고, 이스라엘인들이 그 땅에 정착하는 것을 도움으로써 계속해서 이야기를 만들어가기 때문이다. 하지만 이렇게 전체를 포괄하는 내러티브에서 그는 종종 전체 책들을 구성하는 개별 이야기에 직접 관여하지 않는다. 하나님은 일반적으로 지도자들을 통해 자신의 백성에게 말할 수 있고 또 말한다. 그러나 그는 말해지는 인물, 즉 화자의 목소리와 내러티브의 행위의 형태로 자신의 특성을 나타내는 존재이기도 하다.

1. 하나님과 신명기 사가의 이야기

여호수아서에서 하나님은 사건들의 궁극적인 원천으로 나타나지만, 그는 주로 여호수아 자신을 통하여 행동한다. 주님은 여호수아에게 말했고 그가 그의 명령들을 실행했다는 내용이 이야기가 사건들을 보여주는 방식이다. 따라서 가나안 정복은 보이지 않는 신의 대리인인 이스라엘 군대에 의해 수행된다. 사사기에서는 하나님과 한 지도자 간의 긴밀한 관계가 사라진다. 하나님은 여전히 이스라엘에게 말하시지만, 둘 사이에 틈이 생긴다. 이스라엘은 하나님의 직접적인 임재를 느끼는 감각을 상실했고 하나님이 의도한 모든 것을 이루지 못한다. 하지만 여전히 하나님은 이스라엘인들이 환난 중에 자신에게 부르짖을 때 그들의 외침을 듣고, 그들의 간청에 응답해 임시 지도자들을 세운다. 그러나 하나님과 인간 존재 사이의 직접적인 대화는 단절된 것으로 보이는데, 이는 천상의 중재자들이 사용되어 하나님의 계획을 알리기 때문이다. 삼손의 출생에 대한 이야기처럼 주의 천사가 하나님을 대신하는 것처럼 보인다. 사사기 13장에서 삼손의 아버지가 될 사람은 나타난 인물이 실제로 하나님으로부터 왔는지를 의심하기까지 한다. 본문에서 하나님의 부재는 책의 마지막 장들에서 절정에 이르는데(삿 17-21장), 거기서는 등장인물들이 하나님을 언급조차 하지 않고 자신들이 세운 목표들을 추구하면서 많은 악한 사건이 발생한다.

사건에 대한 하나님의 지시가 사무엘상하에서 다시 나타난다. 하나님은 사무엘서에서 한 예언자/사사를 일으켜, 그가 아직 소년일 때 그에게 임무를 맡긴다. 하나님은 주님의 언약궤 안에서 다시 이스라엘 군대와 함께 물리적으로 함께하며 이스라엘의 군기로서 행동한다. 마침내 그는 대리인인 왕을 통해 이스라엘을 이끌기로 선택한다. 하지만 하나님은 왕에게 직접 말하지 않고 중개자인 궁정 예언자를 통해 그에게 말을 전하는데, 이들은 왕위 언약에 대한 하나님의 약속을 다윗에게 전달하고, 밧세바의 간음에 대한 하나님의 심판을 다윗에게 말하는 나단과 같은 사람들이다.

이에 반해 하나님은 다윗의 후계자인 솔로몬에게는 직접 말한다. 그는 솔로몬이 왕위를 계승할 때와 그가 하나님을 위해 지은 성전을 봉헌할 때 솔로몬의 기도에 응답한다. 솔로몬이 죽은 뒤에는 결국 하나님과 사람들의 관심사가 서로 완전히 갈라지게 된다. 이스라엘과 유다라는 두 나라의 왕들은 모두 다른 신들을 숭배하는 것을 선택한다. 비록 다윗의 혈통이 기원전 6세기까지 보존되었다 할지라도, 이것은 하나님이 다윗과 가진 과거의 친밀감을 기억하기 때문이지 현재 하나님과 사람들 사이에 있는 어떤 밀접한 관계 때문이 아니다. 열왕기의 마지막 장들의 내러티브에서는 바로 하나님의 진노가 두드러진다. 예를 들어 열왕기하 23:26-27은 "여호와께서 유다를 향하여 내리신 그 크게 타오르는 진노를 돌이키지 아니하셨으니"라고 말한다.

이 자료에서 하나님은 자신의 백성과 관련하여 본문 안에서 다양한 기능을 수행한다. 그는 그들의 궁극적 주권자인 주님이고 또 그들의 행위에 대한 재판관이다. 신명기 역사서의 처음 네 권의 책에서 그의 역할은 전사 지도자이며 법궤 안의 그의 상징적 현존은 이스라엘에 승리를 가져온다. 하나님이 부여한 카리스마적 능력은 삼손이 쌓은 업적들처럼 이스라엘 지도자들이 국가의 운명을 구원할 수 있는 강력한 구원자가 되는 것을 가능케 한다. 사울과 다윗이 통치하던 시기에 하나님은 왕실 고문의 역할을 하는 특징을 뚜렷하게 보이는데, 예언자들은 왕들에게 하나님의 조언을 전달해준다. 하나님은 자신의 백성이 율법을 어겼다고 그들을 기소하는데 이는 열왕기에서 예언자들의 목소리로 나타난다. 예를 들면 엘리야는 왕실 종교 정책에 맞서 전투를 수행한다.

에르하르트 게르슈텐베르거(Erhard Gerstenberger)는 『구약신학들』

(*Theologies in the Old Testament*, 2002)에서 신은 이스라엘이 그 사회적 역사에서 마주치는 다양한 사회적 상황들과 일치하는 수많은 다양한 모습을 보인다고 지적한다. 그는 "사회 구조들은 종교에 매우 중요하고" 종교는 "사회의 제도, 역할, 권력 균형과 관련이 있다"고 주장한다(163). 게르슈텐베르거는 자신의 연구에서 하나님의 본성에 영향을 끼치는 많은 사회적 시나리오들을 논의한다.

예를 들면 소규모 도시 사회에서는 사람들은 소규모의 농업 정착지에 살고 종교적 관습들은 가뭄과 폭풍의 피해를 막는 동시에 작물과 동물의 풍요를 보장하기 위해 제사 의식에 전체 공동체를 포함시킨다. 신명기 사가의 용어로 표현하자면, 이것은 가나안 문화를 배경으로 하는 모습이다. 이 사회적 모델은 지역적인 종교 활동들을 장려하는데, 이는 농업과 가족의 필요를 채우기 위함이고 종종 다산(fertility)과 관련된다. 수확의 성공이나 실패에 대한 공통의 관심 속에 존재하는 이러한 형태의 공동체적 관계는 엘(El)이 주재하는 신들의 포괄적인 만신전을 만들어내는 경향이 있다.

두 번째 생활 방식은 부족 사회의 생활 방식인데, 여기서는 관련된 인간 존재들의 무리가 반(semi)유목민적 생활 방식 가운데 이주하는 삶을 살아간다. 이 두 번째 생활 방식은 부족의 권리를 위해 싸우고 제의적 활동에서 유일한 초점이 되는 전사 하나님(warrior God)의 이미지를 낳는다. 이러한 형태의 공동체에서 리더십은 강력한 남성 리더십에 부여된다. 하나님과 지도자가 특히 땅 사용과 물에 대한 권리에 접근할 수 있는 부족의 역량과 관련하여 모두 전쟁과 군사적 승리의 이미지를 공유한다. 이주 사회가 도시와 마을에 정착하면 지도력의 모델과 그 신의 특성은 새로운 사회적 상황들을 충족하도록 변경된다.

신학은 부족 사회가 땅의 소유와 안정적인 점유 가운데 정착함에 따라 다시 변한다. 수도의 건설은 왕과 하나님을 위한 집들의 건축으로 이어진다. 사회는 왕정이라는 제도적 형태를 통해 통치된다. 왕은 사회를 다스리는 데 있어 하나님의 파트너와 대리자로 그려진다. 사무엘하는 하나님의 집과 왕의 집이 같은 지역에 있고 왕실 거주지의 연결된 부분으로 계획되었음을 가리킨다. 왕이 하나님의 대리인으로 간주된다는 사실은 예를 들면 사무엘하 9:6-8에 등장하는데, 거기서 사람들은 자신들이 하나님의 임재 앞에서 엎드리듯이 왕 앞에 엎드린다. 다윗 왕조를 하나님이 선택한 것으로 보고 시온을 하나님의 거주 장소로 보는 사무엘하의 태도는 사회를 통치하고 우주를 통치하는 이러한 공생적 접근을 반영한다. 열왕기상 8장에 나오는 성전 봉헌 장면은 하나님과 왕, 도시와 우주가 하나의 단일한 실체를 형성한다는 믿음을 뒷받침한다.

2. 이스라엘의 주님

이번 장에서 지금까지 "하나님"이라는 용어는 그 용어의 내용에 대한 자세한 설명 없이 사용되었다. 그러나 본문이 어느 하나님을 다루고 있는가라는 질문이 제기된다. 특정한 이름을 가진 어느 신 또는 어느 하나님(a God)이 있는가? 영어에서 "하나님"(God)이라는 단어는 개정표준역(Revised Standard Version)에서 "엘"(El)/"엘로힘"(Elohim)이라는 히브리어를 번역한 것이다. 엘은 시리아 북서부의 현대 라스 샴라(Ras Shamra, 고대

우가리트) 지역에서 고고학자들이 발굴한 점토판에 있는 종교적 이야기에서 발견되는 특정 신의 이름이자 일반적으로 신이라는 존재를 나타내는 이름이다. 따라서 "엘"을 "하나님"이라고 번역할 때 번역가들은 히브리어 용어의 두 번째 의미를 채택한 것이다.

그러나 이것은 구약성서에서 하나님에 대한 유일한 명칭이 아니다. 궁극적으로 구약성서 본문을 통해 그 본성이 계시되는 이는 특별한 신, 곧 이스라엘의 하나님이다. 출애굽기 3장에서 이스라엘의 하나님은 모세에게 자신의 성호(Name)로, 즉 YHWH라는 이름으로 자신을 드러내신다. 이 이름은 "~이다"(to be)라는 단어에서 파생되었고, 이는 하나님이 생명/존재와 연결되어 있음을 가리킨다. 유대 율법은 독자가 하나님의 이름을 부르는 것을 금지하고 있으며 그 성호는 너무 거룩하여 어떤 일반적인 상황에서도 발음될 수 없기 때문에 여러 영어 역본 중에서 개정표준역은 YHWH를 "주님"(LORD)이라는 단어로 번역한다. "주님"은 아도나이(*Adonai*)를 번역한 것인데, 이 용어는 히브리 경전의 독자가 본문에서 신성한 신의 이름(Divine Name)을 만날 때 어김없이 그 실제 성호를 대체한다.

그렇기에 이스라엘의 주님이 바로 독자들이 진짜 관심을 보이는 바로 그 신이다. 신명기 사가의 저작들에서 다른 신들은 일반적으로 외부인, 즉 열방의 신들로 언급되고, 이스라엘인들에게는 너무 이질적이다. 이스라엘의 하나님은 아브라함과 이삭과 야곱, 즉 조상들의 하나님이며 모세의 하나님이다. 구약성서의 전체적인 관점에서 보면, 창세기 2장에 나오는 바로 이 하나님이 땅의 창조와 그것을 경작할 인간의 창조에 책임이 있는 분이다. 이러한 모든 용법에서 다신론의 개념과 하나님의 유일성에 대한 개념 사이에 분리가 이루어진다. 신명기 사가의 사상은 궁극적으로 여러 신들 가운데 하나를 지정하는 택일신론(henotheism) 및 오직 한 하나님만 숭배해야 한다는 일신숭배(monolatry)와 관련이 있다. 우주를 주관하는 하나님은 오직 한 분이고 다른 초자연적 존재를 천사와 같은 사자의 역할로 격하시키는 관점은 구약성서의 최종 편집된 신학을 제공하는 관점이며, 이는 유대교와 이후의 기독교를 유일신론적 종교로 만드는데, 그 두 종교는 세상의 하나님이 하나의 단일한 성호를 가졌고 그 성호로만 불려야 한다는 점에서 배타적이다.

3. 언약의 주님

신명기 역사서에서 하나님은 이스라엘과의 이런 관계를 계약의 형태로 표현하며, 그는 자기 백성을 그 계약을 통해 보호하겠다고 약속한다. 하나님의 특성은 신명기에 명시된 이 계명들을 통해 드러나는데 그는 아무리 연약하고 무력할지라도 모든 백성에게 공의를 베풀고 관심을 보인다. 하나님의 언약적 측면은 하나님이 다윗에게 자신이 다윗의 아들의 아버지가 될 것이라고 약속할 때 신명기 역사서 안에서 더 깊은 차원을 지닌다. 하나님은 다윗 계열의 왕들이 하나님에게 충실하기만 하면 그들과 영원한 언약을 맺을 것이다. 모세 언약은 이스라엘의 주님이 율법과 계명의 신이라는 점을 드러내지만, 다윗 언약은 하나님이 왕들을 자신의 가족으로 입양하는 모습을 보여준다. 따라서 공의와 우정이라는 하나님의 특성의 두 가지 측면이 나타난다. 이것은 신명기 사가의 본문에서 하나님이 어떤 특정한 성품과 인격적인 정체성을 가지고 있는가에 대해 독자들로 하여금 좀 더 질문하도록 만든다.

4. 하나님과 특성

마일스(J. Miles)는 자신의 저서 『하나님의 전기』(*God: A Biography*)에서 신명기 사가의 본문들은 하나님의 성품을 표현하기 위해 세 가지 측면을 발전시켰다고 제안한다. 이 세 가지는 정복자, 아버지, 그리고 중재자다. 그것들은 주인이자 통치자로서의 하나님이라는 전체적인 주제 속에 자리 잡고 있다(Miles, 1995, 150). 마일스는 하나님의 성품은 그가 선택한 백성의 필요에 대한 응답으로서 이러한 기능들을 발전시켰다고 주장한다. 하나님은 자신이 이스라엘을 노예 상태에서 해방시키기 위해 파라오와 싸웠을 때처럼 무력을 사용하여 이스라엘을 보호해야 한다는 것을 알고 있다. 하지만 가나안 사람들은 이집트인들과 달리 이스라엘의 압제자가 아니었으며 그들은 이스라엘의 행로에서 유혹을 제거하기 위해 죽임을 당했다. 가나안인들의 전멸은 가혹하고 잔인한 하나님의 이미지를 만든다. 이러한 잔인함의 분위기는 점차 어두워지며 사사기의 끝부분에 이르러서는 이스라엘의 12지파 사이의 관계에도 영향을 끼친다(Miles, 1995, 152).

가혹함은 이스라엘의 아버지로서의 하나님의 역할에 의해 균형을 이룬다. 한나의 노래(삼상 2장)에서 전쟁과 친절함이라는 주제가 연결된다. 하나님은 "만군의 주", 즉 용사로 등장하시지만 강한 자들에 맞서 약한 자들을 위해 행동하는 이로 여겨진다. 그의 정체성에서 군사적 요소가 여전히 지배적이지만, 사회적 관심에 관한 하위 주제는 그러한 정체성을 복잡하게 만들기 시작한다. 마일스에 따르면 그러한 부드러움은 사무엘하에서 하나님이 솔로몬의 아버지로서 자기 정체성을 드러내면서 꽃을 피운다. 아버지가 자기 아들을 거절할지라도 아버지는 언제나 아버지다. 그래서 하나님은 솔로몬이 선하든 악하든 그에게 헌신한다(Miles, 1995, 170).

하나님은 사람이 자신의 아들들을 사랑하는 것처럼 다윗과 솔로몬을 사랑하지만, 또한 아버지가 자기 아들들을 바로잡는 것처럼 그들과 그들의 상속자들을 훈육하는 일에 헌신한다. 하나님은 아버지로서의 역할을 완수하기 위해서 자신의 백성을 포기해야만 하고, 그들을 아시리아와 바빌로니아의 정복 전쟁 속에서 적대적인 세력에게 넘겨야만 한다. 이러한 역할에서 하나님은 친밀한 친족보다는 객관적인 재판관에 가깝게 행동하지만, 고대 세계에서 아버지는 대가족의 수장 역할도 했고 확대 가족 내에서 질서를 유지할 책임이 있었음을 기억해야 한다. 통치자로서의 하나님은 이스라엘을 영원히 포기할 수 있는 반면, 아버지로서의 하나님은 자신의 사랑과 약속들을 다시 상기하고 포로민들이 그들의 땅으로 귀환하도록 이끌 것이다. 하나님은 훈육과 관계의 갱신을 모두 이루기 위해 중재자로서 행동하여 자기 백성인 이스라엘의 일들뿐 아니라 많은 나라의 일들을 조직할 것이다(Miles, 1995, 189).

마일스의 설명에서 하나님은 사람과의 관계 안에서 발전해가는 하나의 "인격"으로 제시된다. 신명기 역사서에서 그는 호전적인 전사로 시작하는데 이 성격은 친밀감으로 변하고 세상의 운명을 측정하며 통제하는 것으로 나아간다. 이 대목에서 누그러뜨리는 요소는 바로 사랑이다. 모란(in Greenspahn [ed.] 1991)은 하나님과 사랑의 문제를 취해서 하나님의 사랑과 이스라엘의 사상적 배경을 제공하는 고대 근동 문서들의 언약 이념을 비교한다. 그는 하나님의 사랑이 이스라엘의 사랑의 배경에 자리 잡고 있다고 지적한다. 신명기에서 나타나는 사랑은 명령될 수 있는 사랑이다. 이것은 또한 두려움과 존경심에 밀접하게 관련된 사랑이다(1991, 104).

이집트 조약들에서도 유사한 사랑이 주군과 봉신을 묶는다(Moran, 1991, 105). 따라서 모란에게 신명기 사가적 배경에서의 하나님의 사랑은 궁극적으로 사람과 신 사이의 관계에 대한 정치적 프레임에 연결되어 있다(Moran, 1991, 107). 모란은 이렇게 정치적 상황과 보조를 맞추는 사랑의 개념을 관계에 감정적인 투자를 하는 것이라기보다는 상대방을 향하여 충성스럽게 행동하는 것에 더 가까운 문제로 해석한다. 그 강조점이 두 당사자 간의 공식적인 계약에서 비롯된 충성과 의무에 대한 사랑 위에 놓여 있다는 모란의 믿음은 신명기 사가의 신이 다른 어떤 기능보다 우선하여 맹주로서 행동하고 있다는 마일스의 견해와 궤를 같이한다.

5. 신적 용사이신 하나님

신명기 사가의 사상에서 언약의 신이 가진 자애로운 얼굴은 역설적으로 전쟁과 유혈을 불러일으키는 신의 면모를 가지고 있다. 롱맨(T. Longman III)과 리드(D. G. Reid)는 신적인 용사로서의 하나님에 대한 표현을 탐구했다. 『용사이신 하나님』(*God Is a Warrior*, 1995, 『거룩한 용사』, 솔로몬 역간)에서 그들은 이스라엘이 이집트로부터 탈출하는 장면에서 용사로서의 하나님의 등장을 출발점으로 삼는다. 그 사건 이후 특히 땅의 정착에서 이스라엘의 하나님은 종종 용사, 즉 군대 지도자로서 기능한다(Longman and

Reid, 1995, 34-35). 예배의 대상으로서의 하나님은 전쟁의 신과 동일시되고 이 정체성에 맞추어 주님의 언약궤는 이스라엘의 군기로서 전쟁터에 나간다(Longman and Reid, 1995, 40). 하나님이 전쟁을 선택하고 자신의 군대 앞에서 행진했기 때문에 그는 전쟁의 모든 전리품을 자신에게 돌리기를 요구한다. 그뿐만 아니라 진멸법(the law of the Ban, *herem*)에 따르면, 전쟁에서 사로잡힌 모든 인간은 "하나님에게 바쳐져야 한다." 즉 하나님의 성호로 죽임을 당해야 한다.

크로스(F. M. Cross)는 『가나안 신화와 히브리 서사시』(*Canaanite Myth and Hebrew Epic*, 1973)에서 거룩한 전쟁의 역사적 얼굴 이면에는 하나님이 혼돈과의 전투에서 승리함으로써 창조했다는 창조-정복(creation-conquest)의 주제가 있다고 제안했다. 그는 거룩한 전쟁이라는 주제가 우주적 요소들의 특징을 갖는다고 말한다. 한편으로 만군의 주라는 칭호는 이스라엘 군대에 대한 하나님의 통제를 말하고, 다른 한편으로는 하나님의 천상의 군대를 말한다. 하나님은 이스라엘의 적들을 패배시킴으로써 창조 세계의 질서를 회복하고 새롭게 안정시키는데, 이는 최초에 우주적 전투에서 했던 것과 같다. 하지만 이 경우에 그 맥락은 역사적 땅이고 전쟁에서의 등장인물은 모두 인간, 즉 이스라엘 사람들과 가나안 사람들이다. 이 점에서 신적인 용사의 언어는 비유적인 것이 된다. 자신의 땅에 있는 안정된 사회는 창조의 질서를 상징하고 지역의 대적들에 대한 승리는 혼돈의 물에 대한 신적인 승리를 반영한다(참조. 창 1:1-3).

따라서 거룩한 전쟁의 언어는 사회에서 사회적 기능을 수행한다. 하나님은 용사로 활동하면서 한 사회의 설립과 그 제도들을 주재한다. 이스라엘의 주님이 사울이나 다윗을 도울 때, 왕의 역할은 그의 대리자로 행동함으로써 신적인 전쟁-지도자의 역할을 따라간다. 이러한 방식으로 거룩한 전쟁은 왕실이 내세운 이념의 일부, 즉 왕권을 지지하고 그것을 우주적인 하나님의 통치와 연결하는 하나님의 이미지의 일부가 된다(Cross, 1973, 108). 사회가 자신의 가치와 신념을 표현하기 위해 사용하는 종교적 상징으로서 용사인 하나님을 다루는 것은 신명기 사가가 이 주제를 사용하여 만들어내는 폭력적이고 피에 굶주린 하나님에 대한 그림으로 나타난다. 이 주제는 그것의 역사적 특성으로 인해 적들을 잔혹하게 진멸하는 것을 지지하며 종교적 신념을 사용하여 정당화된다. 그러나 하나님과 폭력의 문제는 여전히 논의의 쟁점으로 남아 있다.

6. 하나님과 폭력

니디치(S. Niditch)는 『히브리 성서 속의 전쟁』(*War in the Hebrew Bible*, 1993)에서 구약성서에 나오는 폭력이 수 세기에 걸쳐 독자들에게 수많은 폭력적 행위를 고무했다고 주장한다(Niditch, 1993, 4). 그러므로 하나님의 성품의 한 측면으로서 폭력을 이해할 필요가 있다. 니디치는 먼저 희생제사의 관점에서 진멸(the Ban)이라는 주제에 접근한다(Niditch, 1993, 50). 하나님을 아동 제사를 포함한 인신 제사를 요구하는 존재로 생각하는 문화권에서는 진멸을 통한 희생제사(Ban sacrifice)라는 개념을 피의 제사의식들을 요구하는 존재로서의 하나님 이미지 안에서 자신의 하나님께 희생제사를 드리는 행위의 또 다른 측면으로 볼 수 있었다. 구약성서에는 이스라엘 문화의 일정 부분이 하나님을 이러한 방식으로 이해했다는 증거가 존재한다. 그 증거는 주로 이견의 형태로 나타나는데, 창세기 22장에서 이삭이 희생제사의 죽음에서 풀려난 것과 그 시대의 아동 제사에 대한 신명기 사가의 정죄 등에서 나타난다. 동시에 입다의 딸에 대한 이야기가 있는데, 여기서는 그 아이가 실제로 죽임을 당한 것으로 여겨진다. 본문은 이 점에 대해서 침묵하고 있지만, 일반적으로는 그러한 행위들이 실제로 수행되지 않는 한 정죄가 필요하지 않았을 것이라고 주장된다. 신명기 사가의 본문들은 진멸을 희생제사와 동일시하기를 피하면서, 진멸을 하나님의 정의의 한 형태로 재해석하는 것처럼 보인다.

이것이 신명기 13:12-18의 상황인데 여기서의 진멸은 다른 신들을 숭배하고 야웨께 성실하지 않음으로써 가증한 일을 행하는 동료 이스라엘인들에게 이루어진다. 여기서의 강조점은 자신의 백성에게 엄격한 질서와 규율을 요구하는 정의로운 신으로서의 하나님이다. 고통받는 사람들은 부적절한 행동으로 자신들에게 그 고통을 가져온다. 예를 들면 여호수아서에서 여리고 성에서 나온 전리품들을 숨겼던 아간의 이야기는 하나님이 요구한 희생제사를 바치지 않으면 그것을 어긴 자에게 희생제사적 처형을 가져온다는 사실을 가리킨다. 하지만 "하나님의 정의로서의 진멸은 존중할 만한 언약적 개념이라는 옷을 입고 있지만, 논쟁적이고 위험한 이념이다"(Niditch, 1993, 68).

한번 그 원칙이 합의되면, 인간들은 그 체제를 운영하여 폭력적인 결과를 가져올 수 있다. 사사기 19-21장에서 공의는 뒤틀린 것처럼 보인다. 레위인 여인의 이야기는 사회 질서를 회복하기 위해 필요한 폭력의 원칙을 그려낸다. 하지만 이야기 자체는 잔혹하고 이스라엘의 반응 역시 점점 더 폭력적으로 이어진다. 니디치는 여기서 살육과 폭력을 관장하는 존재는 궁극적으로 하나님이라고 말하는데, 본문의 모든 측면이 전쟁과 피 흘림의 역할에 대한 신적인 수용을 담고 있는 하나님의 이미지를 다시 언급하기 때문이다. 공의를 위한 진멸의 사용은 그것을 희생제사로 사용하는 것보다 훨씬 더 좋지 않은 영향을 끼칠 수도 있다(Niditch, 1993, 71-77). 이러한 맥락에서 신적인 용사로서의 하나님의 역할은 모호한 가치를 갖는다. 그것은 힘과 권위의 이미지이지만 잠재적으로 무제한적인 폭력을 야기하기도 하는데, 이는 이스라엘의 하나님 자신이 무제한의 힘을 가진 존재이기 때문이다.

7. 하나님의 발전

마일스 역시 이집트와 가나안을 대항하는 전쟁에서 피에 굶주린 하나님에 대해 언급하지만, 이것을 구약성서 전체에서 하나님의 특성이 발전해 가는 단계 중 하나로 간주한다. 여기서 "이스라엘의 하나님이 영원 전부터 변함없는 유일한 존재인가?"라는 다른 질문이 등장한다. 이 질문은 이번 장의 앞부분에서 언급된 종교적 믿음의 본질을 건드린다. 엄격한 유일신론에서 신은 변화와 발전의 가능성을 뛰어넘지만, 구약성서의 하나님은 창조된 질서 안에서 활동하는 신이고, 인간 존재와 연관되기 때문에, 각각의 책에서 그 모습이 다르게 특징지어지는 신으로 제시된다.

구약성서를 처음 읽을 때 하나님은 신적인 가족이 없는 유일한 신으로 제시되고, 일반적으로 남성적인 이미지로 정의되어 남성적 권위자의 역할을 수행하는 것으로 이야기된다. 확실히 그것이 신명기 역사서에서 만나게 되는 종류의 하나님이다. 그러나 그것이 전부인가? 아니면 이스라엘의 주님은 이스라엘 전승의 개별 단계들에서 다른 방식으로 받아들여진 신이라고 바라볼 여지가 있는가? 이 문제는 특히 신명기 역사서를 읽는 것과 관련이 있는데, 이 본문들의 강조점은 이스라엘의 유일한 하나님과 거짓 신들로 간주되는 가나안의 신들 사이의 대결에 있기 때문이다. 이스라엘의 죄는 이런 진짜가 아닌 신들에 대한 숭배와 관련된 것으로 그려진다.

그러나 최근 몇 년 동안의 고고학적 발견들은 이러한 그림이 역사적으로 그리고 문화적으로 정확하다는 점에 대해 의문을 제기했다. 신명기 사가가 이스라엘의 엄격한 유일신론을 출애굽 이야기 안에서 모세에 의해 선포된 것이며 이스라엘 민족이 시작하는 시기부터 이스라엘의 정체성에 필수적인 것이라고 여겼다는 관점이 이제는 비판받고 있다. 그누세(R. Gnuse)는 자신의 저서 『다른 신은 없다』(*No Other Gods*, 1997)에서 관련된 증거를 조사했다. 그는 "고고학자들은 이스라엘인들이 풍요의 여신인 아세라와 가나안의 다른 신들을 광범위하게 섬겼다는 증거를 발굴하고 있다"고 언급한다(Gnuse, 1997, 69). 키일(O. Keel)의 연구는 이러한 발견들을 기술하고 그 목록을 만들면서 고대에 가나안에서 행해진 다양한 제의적 헌신들과 이것이 "이스라엘 사람들"의 예배에 끼친 영향을 보여주었다(Keel & Uehlinger, 1998).

그누세는 이 주제에 대한 학문적 결과들을 논하는데, 여기에는 스미스(M. Smith)와 같이 유일신론이 포로기 이후(post-exilic) 막바지에 발전된 것으로 주장하는 사람들부터 드 무어(J. De Moor) 같이 모세가 실제로 이스라엘의 초창기에 유일신론을 소개했다는 견해를 지지하는 사람들에 이르기까지 다양한 범위의 연구가 있다. 그누세의 결론은 이스라엘 종교가 시리아-팔레스타인의 전체적인 종교적 전승들 속에서 시간이 지남에 따라 발전했을 가능성이 있다는 것이다(Gnuse, 1997, 124). 이 시간표 속에는 전체적으로 시리아-팔레스타인 지역에서 다신교적인 종교 전통을 가지는 청동기 시대부터 기원전 6세기까지의 시간이 있는데, 각각의 민족 집단은 자신들만의 특정한 수호신과 지역적인 종교 의식을 갖고 있었을 것이다. 신명기 역사서들이 기원전 9세기부터 6세기까지 이스라엘과 유다라는 분리된 국가들을 언급하기 때문에, 이 왕국들 각각은 아마도 야웨 숭배 종교 체제에 있어 자신만의 고유한 지역적 형태를 띠고 있었을 것이다. 보다 넓은 지방 종교가 발전함에 따라 처음에는 일신숭배가, 그다음에는 유일신론이 이스라엘 문화에서 나타났다.

8. 형상 금지 전통

이스라엘 내에서 하나님 형상의 발전에 관한 한 가지 특별한 측면은 십계명에 들어 있고 신명기 사가가 뒷받침하는 제1계명, 즉 하나님을 새긴 어떤 형상도 만들어서는 안 된다는 것과 관련이 있다. 학자들은 이 계명을 형상 금지 전통(aniconic tradition)이라고 부르는데, 하나님의 모습을 닮은 어떠한 형상이나 복제물들도 존재해서는 안 되기 때문이다. 이스라엘의 형상 금지 전통은 모든 형상을 뛰어넘는 감추어지고 초월적인 하나님을 나타내는 한편, 원시적인 미신적 믿음을 초월하여 이성적이고 철학적인 종교로 넘어간 종교 전통을 나타낸다는 주장이 자주 제기되어왔다. 슈미트(B. Schmidt)는 최근 하나님을 형상화하는 것에 반대하는 성서의 명령들이 성서적 그림의 단지 일부라고 지적했다(in Edelman [ed.], 1995).

열왕기하에서 요시야는 성전으로부터 느후스단을 제거한다. 이것은 숭배의 대상이었던 것으로 보이며 모세가 광야에서 이스라엘인들을 치료하는 수단으로 만들었던 뱀의 형상인 것으로 전해진다. 요시야는 유다의 왕들이 성전 안에 두었던 태양의 병거와 말들도 제거했다. 이 두 가지 언급은 예루살렘 성전 안에 예배자들이 YHWH의 현존에 접근하기 위해 허용되었던 제의 물품들이 존재했음을 암시한다. 슈미트는 구약성서 안에 있는 제의적 언급들이 예배자들에게 하나님의 형상을 보여주었던 품목들의 존재를 암시한다고 주장한다(Schmidt, 1993, 93).

슈미트는 쿤틸레트 아즈루드 비문(Kuntillet Ajrud inscription)과 관련하여 하나님에 대한 고대 이스라엘인들의 시각에 대하여 설명하면서 절정에 도달한다. 이것은 두 신들을 도기 파편(ostracon, 도자기 조각 또는 타일) 위에 그린 그림인데, 한 신은 보다 크고 남성적이며 다른 신은 보다 작고 가슴을 그려 넣었다. 비문에는 "YHWH와 그의 아세라에게"라고 쓰여 있고, 그 조각은 왕정 시기 이스라엘의 영토에 속한다. 이 발견은 고대 이스라엘의 예배에서 유일한 존재로서의 하나님에 대한 문제를 제기한다. 여기의 하나님은 분명히 잘 알려진 팔레스타인의 풍요의 여신인 아세라라는 배우자를 두고 있다. 일부 고대 이스라엘인들은 YHWH를 신들의 만신전 가운데 하나의 신으로 형상화하는 데 아무런 문제가 없다고 생각한 것 같다. 그러므로 하나님에 관한 이러한 다양한 이미지에 대한 신명기 사가의 공격은 후대의 종교개혁을 시사하는데, 이 개혁은 YHWH만을 섬기는 측에서 과거의 전통을 중시하는 것에 반대하여 이루어졌다.

9. 하나님과 성

만약 하나님이 자신의 고유한 정체성을 지닌 인격적 존재로 간주된다면, 이 신과 관련된 성과 젠더의 역할에 대한 질문이 생겨난다. 인간들은 자신들의 성적 정체성에 의해 어느 정도 규정되는데, 그렇다면 이스라엘의 주님은 어떠할까? 신명기 역사서에서 하나님은 성적으로 활동하지 않는, 혼자 존재하는 남성적 존재다. 따라서 이스라엘 하나님의 유일성에 대한 강조가 존재한다. 어떤 의미에서 YHWH는 인간의 육체성을 초월하고 시간에 묶이지 않는 초월적인 존재다. 하지만 위에서 살핀 것처럼 본문들은 예를 들면 신적인 용사와 같은 매우 육체적인 방식으로도 그를 형상화한다. 여기서 우리가 다루어야 할 얼마간의 모호성이 존재한다.

브루그만은 자신의 저서 『구약성서의 사회적 해석』(*A Social Reading of the Old Testament*, 1994)에서 하나님과 성에 관한 문제에 의해 제기되는 신학적 문제들에 대해 논한다. 그는 G. E. 라이트(Wright)와 같은 20세기 미국 성서학자들이 이스라엘 종교는 신을 형상화하고 구체적으로 표현한 가나안 종교와는 달리 하나님을 형상화하지 않고 사색적이었음을 주장하려 했다고 지적한다(1994, 150). 하지만 브루그만은 "효과적인 상징을 찾는 과정에서 우리는 필연적으로 **남성적·여성적** 상징의 문제에 빠져든다.…우리는 필연적으로 남성적·여성적 이미지의 문제에 들어가게 된다"고 언급한다(1994, 151).

브루그만은 베스터만(C. Westermann) 같은 학자들의 연구에서 구원과 축복에 관한 주제들을 선택함으로써 하나님의 무성(asexuality)과 남성적·여성적 이미지라는 두 개의 요소를 결합하려고 시도한다. 그는 그러한 두 개의 작용 방식이 모두 이스라엘의 신이 지니는 특성에 속하지만, 축복은 하나님의 여성적 측면과 연계되고, 구원은 남성적 측면과 연계될 수 있다고 제안한다. 이러한 방법론은 성적인 요소와 무성적인 요소가 모두 하나님을 묘사할 때 동일한 중요성을 갖는 것을 허용한다. 브루그만은 하나님을 이해할 때 여성적 모델들을 포함할 필요성을 지적하는데, 과거의 신학적 논의들에서는 무성적 이미지가 매우 자주 남성적 이미지로 바뀌었기 때문이다.

10. 하나님과 몸

성(sexuality)의 또 다른 차원은 몸에 대한 것이다. 모든 성적인 존재는 몸의 형태를 가지고 있으며 몸 안에서와 몸을 통해서 정체성이 표현된다. 신명기 사가의 본문들은 하나님에 대한 남성적 그림들을 사용함으로써 하나님을 성별이 있는 존재로 표현한다. 그렇다면 하나님은 몸을 가지고 있는가? 신명기 역사가들은 종종 이런 생각을 좋아하지 않는 것처럼 보인다. 하나님의 현존은 신인동형론적으로 표현되기보다는 그의 이름을 통해 더 많이 표현된다. 아일버그-슈바르츠(H. Eilberg-Schwartz)는 "몸의 문제"("The problem of the body," in T. K. Beal and D. M. Gunn [eds], 1997)라는 논문에서 이러한 쟁점을 다룬다. 그는 신명기 4:12-24에서 불길 가운데서 음성이 들리는 것이 하나님은 몸이 없음을 암시한다고 주장한다. 하지만 출애굽기 24:9과 같은 다른 구약성서의 본문들은 분명히 하나님에 대해 의인화하여 말한다. 여기서 몸 자체의 모호성을 강조하는 긴장이 나타난다.

만약 인간이 하나님과 같은 모양으로 창조되었으나 하나님이 몸을 가지고 있지 않다면, 인간이 몸을 지닌 것과 인간의 성은…하나님의 창조적 활동의 산물이다. 하지만 동시에 그것은 바로 인간이 하나님과 다르다는 것을 보여주는 상징이다(Eilberg-Schwartz, 1997, 45). 아일버그-슈바르츠는 육체적인 존재가 인간과 하나님에 대해서 지니는 역설에 대해 성찰한다. 그는 구약성서에서 인간이 하나님의 앞을 보지 못하고 그의 등만 본다고 언급된 것의 횟수에 주목한다. 열왕기상 19장에서 엘리야는 하나님을 전혀 보지 못하는데, 그가 아주 작은 음성을 들었을 때 하나님의 임재를 만나기 전 겉옷으로 자신의 얼굴을 감쌌기 때문이다. 하나님을 직접 대면하지 못한다는 주제는 신의 거룩함과 초월성을 반영하지만, 거기에는 그 이상의 것이 존재하는가? 이것은 하나님의 벌거벗음을 보호하기 위한 장치일 수 있는가? 마치 노아가 새 포도주에 취했을 때 그의 벌거벗음이 그의 아들들에 의해 반드시 덮혀야 했던 것처럼(창 9:20 이하) 말이다.

만약 하나님이 이러한 장치 안에서 의인화되어 다루어진다면, 하나님은 인간의 몸과 마찬가지로 부끄러움을 가려야 하는 남성의 몸을 갖고 있는 것이다. 이러한 시각은 인간의 몸을 명예로운 자리에 올려놓지만, 성이라는 주제에 대한 여러 질문들을 제기한다.

> 만약 하나님이 성관계를 맺지 않는다면, 남성과 여성의 생식 기관들은 문제가 있는 것이 된다. 그리고 만약 하나님이 남성이든 여성이든 간에 성을 갖고 있지 않다면, 하나님의 생식 기관들은 쓸모가 없다(Eilberg-Schwartz, 1997, 48).

하나님의 성에 관련된 이러한 질문들은 구약성서가 하나님에 대해 말하는 방식에서 비롯된다.

하나님은 근본적으로 인격적인 존재이고, 특정한 이름을 가졌으며, 용사로 묘사되는 것처럼 인간 남성의 이미지로 표현될 수 있다. 언약 신학 자체는 하나님의 인격적 존재를 나타내는데 몸이 없는 힘과 언약을 맺는 것은 어렵기 때문이다. 계약 형식은 계약의 당사자들이 상대방의 충성도에 의존할 수 있을 만큼 서로의 특성들을 충분히 알고 있음을 당연하게 여긴다. 하지만 만약 하나님이 몸으로 표현될 경우 그런 묘사는 성별에 따라 다르기 때문에 독자들에게는 유리한 점과 함께 여러 어려움들이 생겨난다. 그러나 만약 하나님이 몸이 없다면, 과연 하나님은 특정한 인간 집단과 동맹을 맺을 수 있을까?

11. 하나님과 역사

몸과 성에 관련된 하나님의 특성에 대한 논의는 쟁점에 대하여 어떤 하나의 특정한 해결책에 유리하도록 쉽게 해결될 수 없다. 대조적으로, 시간과 공간이라는 폭넓은 쟁점들에서 그가 어떻게 연결되는가를 통해 YHWH를 정의하는 것은 보다 유용하다고 보일 수도 있을 것이다. 여호수아서부터 열왕기하까지의 책들은 독자들에게 역사기술 저작으로 제시되기 때문에, 이에 따라 그들이 묘사하는 하나님은 시간과 역사의 신이다. 새그스(H. W. F. Saggs)는 "역사 속의 신"("The Divine in history," in Greenspahn [ed.], 1991)에서 신명기 사가들이 신에 대한 특성 묘사를 구성하기 위해 사용하는 시간에 관한 개념이 자주 주기적인 것으로 나타난다고 지적한다.

본문들 안에서 하나님의 계획이 이루어지고 있는 것처럼 보인다. 하나님은 이스라엘의 땅을 정복하는 것을 계획하고 그 목적을 촉진시키기 위해 심지어 자신에게 적대적인 왕들의 통치를 통해서도 계속 개입한다. 이것은 신명기 역사서들에 있는 하나님에 대한 신학적 표현의 핵심 요소로 제시될 수 있다. 하나님은 역사를 자기-표현으로 사용한다. 새그스는 램버트(W. Lambert) 같은 학자들이 역사 안에서 하나님의 계획이 실행되는 것은 이스라엘 문화의 독창적인 신학적 통찰이라고 주장했음에 주목한다. 하지만 후기 아시리아 문서들도 비슷한 사상들을 포함한다. 예를 들면 사르곤 2세는 아슈르(Ashur) 신이 그의 목적을 달성하는 수단으로 자신을 사용하고 있다고 주장했다(Saggs, 1991, 32-33).

이런 방식으로 하나님의 특성을 묘사하는 것은 보다 넓은 고대 근동의 신학적 인식의 일부를 형성한다. 신명기 사가들에게 특별한 것은 관련된 신의 이름과 이 신이 다른 어떤 민족이 아니라 오직 이스라엘을 위한 계획에만 관련되어 있다는 사실이다. YHWH는 신명기 사가의 신학적 관점의 맨 끝부분에서야 모든 민족의 운명과 관련하여 중재자의 역할을 한다. 그러나 심지어 그때조차도 수치와 정체성을 잃어버린 이스라엘과 유다를 구출하는 방식이 그들에게 무엇을 수반하는지에 강조점을 둔다. 이 정도로 일신숭배의 실천은 유일신론 개념 자체보다 더 높은 지위를 차지한다.

12. 신명기 사가의 하나님

여호수아서부터 열왕기하까지의 독자들이 하나님과 조우할 때, 그들은 이스라엘의 주님을 만난다. 이번 장의 앞부분에서 설명한 것처럼 여기서 "하나님"이라는 용어는 일반적인 신이 아니라 특별한 의미를 담은 이름을 지니고 있으며 본문들 안에서 고대 사회의 하나의 수호신으로 묘사되는 매우 독특한 한 신을 가리킨다. 하나님에 대한 신명기 사가의 이미지는 고대의 저자들에 의해 형성된 것으로서 그 저자들은 그 이미지를 통해 자신들이 살던 사회가 받아들였던 하나님에 대한 이해를 보여준다. 현대의 독자는 이 하나님과의 대화 속으로 들어가 고대 세계와 그 세계가 받아들였던 종교적 관점들이 형성했던 지식의 의미를 찾으면서 그의 본성을 탐구해야 한다. 예를 들면 이스라엘의 하나님에게 부여된 폭력적인 특성들은 확실히 이 경우에 해당한다. 서로 다른 시대의 사회 집단들은 서로 다른 세계관을 가지고 있기 때문에 하나님께 접근하는 고대 이스라엘인들의 방식에 적응하는 일은 현대 독자들에게 도전이 될 것이다.

이번 장은 신명기 역사서와 관련하여 구약성서의 사유 안에 있는 하나님의 본성과 특성에 대한 상세한 설명을 제공했다. 여기서 우리는 유일신론과 형상 금지 전통 같은 전반적인 기술적 문제들을 말했고, 폭력을 수반하는 용사의 비유를 포함하여 하나님을 묘사하는 일단의 비유들을 고찰했다. 또한 최고의 초월적 힘이라는 이미지와 시간과 공간 안에서 인간사에 참여하는 인격 사이의 긴장에 대해서도 살펴보았다.

제11장

이스라엘의 인간적 특징

THE PERSONHOOD OF ISRAEL

앞 장에서는 신명기 역사서에 나타난 하나님의 본질과 정체성에 대해 자세히 성찰했다. 앞 장에서 살핀 이 본문들에서 지칭되는 하나님은 이스라엘의 주님이라는 것이 분명했다. 이것은 하나님이 본질적으로 인간과의 관계에서, 특히 이스라엘 민족과의 관계에서 정의된다는 것을 의미한다. 따라서 앞으로 탐구해야 하는 또 다른 신학적 주제는 신명기 사가의 사고에서 신의 언약 당사자로 나타나는 이스라엘의 본질과 정체성이라는 것이 적절하다. 이 책의 처음에 언급된 것처럼 이스라엘이라는 용어는 구약성서 내에서 광범위한 의미들을 갖고 있으며 세밀하게 다듬을 필요가 있는 주제다.

1. 성서의 이스라엘

"이스라엘"이라는 용어는 신명기 역사서에서 12개의 지파로 구성된 하나의 특정한 사회를 언급하기 위해 사용된다. 그러나 이 뜻 이전에 이 용어의 근원적 의미는 창세기에 있는 야곱 이야기로 거슬러 올라간다. 나이가 든 야곱은 유배로부터 자신의 사람들에게로 돌아가서 자신이 여러 해 전에 장자의 축복을 훔쳤던 자기 형인 에서를 다시 만나라는 하나님의 말씀을 듣는다. 자신의 사람들에게로 돌아가는 여정 중에 야곱은 얍복 강가에서 밤을 지내게 되고 여기서 신비롭고 낯선 사람의 모습을 한 하나님과 조우하여 씨름한다. 이 대결의 결과로 하나님은 야곱에게 "이스라엘", 곧 하나님과 겨루는 자라는 새로운 이름을 준다. 이 이름은 창세기 35:11-12에서 갱신되는데 거기서 하나님은 "한 백성과 백성들의 총회가 네게서 나올" 것이라고 약속한다.

이렇게 시작되어 한 나라를 가리키는 "이스라엘"이라는 용어가 등장하는데, 야곱의 열두 아들은 가족을 이루고 이 가족들이 전체 이스라엘에 해당하는 이후의 열두 지파를 만든다. 따라서 "이스라엘"이라는 이름은 후손들이 선호했던 조상에게서 취해진 것이고, 그렇게 확인된 집단의 구성원은 그 조상의 계보 상 후손으로 연결되어 있다. 이스라엘의 지파들은 야곱의 확대된 가족으로서 이집트로 내려가고 거기서 수가 늘어나 마침내 이집트에서 나와 자유를 향해 올라가는 이스라엘의 "무리"가 된다. 이스라엘은 이제 막 국가로 성장하고 있지만, 자체의 땅을 소유할 때까지는 최종적으로 건립되지 않는다. 따라서 여호수아서는 한 나라로서 이스라엘의 정체성을 밝혀주는 새로운 단계의 시작을 나타낸다.

여호수아서부터 열왕기하까지는 그 선택된 나라의 운명을 처음부터 끝까지 이야기한다. 여호수아서는 자신의 백성을 위해 땅을 제공하는 하나님을 보여주며 그 백성은 사사기와 사무엘상에서 그 통제를 유지하기 위해 고투한다. 사울과 다윗이 지도자로 등장하면서 왕정이 시작되고, 그렇게 이스라엘은 하나의 왕국이 되며, 이 왕국은 사무엘하와 열왕기상에서 위대한 왕들인 다윗과 솔로몬의 지휘하에 통일된다. 그러나 솔로몬의 죽음은 균열을 만든다. 이제 "이스라엘"은 사실상 자신의 고유한 왕국을 세운 북쪽 지파들을 위한 이름이 되고 다윗 가문에 충실한 남쪽 지파들은 분리되어 유다 왕국을 구성한다. 기원전 8세기에 아시리아의 침략으로 이스라엘이라는 특정한 국가의 이름은 영원히 사라진다. 유다는 바빌로니아인들에게 굴복할 때까지 YHWH에 의해 선택된 백성으로서 이스라엘의 전통과 이름을 떠맡는다.

엄밀히 말하면 이스라엘은 기원전 8세기에 존재가 중단되었지만, "이스라엘"이라는 명칭은 야웨 제의의 가치들과 예배 체계를 상징하는 신학적 명칭이 된다. 따라서 유다는 바빌로니아 포로기 이전과 그 이후, 즉 성전 권력에 기초한 신정 국가가 페르시아의 예후드(Yehud, 유다) 속주(province)에 건국되었을 때 자신을 이스라엘로 생각했을 수 있다. 구약성서의 책들을 수집하고 편집한 사람들은 자신들을 이스라엘 전통의 정당한 상속자이며 이스라엘의 하나님이 예배에 대한 충성의 대가로 통일성과 정체성을 계속해서 약속한 백성으로 간주했다. "이스라엘"이라는 명칭을 이처럼 상징적으로 사용하는 전통은 기독교와 유대교 안에서 모두 살아 있다. 따라서 신학적 용어로서 "이스라엘"의 본질은 하나의 특정한 신, 즉 이스라엘의 주님과의 연결이다.

린빌(J. Linville, 1998)은 열왕기 안에서 작동하는 이스라엘의 개념에 대해 성찰했다. 그는 개인들을 인종적 집단들로 통합하는 수단으로서 이름 짓기의 중요성에 주목한다. 정치 지리학은 하나의 상상된 (이 경우에는 문자적인) 공동체의 구성을 통해 상징적으로 소통되는 것으로 영토와 거주민 사이의 연결을 설명한다. 이 공동체 안에서 물려받은 과거에 대한 모델은 국가에 대한 공통의 소속감을 새기는 데 도움이 된다. 린빌은 열왕기가 포로기 시대에 그 최종 형태를 발견했고 현재와 미래의 정체성과 관련하여 상상되는 것으로서의 과거에 대한 그림을 제공했다고 주장한다(33). 린빌은 열왕기가 앞선 신명기 역사서 안에 존재하는 이원성과 단일성의 주제들을 절정으로 이끌었다고 본다. 다윗은 통일된 이스라엘을 만들기 위해 일하지만, 그의 아들 솔로몬은 중앙 집권적 활동에 의해 이스라엘에 논란을 야기한다. 솔로몬 이후에 그 자료는 두 개로 분열된 왕국들의 역사로 나뉘는데, 그 두 개의 역사 중 유다가 저자와 가장 관련이 있다. 그러나 유다는 상상된 공동체의 토대를 이루는 이주와 출애굽의 내러티브를 지닌 이스라엘이라는 개념으로부터 분리되어 관찰될 수 없다.

이원성의 충돌은 예후에 대한 상상된 이야기에서 작동하는 것으로 나타나고, 다윗 계열의 권력에 대한 주장에 관한 주석으로 나타난다. 예후와 다윗은 전쟁에서 강력한 지도자이며 둘 다 왕위에 올랐고 둘 다 왕조를 열었다. 그러나 예후는 자신의 야망에 따라 권좌에 올라 짧은 기간 통치하고, 그의 왕조는 그를 대대로 계승하지 못한다. 반면에 다윗은 오랜 기간 통치하고 자신의 침상에서 죽으며, 그의 후손들이 그를 이어 통치한다. 다윗은 이러한 평행을 통해 이스라엘의 왕이라는 칭호를 상징적으로 물려받고, 이스라엘의 상상된 정체성을 더 작은 이웃인 유다에게 양도한다고 주장될 수 있다. 이 상상된 공동체의 역사는 포로기의 유다 공동체에 깊이와 목적을 제공한다. 이러한 보다 넓은 맥락에서 성전 건축은 시간이 공간을 만나는 장소가 되어 신성한 지리학(sacred geography)에서 이념적 축을 제공하고, 하늘과 땅 사이에 있는 만남의 장소에서 확인되는 민족의 상징적 정체성을 구성한다.

2. 주님의 백성: 기본 원리들

이스라엘은 하나님의 종으로 설립된 나라이기 때문에 매우 기본적인 방식으로 하나님 자신의 존재에 의해 정의된다. 신학적으로 이스라엘은 신적 가치들과 특성들을 반영한다. 브루그만은 자신의 저서 『구약신학』(*Old Testament Theology*, 1992)에서 이러한 사고의 한 측면을 탐구했다. 그는 출발점으로 하나님에 대한 형상 금지 전통(이 책의 앞 장에서 다루어진 주제)을 선택한다. 브루그만은 하나님에 대한 이 핵심 개념에 십계명을 연결함으로써 하나님에 대한 비표상적 접근과 사회가 구성되는 방식을 연결한다. 형상 금지의 신(an aniconic deity)에 대응하는 내용은 "이스라엘이…권력에 대해 거룩함의 어떠한 가시적인 구조나 형태나 상징화를 부여하기를 거부하는…인간 공동체의 질서 구축을 모델화하고, 건설하며, 옹호한다"는 것이다(Brueggemann, 1992, 124).

이스라엘의 주님은 불타는 떨기나무 가운데서 모세에게 나타났고, 불과 연관된 하늘의 음성으로 이스라엘이 이집트 제국과는 다른 대안적 사회에서 살아갈 자유를 약속했다. 그러므로 자유와 평등은 이스라엘이 발전시키고 소중히 여겨야 할 원칙이 된다. 언약법들은 이스라엘이 자신을 사회적 평등이라는 기본 전제들로부터 등장하는 사회로 만들어가는 데 도움을 준다. 따라서 브루그만은 법을 하나의 민족으로서 이스라엘의 운명의 일부인 사회 정책을 시행하는 것으로 간주한다. 이스라엘이 자신을 한 민족으로 구성하는 것은 바로 출애굽기 21-23장과 신명기 안에 나타난 언약 법전(covenant code)을 지킴으로써 이루어진다. 이스라엘이 율법의 신조들을 지키기로 선택할 때, 그 민족은 자유와 평등 안에서 가장 완전하게 자기 자신이 되고 하나님이 그들을 위해 예비한 운명을 성취하게 된다. 그러나 이스라엘은 자칫 억압적인 수단이 될 수도 있는 고정된 구조를 통해 자신을 표현하려는 유혹을 지속적으로 받는다. 이러한 구조들은 열왕기상 12장에서 여로보암이 만든 금송아지처럼 종교와 관련될 수 있고 또는 왕권이 이스라엘 사회 전체를 나타내는 표현이 될 때처럼 세속적일 수도 있다.

이미지와 상징들은 양면적 기능을 갖고 있다. 열왕기상 8장에 나오는 솔로몬의 기도에서 성전은 이스라엘의 하나님께 다가가기 위한 고정된 장소였지만, 하나님은 사무엘하 7장에서 다윗에게 그러한 고정된 상징의 한계를 이미 지적했다. 하나님은 이 단락에서 다윗에게 자신이 하늘에 거주하며 시간과 공간을 가로질러 자유롭게 움직인다고 말한다. 그는 이스라엘과 함께 이주했고 거주할 고정된 집을 필요로 하지 않는다. 이스라엘은 자신이 초월적인 신에 의해 창조된 국가라는 점을 끊임없이 일깨워야 한다. 그리고 이스라엘은 그 존재의 각 단계에서 스스로를 동시대의 제도들과 구별되는 것으로 인식하도록 부름을 받았고 그 근본 원리들에 맞추어 자신을 재조정하기 위해 구조들을 변경할 수 있도록 부름을 받았기 때문에 신적 초월성을 일정 정도 반영한다는 점을 끊임없이 배워야 한다. 이에 따라 열왕기하 22장에서 요시야는 옛 율법책이 낭독되는 것을 들으면서 이스라엘의 세속적·종교적 정체성의 갱신을 위해 개혁이 필요하다는 것을 깨닫는다(Brueggemann, 1992, 133).

브루그만은 목회 신학에 관심이 있기 때문에 고대 공동체가 지니는 형태들의 타당성을 현재의 상황으로 확장하기를 원한다. 신명기 역사서의 모든 독자가 하나님에게 신실한 이스라엘과 함께 연합할 수 있는 만큼, 그들 역시 이 정체성을 소유하고 자신의 시대가 가진 사회정치적 쟁점들 안에서 이것을 나타내도록 부름을 받는다. 이것은 종교적 신념이 일상적인 인간 활동과 분리될 수 없다는 사회-신학적 주장이다. 브루그만은 이스라엘의 정체성에 대한 이러한 해석을 20세기의 세계에 적용하는데, 이 세계 속에서 구약성서의 독자들은 이스라엘과 마찬가지로 그 시대의 사회적·정치적 구조들을 평가하도록 부름을 받는다(1992, 140).

3. 신성한 전통

브루그만은 하나님과 이스라엘의 무형상적 본성에 대한 이러한 신학적 논증을 설명하면서, 고대 이스라엘을 출애굽-시내산(Exodus-Sinai)의 민족으로 지칭한다. 여기에서 토라 안에 묘사된 출애굽-시내산 사건들은 이스라엘을 정의하기 위한 도구들을 함축적으로 제공한다. 그렇다면 이 신학적 도구들은 무엇인가? 그것들은 고대 이스라엘의 신성한 전통들인데, 노트는 그것들이 오래전 모세와 여호수아 시대에 만들어졌다고 생각했지만, 보다 최근의 학자들은 그것들을 포로기 이후 유다의 창조물로 간주한다. 그 문제에 대해 어떤 접근 방식을 취하든지 간에 정체성의 원천으로서 신성한 전통에 초점을 맞추는 방법론은 여전히 유효하다. 노트는 이 전통들이 다음의 다양한 장면에 나타난다고 주장한다(Noth, 1960, 3장).

- 이집트로부터의 구원
- 족장들

• 시내산 언약

그리고 여호수아 24장에 나오는 것과 유사한 언약 갱신의 순간들이 등장한다.

여호수아 24장은 여호수아가 한 연설의 일부로서 이 신성한 전통들에 대한 언급을 포함한다. 24:2-4에서 여호수아는 아브라함, 이삭, 야곱이라는 족장에 대해 말한다. 이스라엘의 하나님은 이 사람들을 다른 신들에 대한 숭배로부터 분리했고, 그들을 자기 백성의 조상으로 만들었다. 6-8절은 이집트에서의 탈출을 묘사하고, 9-18절은 이스라엘로 하여금 그 땅을 획득하게 한 정벌들을 묘사한다. 마지막으로 이 장은 19-28절에서 여호수아의 중재를 통한 언약의 갱신을 통해 시내산에서 맺은 하나님과 이스라엘 사이의 최초의 언약 체결을 되풀이한다. 이 단락에는 하나님을 거룩하고 질투하는 분으로 묘사하는 신명기 언어의 분명한 메아리가 존재한다(수 24:19). 따라서 여호수아서의 이 장은 이스라엘의 신성한 전통을 구성하는 여러 주제를 반복하며 이것을 통해서 이 나라는 역사 내내 자신들과 동행하는 하나님의 이미지와 연결된 존재로 자신을 파악한다.

4. 국가로서의 이스라엘

여호수아 24장에 제시된 그림은 자신을 하나의 개별적인 민족으로 인식하는 국가의 모습이고, 이것이 현재의 실체로 이끌었던 과거의 사건들에 의해 어떻게 형성되었는지를 인식하는 국가의 모습이다. 국가적인 인식은 긍정적인 동시에 부정적인 개념이다. 긍정적으로 그것은 자신을 공동사회의 일부로 간주하는 사람들 사이의 하나 됨과 이웃 됨을 촉진하지만, 그것은 외국인 혐오(xenophobia)로 이어질 수 있다. 두 경향 모두 이스라엘에 대한 신명기 사가의 묘사에서 뚜렷하게 나타난다. 예를 들면 여호수아서는 다른 민족들과 그들의 문화에 대한 적대감의 본보기이지만, 열왕기상 8장에 나오는 하나님을 향한 솔로몬의 간구는 그 땅의 모든 거주민들을 평화와 번영이라는 요구와 연결짓는다.

호크(L. D. Hawk)는 "이방인들과의 문제"("The problem with pagans," in Beal and Gunn [eds.] 1997)에서 신명기 사가의 본문들에는 이 두 양상이 모두 나타난다고 지적한다(Hawk, 1997, 153). 한편 이스라엘은 폭력적인 침략으로 가나안을 정복하지만, 다른 한편으로 라합과 기브온 사람 같은 외부인은 때때로 살아남고 아간과 같은 내부인은 멸망한다. 호크는 이 기록양식의 목적에 대해 조사하고 초점이 여러 민족의 전멸 그 자체에 있는 것이 아니라 이스라엘 정체성의 불안정에 있다고 결론짓는다. 이스라엘은 자신의 정체성을 지키기 위해 자신에게 낯선 것을 파괴해야 한다. 마찬가지로 이스라엘의 정체성을 규정하는 공통의 법들을 손상시키는 내부자들 역시 근절되어야 한다. 국가는 그것의 형태, 즉 그 "몸"을 보존해야 한다(Hawk, 1997, 155). 라합과 기브온 사람들은 자신들을 이스라엘의 일부로 규정했기 때문에 보존될 수 있었다. 라합은 자신의 성읍이 함락된 이후 이스라엘 안에 자리를 요구하고 기브온 사람들은 이스라엘 백성의 종으로 이스라엘 안에 들어오게 된다(Hawk, 1997, 156). 다른 한편으로, 아간은 가나안의 일부가 되는데 그의 무덤 위에 돌들이 쌓이고 이것은 그 풍경의 일부가 된다(Hawk, 1997, 160).

"오직 이스라엘"이라는 신명기 사가의 주제는 뚜렷한 사회적 연대감을 만드는 역할을 하고, 이스라엘 형태의 경계를 표시한다. 이스라엘과 가나안은 민족적 정체성을 측정하는 신학적 상징으로 기능하면서 내부에 있는 사람들과 외부에 있는 사람들을 대표한다. 하지만 이 단위들의 실제 구성원 자격은 그 경계가 희미하다. 외부인 중 일부는 안으로 들어올 수 있고 내부인 중 일부는 쫓겨날 것이다. 사건들의 내러티브는 근본적인 메시지의 엄격함과 긴장 관계에 있다. 일상적인 용어로 표현하자면, "우리 대 그들"은 그들이 우리의 문화적 규범들에 따라 살기로 선택한다면 때때로 "우리와 그들"을 의미할 수 있다.

롤렛(L. Rowlett)은 "여호수아서의 포용, 배척 그리고 주변인" ("Inclusion, exclusion and marginality in the book of Joshua," in Exum [ed.], 1997) 이라는 제목의 논문에서 동일한 주제를 다룬다. 여호수아서는 얼핏 단순한 민족적 서사시, 즉 가나안의 차지와 관련된 본문인 것처럼 보인다. 그러나 실제 메시지는 좀 더 미묘한데, 여호수아서의 대부분을 관통하는 초점은 경계에 해당하는 경우들에 놓여 있으며 누가 포함되고 누가 배제되는가라는 질문들을 탐구한다(Rowlett, 1997, 63). 롤렛에게 있어서 그러한 본문의 목적은 그 본문을 읽는 독자들에게 특정한 영향을 끼치는 것이다. 관심사는 "여호수아서의 본문이…강압의 도구로 기능하는 방식"이며 (1997, 63) 이를 통해 독자는 본문에 묘사된 이스라엘의 정체성에 관한 묘사를 받아들이도록 고무된다. 여기서 보이는 문헌의 사회적 기능은 이스라엘이 분명한 정체성을 갖고 있다는 견해와 더 나아가 본문의 저자들의 사회와 독자들의 사회는 긴밀한 통일성을 유지해야 한다는 견해를 뒷받침하는 것이다(Rowlett, 1997, 71).

이러한 주제들은 앞서 언급한 것처럼 정치신학의 영역에 연결된다. 하지만 구약성서가 정치적으로 이해될 수 있을까? 맥콘빌은 자신의 저서 『하나님의 지상 권력』(*God's Earthly Power*)에서 그렇게 해석되는 것이 가능하다고 제안한다. 그는 신명기 역사가 오경의 보다 긴 이야기 안에 있는 긴 내러티브로 읽힐 수 있다고 제안하는데, 오경 안에서 이스라엘은 선택된 공동체로 등장하기 이전에 (창세기에 있는) 세상의 민족 중 하나로 자리를 잡는다. 그는 17세기 영국의 올리버 크롬웰(Oliver Cromwell) 같은 정치 지도자들이 자신들의 정책을 위해 여호수아서에 나오는 진멸(*herem*)과 같은 신명기 사가의 주제들에 얼마나 자주 의존했는지를 지적한다. 해석자들은 이러한 성서 자료들의 어조가 민족주의적이며 따라서 독자들에게 그들 자신의 상황에서 민족주의적 요구를 하는 방향으로 나아가도록 영향을 끼치기 쉽다고 말할 수 있다. 하지만 이것이 그 역사들에 의해 표현되는 유일한 정치적 방향은 아니다. 구약성서의 자료들은 야웨 신앙(Yahwism)을 고대 세계의 초강대국들 및 그들의 신학과 관련하여 보여주고 있다는 점이 지적될 수 있다. 이러한 맥락에서 본문은 제국주의 활동에 대하여 비판하는 역할을 하고, 이스라엘의 하나님의 이름으로 초강대국의 행동에서 보이는 자기중심적 관심들에 대한 부정적인 평가를 제공한다.

맥콘빌은 열왕기에 대한 린빌의 접근 방식을 취하여 본문을 이스라엘의 정체성을 구축하는 행위 중 하나로 간주한다. 이것은 정치적 독립을 상실하고 왕과 성전이 모두 사라진 상황에서 어떻게 하나님과의 언약적 관계를 지속할 수 있는가라는, 유배 공동체가 직면한 미완성의 과업이었다. 이러한 사회적 환경에서 신정정치가 자리를 잡는다. 하나님은 여전히 인간사를 통제하고 있으며, 새로 등장하는 정치 체제가 무엇이든 간에 신정정치의 이념 안에서 그 역할과 중요성이 발견될 필요가 있을 것이다. 같은 맥락에서 김(U. Kim)은 왕들의 이야기가 정치적 정체성의 윤곽을 제공하는 방식을 살펴보았으며 탈식민주의(postcolonial) 연구의 영역으로부터 이 주제에 접근했다.

『요시야를 해방시키기』(*Decolonising Josiah*, 2005)에서 김은 신명기 사가의 자료들이 이스라엘의 역사를 쓰기 위한 자료를 제공한다는 노트와 다른 학자들의 견해에 대해 논평한다. 그는 이러한 자료들이 학문적 역사 저술의 한 부분이 아니라 민족의식을 만들어내는 정치적 모음집이라고 주장한다. 탈식민주의 접근법은 이 개념적 틀로부터 벗어나는 것을 추구하며 이를 위해 성서의 책들이 다루는 경계성(liminality)의 정치학을 탐구한다. 이스라엘 사람들과 가나안 사람들은 모두 그 땅을 차지하는 "타인들"이다. 유다는 지리적으로 아시리아 제국의 변두리에 있었으며, 따라서 제국 권력의 중심지의 경계에 위치하는 관계에 있었다. 이런 상황에서 요시야 이야기는 아시리아의 통치가 해체했던 지역적 관습과 관행들을 복원하면서 유다에게 강력한 지역적 정체성을 제공한다. 탈식민주의의 정치 용어로 말하자면 율법책을 재소유하는 것에 대한 성서의 기사는 (아시리아의 문화적 지배와는 다른) 타자성의 수용으로 여겨질 수 있다. 이것은 지역적인 인종 공동체를 만들기 위한 강력한 전략으로 전환되며, 이 공동체는 당시 강력한 군사적 활동으로 주류를 이루었던 제국의 상황에서 주변부로 밀려나 영향력을 빼앗기는 것에 저항한다.

5. 폭력과 계시

브루그만 역시 신명기 사가의 세계 안에 있는 폭력의 문제를 다루면서 여호수아서, 특히 여호수아 11장에서 묘사된 사회적 폭력에 주목한다. 그는 그 모든 피 흘림의 신학적 목적이 무엇인가를 질문한다. 그러한 자료가 어떻게 신적 계시의 일부로 다루어질 수 있는가? 브루그만은 여기서 가장 유용한 방법이 그 장의 보다 넓은 상황을 고려하는 것이라고 제안한다. 이스라엘은 제국과 제국의 자원에 좌우되어왔다. 이스라엘은 압제에서 간신히 벗어났지만, 이제 확립된 다른 국가들을 마주하게 되며, 이들은 또다시 이스라엘의 생존을 위협한다. 그러한 사회적 상황에서, 이스라엘이 미래를 향한 꿈속에서 자기 존재의 자유를 위협하는 외래 문화의 제거를 고대하는 것은 놀라운 일이 아니다(Brueggemann, 1994, 296).

신학적인 메시지로 이해되는 계시는 바로 여기서 한 사회 집단의 미래를 향한 꿈과 희망의 중심으로부터 등장하는 것이지 외부로부터 침입하는 것이 아니다. 자신의 사회적 정체성에 대한 그 사회의 묘사는 하나님에 대한 신학적 진술의 기초를 형성한다. 왜냐하면 하나님은 이러한 포부의 성취를 가져올 수 있는 신이기 때문이다(Brueggemann, 1994, 297). 존재할 수 있는 공간을 획득하는 바로 이 사건에서 이스라엘은 하나님과 관련된(vis-à-vis) 자신의 정체성에 이르게 된다. 이 대목에서 해방에 있어 적으로 판단되는 모든 사람에게 어느 정도 가혹한 처분이 내려질 수도 있다. 하나님은 사실 힘과 권력의 하나님이다. 폭력은 본문으로부터 완전히 제거될 수 없다. 실제로 이스라엘은 무장한 압제에 대항하는 폭력적인 반란으로 탄생한 사회이고 그들의 안전은 추가적인 힘의 사용으로 얻어질 것이다. 브루그만은 억압적인 체제가 존재하는 곳에 폭력적인 전복의 가능성도 존재한다고 주장한다.

6. 민족에서 왕국으로

사사기의 마지막 장들에서도 가혹함을 볼 수 있는데 거기서 이스라엘인들은 서로에게 점점 더 폭력적인 행위들을 저지른다. 신명기 사가의 내러티브의 전체적인 형태 안에서 이 장들은 카리스마적 지도자들(사사들)과 확립된 권력(왕들) 사이의 다리 역할을 한다. 그것들은 사실상 이스라엘 국가 제도로서의 왕권을 위한 서문 역할을 하고 있다고 제안되어왔다. 왕이 없는 곳에서 모든 사람은 곧 자신이 법이 되고 무정부 상태가 발생하며 사회적 결속력이 사라진다. 대조적으로 왕권은 법과 질서의 강조를 통해 집단의 정체성을 유지하는 가치 있는 제도다.

하지만 덤브렐(W. J. Dumbrell)은 이러한 견해가 폭력의 문제에 대한 결정적인 답변은 되지 못한다고 주장한다(in Exum [ed.], 1997). 사사기에 이어지는 사무엘상은 왕권의 가치에 대해 의문을 던진다. 또한 그것은 억압적이고 이기적인 성향으로 인해 집단 내에 국가적 정체성과 화합이라는 명확한 개념에 반하여 작동할 수 있다. 그렇다면 무엇이 이스라엘의 정체성과 관련하여 이 장들의 메시지일 수 있는가? 덤브렐은 본문이 포로기의 상황 속에 놓여야 한다고 제안한다. 포로기는 왕도 없고 성전도 없던 바로 그 시기였다. 이러한 상황에서 사사기 19-21장은 재확신의 모델로 기능한다. 과거, 즉 민족에서 왕국으로 이행하는 과정에 사회적 혼란이 급증하는 불확실성의 시기가 존재했다. 그러나 전체로서의 신명기 사가의 내러티브 안에 있는 메시지는 이 사회적 무정부 상태가 영원히 지속되지 않았다는 것이다. 하나님이 과거에 혼란스러움과 폭력을 취하여 그것을 되돌릴 수 있었던 것처럼, 다른 시대에도 하나님은 다시 개입하여 "이스라엘"을 안정된 형태로 재건할 것이다. 나아가 이 본문이 구체적으로 신정 국가의 정당성을 시사할 가능성도 존재한다(Dumbrell, 1997, 82).

7. 왕국으로서의 이스라엘

사회적 정체성의 창조와 유지를 위한 핵심 주제는 리더십이다. 가장 유용한 지도력의 형태와 사회적 결속을 유지하는 일과 관련된 특정한 지도자들에 대해 여러 질문이 제기될 수 있지만, 좋은 리더십은 사회의 필수적 측면이다. 신명기 역사서에서 이것은 왕들의 역할과 수행을 탐구하는 것에 대한 문제다. 이스라엘의 사회적 정체성의 핵심으로서 포로기에는 무효화된 왕권이 사사기에서는 단지 배아 단계에 불과했다. 아비멜렉의 왕권 통치 시도는 재앙으로 끝났지만, 국가의 정체성에 큰 도움을 주는 왕이라는 개념이 사무엘상에서 완전하게 등장하려 하고 있었다. 거기서 이스라엘인들은 다른 나라들처럼 이스라엘에도 왕이 존재하기를 요구한다. 그들은 자신의 민족이 왕정 제도 안에서 절정에 이르고 성취되는 것으로 본다. 이스라엘의 정체성에 대한 신학적 개념으로서의 왕정은 양면성이 있는데, 한편으로는 박수를 받고, 다른 한편으로는 폄하된다.

다윗 치하에서 왕정은 자기실현을 향한 이스라엘의 성장에 있어 사실상 신학적이고 사회적인 절정이다. 그러나 다른 한편으로, 사무엘상은 다른 모든 나라와 똑같은 왕, 즉 그의 백성들을 압제하는 존재를 예견하며 솔로몬은 다소간에 그런 모습으로 나타난다. 왜냐하면 그는 이스라엘 북쪽 지역의 지파들에게 과중한 세금과 노역을 부과했고 이로 인해 그가 죽었을 때 북쪽 지역의 지파들은 다윗의 가문과 단호히 결별하기로 결심했기 때문이다. 왕권의 장점과 단점들은 모두 특정한 왕들에 대한 내러티브 안에서 드러나지만, 궁극적인 메시지는 왕들이 이스라엘을 실망시킨다는 점이다. 신명기는 왕들이 이스라엘 체제의 일부가 될 것이라는 점을 인정하지만, 그들을 토라 율법에 철저하게 복종하는 지혜로운 철학자들로 만든다. 역사서들은 실제 왕권의 이야기를 구체화하는데 그것은 요시야를 제외하면 신명기의 모델에 따라 이루어지지 않았고 왕의 정치 스타일의 높이와 깊이를 모두 전해준다.

예를 들어 브루그만은 신명기 사가의 본문들이 이스라엘 및 왕정과 관련하여 두 가지 문화적 관점의 흔적들을 전달한다고 주장했다. 다윗 언약 자료는 이스라엘 왕의 이념을 나타내는데 거기서 "이스라엘"은 왕궁과 성전이라는 상징을 중심으로 형성된 하나의 몸이다. 그러나 신명기 사가의 저작들 안에 있는 두 번째이자 반대되는 경향은 출애굽/시내산의 모델을 통해 그 이념을 비판하는 것인데, 여기서 하나님은 이스라엘의 통치자이고 인간 리더는 왕이 아니다. 이스라엘의 초점은 백성과 함께 여행하면서 하나님의 도움을 상징해왔던 이동하는 언약궤이고 이스라엘의 목적지는 온 이스라엘이 YHWH가 자신이 택한 백성과 맺은 계약으로부터 유래한 율법의 틀 안에서 자유로울 수 있는 땅이다.

8. 이스라엘의 왕들

왕권과 관련된 한계에도 불구하고 이 형태의 사회 조직은 신명기 사가의 이야기의 여러 단락에서 특히 다윗 왕의 통치 기간 동안 이스라엘의 정체성을 분명히 전달한다. 따라서 왕권과 민족적 정체성이 이 본문들 안에서 연결되는 방식을 검토하는 것은 합리적인 처사다. 조지(M. K. George)는 다윗 왕권을 다룬 "후계자의 몸이 명백한 것으로 가정하기"("Assuming the body of the heir apparent," in Beal and Gunn [eds.], 1996)라는 논문에서 이스라엘에서 왕권의 역할에 대한 혼합된 인식들을 소개하며 이를 전면에 드러낸다. 그는 구약성서가 "이스라엘"의 의미에 대한 일련의 성찰들을 만들고 있고, 이스라엘에 이름을 부여하는 일에 열중하고 있다고 주장한다(1996, 164-165). 이 맥락에서 왕은 사회의 거울이며 그의 몸, 곧 그의 특성은 전반적으로 이스라엘의 특성과 밀접하게 연결되어 있다. 또한 왕은 백성의 통치자로서 하나님의 자리에 서 있다는 의미에서 이스라엘에게 있어 하나님의 형상이기도 하다.

사울이 이스라엘에서 그러한 역할을 했다면 그의 역할을 유지하기 위해서는 그가 자신의 과업을 자신의 아들, 즉 자기 몸에서 나온 상속자에게 넘겨주는 것이 중요했을 것이다. 그러나 신명기 역사가 전하는 이야기는 왕조의 변화를 포함한다. 요나단이 아니라 다윗이 이스라엘의 왕위를 계승한다. 조지는 본문이 왕권에 대한 신학적 관점을 이스라엘의 정체성의 독창적인 요소로 보존하면서도 이 변화를 어떻게 수용하는지를 지적한다. 요나단과 다윗은 친한 친구이며 마치 "형제"와 같다고 그려진다. 또한 둘 다 본래 사울과 밀접하게 연결되어 있는데, 한 명은 혈연상의 아들이고 다른 한 명은 "입양된 아들"이다. 따라서 다윗의 정체성은 사울 가문의 정체성과 얽혀 있다. 사무엘상 18:4에서 요나단은 그의 겉옷, 갑옷, 칼, 활, 띠를 다윗에게 주었고 다윗과 자신이 하나임을 강조한다. 사울과 요나단이 전투에서 죽었을 때, 그들을 위해 부른 다윗의 애가(삼하 1:17-27)는 충성스러운 아들과 형제가 노래할 만한 자기 가족을 위한 애가를 나타낸다. 다윗은 이런 방법을 통해 사울의 진정한 상속자로서 이스라엘의 역사 안으로 들어온다. 이를 통해 이스라엘의 정체성을 나타내는 이상적 모습으로서의 왕권은 가계(households)의 변경이라는 불연속성에서 살아남는다.

다윗 자신과 함께 솔로몬은 신명기 역사서에서 보여주는 이스라엘의 또 다른 왕이며, 여기서 그는 이스라엘의 모델로서 기능하고 있다. 비록 그의 이복형제들 사이에서 왕위에 대한 경쟁이 없지는 않았지만 솔로몬은 다윗의 실제 상속자다. 바로 솔로몬이 왕국을 상속받고 이스라엘을 강대한 나라로 세운다. 그의 통치 중에 이스라엘의 통일 왕국은 최고의 영토와 힘에 도달한다. 이스라엘에 대한 이 모델의 중심에는 하나님과 왕 사이의 긴밀한 관계가 존재하는데, 이 주제는 지혜라는 렌즈를 통해 초점이 맞추어진다. 열왕기상 3장에서 솔로몬이 이스라엘이 "되었을" 때 그가 가장 먼저 구한 것은 나라를 다스릴 지혜였다.

브루그만은 사회종교적 배경을 가지고 솔로몬의 왕권에 대한 이러한 묘사에 관해 논평한다. 솔로몬의 그 이미지는 이스라엘 사회에서 일어난 실제적 측면에서의 변화를 수용한다. 왕정 통치는 중앙 집권화된 국가적 정부의 수립과 관련이 있으며, 바로 이 방식으로 신명기 역사는 솔로몬의 치세를 예루살렘의 궁전과 성전에 기초한 중앙 집권화된 통치의 시기로 다룬다(Brueggemann, 1994, 249). 이러한 변화에는 기술적·행정적 변화를 수행하고 지원하는 데 적합한 실재를 전반적으로 인식하는 상황을 만들어내는 지적인 전환이 수반되어야 한다. 왕정 이스라엘에서 이러한 지적인 전환은 통치자의 광대한 지혜 안에서 형상화된다. 따라서 솔로몬은 신적인 지혜에 참여하는데, 이 점은 후대의 전승인 솔로몬의 지혜서(the Wisdom of Solomon)에서 분명히 드러나며 여기서는 하늘에서 온 신부로서의 신적인 지혜가 요구된다.

9. 이스라엘의 예언자들

신명기 사가의 본문들은 영감을 받은 정치적 안내자이자 이스라엘의 왕이 그 책임을 어떻게 이행하는지를 살피는 비평가 역할을 하는 예언자들의 활동을 통해 이스라엘식의 왕정 모델에 대하여 비판을 가한다. 엘라자르는 자신의 저서 『성서 이스라엘의 언약과 정치』(*Covenant and Polity in Biblical Israel*, 1995)에서 이스라엘의 왕정에서 왕과 예언자의 역할에 대해 논의한다. 그 책의 308쪽에서 그는 왕권 사회에 대한 신명기 사가의 이론을 보여주는 도표를 제시하며, 이런 이미지와 관련하여 광야로부터 등장한 이스라엘 회중이 이제는 다윗과 솔로몬의 통일 왕국 안에서 함께 작동하는 권력들의 균형을 잡는 체계로부터 세워진다고 주장한다. 여기서 주요 등장인물은 하나님, 왕, 예언자, 대제사장, 그리고 국가다. 이 모델은 왕가를 통한 통치의 일상적인 문제들을 다룬다는 면에서 세속적인 모델로 볼 수 있지만, 국가로서의 지위를 부여한 영원한 신에 초점을 맞춘다는 면에서 신학적 모델로 볼 수도 있다. 따라서 그 백성은 두 가지 역할—그 땅의 백성의 역할과 YHWH 숭배자로서 이스라엘 회중의 역할—을 수행한다.

이 맥락에서 다윗의 궁정에 있는 나단과 같은 예언자의 역할은 이스라엘의 정체성의 세속적 측면과 종교적 측면 사이의 균형을 유지하는 것이다. 그는 사무엘하 7장에서 다윗의 성전 건축 계획에 대한 하나님의 비판을 제공한다. 그러나 같은 장면에서 그는 다윗 왕조에 대한 축복의 신탁도 전달한다. 열왕기상에 기록된 엘리야의 행적에는 차이점이 존재한다. 엘리야는 이스라엘의 왕들이 야웨 숭배로부터 이스라엘의 이웃인 시리아-페니키아의 바알에게로 돌아섰을 때 그들에게 공개적으로 반대한다. 이런 상황에서 예언자들은 이스라엘 왕권의 진정한 의미를 상실하고 권력을 자신들이 원하는 대로 하는 개인적인 특권으로 보게 된 왕이라는 인물들과 대조적으로 이스라엘의 정체성을 짊어지는 인물로 제시된다.

이스라엘의 정체성에 대한 예언자의 공헌은 엘리야가 바알의 예언자들과 싸운 이야기에서 분명하게 드러난다. 월쉬(J. T. Walsh)는 자신의 열왕기상 주석에서 내러티브의 한 가닥이 어떻게 사람들의 전향과 관련되는지를 언급한다.

> 처음에는…여러 가지 것들이 백성들을 바알 숭배자로 파악한다. 그들은 바알의 예언자들처럼 절뚝거리며 걷고 바알 자신처럼 대답하지 않는다(21, 26절)(Walsh, 1996, 255).

이야기가 진행되면서 사람들의 태도가 변한다. 그들은 YHWH를 그들의 하나님으로 수용할 가능성을 열어주는 엘리야의 도전을 받아들일 준비가 되어 있다. 바알의 예언자들이 실패하자 그들은 본문에서 "가까이 오라"라는 부름을 받고 그렇게 한다. 이로써 이들은 상징적으로 종교적 충성의 변화를 향해 이동하고 있다.

> 야웨가 그 제물을 극적으로 받아들이자 사람들이 처음에는 거부했던 선택을 하게 된다(Walsh, 1996, 256).

이 짧은 이야기는 본문들이 신학적 목적을 전달할 수 있는 방식을 보여준다. 이 경우에 내러티브는 독자들에게 이스라엘의 정체성이 그의 신과 같이 엮여 있다고 다시 한번 말한다.

열왕기상 21장에서 아합이 나봇의 포도원을 차지하는 이야기는 이스라엘의 진정한 특성에 대한 이 그림의 나머지 절반을 나타낸다. 여기서 아합은 이스라엘의 사회정치적 표현으로서의 왕권이 모두 잘못되었음을 상징한다. 개인적인 이익들이 정의의 원칙들을 압도하게 되었다. 왕의 방식의 사악함은 그의 욕망을 실행하고 그 목적을 위해 자신의 왕권을 사용하는 것에서 드러나는 자신의 나약함에서 나타난다. 왜냐하면 그를 대신하여 이러한 권력들을 행사하는 것이 한 여성에게 맡겨져 있기 때문이다. 이와 같은 이스라엘의 방식은 예언자의 목소리를 통해 하나님의 책망을 받는다. 독자는 읽는 행위를 통해 이스라엘 됨의 방식에 대한 새로운 이해로 이끌리게 된다(Walsh, 1996, 34).

10. 죄, 회개, 그리고 정체성

다시 한번 신명기 사가의 본문들에 부가되어 있는 의미의 요점은 사회 정의를 통한 정체성이라는 주제다. 브루그만은 "신명기 사가의 공식에 나타난 사회비평과 사회 비전"("Social criticism and social vision in the Deuteronomistic formula," in Brueggemann, 1994)에서 이것이 이스라엘의 삶에 일어난 사건들에 대한 서술자로서 행위-결과라는 주제와 연결되어 있다고 주장했다. 이 모델은 (a) "그리고 이스라엘이 범죄했다"/"악한 일을 행했다"…그리고 (b) "야웨가"…(이스라엘의 적들을 도왔다)의 두 부분으로 구성되어 있고, 신명기 사가 양식의 신학적 저술에서 규칙적으로 등장한다. 범죄는 신이 그 선택된 백성을 버리는 것으로 성취되는 정죄를 가져온다.

이 주제는 (c) "부르짖다"와 (d) "구원하다"라는 또 다른 쌍의 말과 균형을 이룬다. 하나님이 심판하고 또한 구원하는 인물인 것처럼 이스라엘은 죄를 짓고 나서 그 죄의 결과로 고통 속에서 부르짖는 인물로 형상화된다. 여기서 죄와 호소는 고통과 자비와 균형을 이룬다. 이스라엘의 정체성에 대한 이러한 공식과 같은 묘사에는 내재적인 긴장이 존재한다. 이스라엘은 자신의 얼굴 앞에 놓인 진정한 자아에 대한 분명한 비전을 지킬 수 없고 자신의 이상에 대한 실제적인 표현이 자신에게 주어진 상황에서 어떻게 보여져야 하는지를 인식할 수 없었다. 이 신학적 메시지는 종종 현실의 경험에 잘 들어맞는다. 삶의 경험은 불운을 포함하고 죄와 회개에 대한 생각은 불운의 이유와 그것을 다루는 방법을 보여준다(Brueggemann, 1994, 89).

11. 시민적 덕목의 육성

엘라자르는 도덕이 어떻게 시민의 덕목과 관련되는지, 즉 광범위한 원칙들이 어떻게 구체적인 의미들을 취하는지에 대한 문제를 다룬다. 그는 히브리 성서 안에 있는 신명기 사가의 본문들의 상황에서 시작한다. 히브리 성서는 그것들을 전기예언서로서 예언에 통합시키는데, 그는 "모든 역사적인 책들을 하나로 묶는 중심적 관심사는 하나님이 이스라엘과 맺은 언약의 유지에 대한 예언적 관심이다"라고 말한다(1995, 281). 여호수아서와 사사기에서 언약의 유지에 대한 관심은 공화정 형태의 통치 제도를 통해 표현되며, 여기서 지도자들은 하나님과의 관계를 통해 선택되었지만 백성과 율법에 책임을 지는 자다. 사무엘상하와 열왕기상하에서 동일한 기본적인 사회적 가치들을 구체적으로 이루어야 하는 것은 바로 왕정 통치 제도다.

12. 도덕적 인간으로서의 이스라엘

그러므로 이스라엘의 본질은 그것이 도덕적 특성을 가지고 있다는 것이다. 이 본질적 도덕성은 개인의 삶들뿐만 아니라 정치 제도들 안에서도 표현되어야 한다. 이러한 도덕적 주제들을 풀어가는 것은 종종 이야기들, 즉 사례 연구들을 통해 이루어지지만, 그럼에도 모든 다양한 이야기와 사례들을 관통하는 일관성이 기저에 존재한다. 범죄와 돌이킴이라는 양상은 저주와 축복의 주제에 상응한다. 신명기 역사서에 대한 비판적 읽기는 무엇이 정치적 도덕성이라는 중대한 문제와 관련한 수많은 진지한 논의들로 이해될 수 있는가를 드러낸다(Elazar, 1995, 237).

신명기 역사서들 안에서 발견되는 이스라엘과 다른 나라들의 남성과 여성에 대한 모든 이야기의 핵심은 한 개인, 즉 책임감 있게 행동하고 사회적 권리와 의무를 가질 수 있는 사람으로서의 이스라엘에 관하여 전체적으로 포괄하는 문제를 다양한 수단을 통해 나타내는 것이다. 여기서 국가는 마치 그것이 단일한 존재인 것처럼 하나의 전체로서 간주된다. 그리고 이스라엘의 인간적 특징의 본질은 그들이 도덕적 존재로서 만들어졌다는 것이며, 이들의 종교적 믿음들은 일상생활과 국제무대에서 맺는 다른 국가들과의 관계로부터 분리될 수 없다. 세속적인 용어로는 외교 및 국내 정책들로 잘 설명될 수 있는 것이 성서 본문들의 신학적 맥락 안에서는 시민적이고 국제적인 정의의 문제들로 변형된다. 역사 안에서 그려진 통치 체제들은 이러한 자료들의 저자/편집자가 종교적 실천 및 인간 사이의 관계들과 연결된 근본적인 윤리적 쟁점들에 대해 논의할 수 있는 기회들을 제공한다.

이번 장은 민족, 국가 및 신성한 회중을 포함하여 이스라엘이라는 용어와 관련이 있는 다양한 의미를 탐구했다. 그것은 여호수아서부터 열왕기하까지 기록된 연대기적 발전 과정을 통해 이스라엘이 순차적으로 겪었던 경험을 검토했으며 그 각각의 단계에서 도덕적 인격체로서 이스라엘의 정체성이 어떻게 중재되어 결정되었는지를 돌아봤다.

제12장

결론

CONCLUSION

이 책은 독자들에게 신명기 역사 자료의 기본 요소들을 소개하는 것으로 시작했다. 서론에서는 고대 이스라엘과 관련된 지리적·역사적 실체들을 살펴보았고 신명기 역사서를 문학 작품으로서 세심하게 조사하는 작업에 착수했다. 신명기 사가의 본문들과 관련된 주요 논점 중 일부는 이미 간략히 다루어졌다. 이 책의 5장 끝부분에서는 성서 고고학의 관련성과 역사의 본질이 연구 분야 중 하나로서 직접적으로 다루어졌다. 서론에서는 본문과 그 역사적 배경에 초점을 맞추는 한편, 결론에서는 신명기 사가 본문의 독자들, 보다 구체적으로는 현대의 독자들을 고려함으로써 균형을 맞추는 것은 적절해 보인다.

본문이 청중으로부터 분리된다면 쓸모가 없다. 인간 사이의 소통의 수단으로서 문학 작품들은 독자가 그것들을 "수용"하고 그것들로부터 개인적인 의미를 가져올 때에만 생동하게 된다. 보다 최근의 비평 방법론들은 독자와 그들의 반응이 본문 자체의 의미에 공헌한다고 보고 그 중요성을 강조한다. 역사비평 방법론은 현대의 독자들보다는 고대의 독자들에게로 향하지만, 이 역시 책과 청중 간의 관련성 측면에서 그 의미를 찾는다. 신명기 사가의 본문들과 관련하여 고대나 현대의 독자는 역사적인 본문에 반응하고 있는 것이다. 그렇다면 그것은 독자에게 무엇을 의미하는가? 어떤 작품을 "역사적"이라고 정의하는 것은 그것의 해석에 어떤 전망을 가져오는가?

1. 해석의 시작

신명기 역사에 대한 체계적인 탐구의 첫 번째 단계는 독자들이 이 저작을 구성하는 내러티브들, 개별 책들, 그리고 전체 모음집에 걸쳐 전개되는 보다 긴 이스라엘의 연대기라는 측면에 친숙해지는 것이다. 여기서 학자들이 때때로 출애굽기 또는 적어도 신명기를 포함하도록 이 연대기를 확장시키기 원한다는 점이 기억될 수도 있다. 하지만 독서의 표면적 수준에서 이야기를 알아가는 것은 의미의 탐구를 위한 시작점일 뿐이다. 이것은 필수적인 토대가 되는데, 이것들은 기록된 자료이고 개별 단락들을 세밀하게 읽는 것은 의미에 대한 보다 폭넓은 해석의 기초를 제공하기 때문이다. 이 때문에 동일한 자료에 대한 두 개의 다른 번역을 읽어보는 것이 좋은데 이를 통해 번역 작업에서 발생하는 본래 히브리어 텍스트 판본에 대한 해석에 주목하게 된다.

신명기 역사서는 히브리 성서에서 토라와 예언서 사이의 다리 역할을 하는 위치에 있다. 이것은 히브리 성서의 편찬자들이 여호수아서부터 열왕기하까지의 책들이 그들의 하나님과 관련된 하나의 민족으로서의 이스라엘의 정체성에 대해 일정한 토대를 제공하는 것으로 간주했음을 보여준다. 그렇다면 여기서 정확히 어떤 토대가 만들어지고 있는가? 현대 독자는 본문의 표면을 보면서 이스라엘의 역사라고 쉽게 말할지도 모른다. 그러나 이것은 이 책들이 역사적 저작들로 기능하는 방식에 대하여 다시 질문을 제기한다. 해석의 첫 번째 단계는 독자로 하여금 신명기 사가 모음집의 역사적 차원들에 더 깊이 들어가도록 이끈다. 그리고 지금 이러한 목적을 위해 사용될 수 있는 다양한 해석의 렌즈들을 돌아보는 것이 유용할 것이다.

2. 현대의 성서비평과 해석의 체계

신명기 역사서의 역사적 차원들을 탐구하는 것은 현대의 독자들이 본문을 자세히 조사하는 방법을 찾는 과정에서 만나게 되는 첫 번째 방법론이다. 현대적 성서비평은 이 접근법에 크게 초점을 맞추는데, 그렇다면 현대적 성서비평이란 정확히 무엇인가? 여기서의 초점은 그 문헌에 대한 진실을 찾는 것에 있는데, 그것은 책들의 본래 상황으로 돌아가는 것과 그 안에서 발견되는 가장 오래된 자료를 식별하는 것을 포함한다. 학자들은 구약성서의 본문들이 고대 이스라엘 내에서 시간의 흐름에 따른 발전 과정을 거쳤고 현존하는 본문들 속에서 편집자들이 사용했던 본래 자료의 일부를 찾아내는 것이 가능하다고 주장했다. 이 주장은 이스라엘의 종교가 구두 형태로부터 문서 형태로 이동하는 점진적인 과정이 존재했다는 견해와 연결된다. 이 속에서 하나의 연구 방법론이 나타나는데, 그것은 독자가 본문 속에서 가장 이른 시기의 단락들로부터 보다 후기의 첨가들을 통과하여 최종 편집에 이르기까지의 다양한 자료층을 발견하는 것을 목표로 한다. 다른 말로 하자면, 신명기 역사서의 구성사(the history of composition)를 고찰하는 것은 유용하다.

예를 들면 사사기에 나오는 삼손 이야기와 같은 이야기는 처음에는 마을의 이야기꾼들에 의해 전달된 과거의 영웅에 대한 독립된 민담들로 존재했을 것이다. 그다음에 그것은 글로 된 형태로 옮겨갔을 것이고, 최종적으로는 보다 긴 문서의 내부로 통합되었을 것이며, 이 문서에서 이 이야기는 역사적 순서에 따라 배열되었을 것이다. 이러한 해석 방법에 따르면, 전체 신명기 역사서는 독립적인 사건들과 장면들로 나뉘며, 그중 어떤 것들은 길이가 몇 구절에 불과하다. 이것은 한 이야기꾼이 마을의 모임에서 한 번에 전달할 수 있는 내용을 나타낸다. 이것만이 이야기의 핵심일 것이다. 왜냐하면 각각의 이야기꾼은 이야기가 말해질 때 자유롭게 그 이야기의 핵심 요소들에 살을 붙여 극적인 내용들을 더하기 때문이다. 이렇게 추가된 것들은 보통 글로 된 서술에서는 생략되었다. 전투에 대한 이야기와 과거의 남자와 여자 영웅들에 대한 이야기들이 여기에 해당한다.

동시에 열왕기 안에서 통치자들의 생애 가운데 일어난 사건들의 연대기에 대한 일부 언급들은 신명기 사가의 기사와는 독립적으로 존재하는데, 이것은 저자가 그 자신의 방법으로 과거를 다루기 위해 의지하는 보다 이른 시기에 기록된 자료들의 존재를 암시한다. 전통적인 단위의 자료와 보다 이전에 기록된 본문을 사용하여 작업한 편집자들은 현대의 독자들이 지금 접하고 있는 책들의 최종 판본을 만들어냈다. 편집자의 작업은 전통적인 자료의 어떤 부분들이 사용되어야 하는지, 그리고 이것들을 어떻게 지리적·연대기적 구절들로 연결하여 다음에 이어지는 부분의 배경을 설정하는지에 대한 것이었다. 그뿐만 아니라 편집자는 전통에 대한 자신의 고유한 신학적 해석들을 추가할 수 있었다.

사사기에 나오는 "죄를 짓다", "부르짖다", "구원하다"라는 용어의 반복적인 사용은 편집자가 본질적으로 다른 이야기들을 하나로 결합하고, 그것들에 추가적 의미를 부여하면서 어떻게 본문을 구성하는가에 대한 하나의 사례다. 한편으로 각 구원자는 그들 자신의 내러티브를 갖고 있지만, 다른 한편으로 그들은 모두 구원이라는 주제의 사례들로서 연결되어 있다. 본문 해석에 대한 역사비평적 방식은 독자로 하여금 성서 본문의 보다 초기 형태들을 찾아보도록 고무한다. 하지만 그러한 본문들의 보다 이른 시기의 것들보다 짧은 형태의 것 중 어느 것도 독립적인 문서로 남아 있지 않기 때문에 학자들은 문학 전승 발전의 엄밀한 본질에 따라 보통은 단지 추측만 할 수 있을 뿐이다. 신명기 역사서들과 관련하여 서론은 신명기 사가 본문들의 발전 도식을 제안한 노트의 근본적인 역할을 지적했으며 또한 이 제안에 대한 현대적 비판인 올드의 의견을 다루었다.

3. 추가적인 해석 체계

그러나 이러한 본문들을 역사적인 구성 과정의 결과로 해석하는 것은 현대 독자들에게 열려 있는 한 가지 방법일 뿐이다. 1900년대 중반 이후로 이 본문 해석 방법에 대한 상당한 우려가 표면화되었다. 이 책에서는 구약성서 해석을 위한 다양한 대안적 방법론을 살펴보는 연구로서 『포스트모던 성서』(*The Post Modern Bible*)에 주목했다. 이러한 다양한 방법론 중에는 『포스트모던 성서』에 나타나는 것들과 이 책의 두 번째 부분에 언급된 것들이 있다. 본문을 탐구하는 이러한 여러 가지 방법은 의미에 대한 평행적인 접근법들을 제공하는데 이는 성서 안에 인쇄되어 있는 본문에 보다 큰 깊이를 부여할 수 있다. 이것에 접근할 수 있는 가장 좋은 방법은 하나의 단일한 수준에서 제공되는 설명 안에서 본문의 결정적이며 최종적인 메시지를 찾지 않는 것이다.

개별 단락들과 그 특정한 문체에 초점을 맞추는 내러티브비평과 같은 해석 방법은 본문들의 신학적 메시지를 찾는 것과 상충한다고 보일 수 있는데, 신학이란 그 의미의 단일한 수준에서 본문 전체를 포괄하는 것으로 간주되기 때문이다. 이것은 의미를 체계적으로 찾아가는 신학적 해석의 특성 때문인데, 이는 신학적 해석이 광범위할 뿐만 아니라 여러 단락에 걸친 메시지들의 변형을 조화시켜 언약이라는 계약 형태와 같은 하나의 패러다임에 초첨을 맞추는 경향이 있다는 의미다. 여기서 제시한 방법, 즉 이 책이 활용했던 것은 이념비평의 방법론이다. 이 접근 방식에서 신학적 의미를 식별하는 것은 저자들이 공동체의 결속을 지지하려는 사회적 목적들을 위해 그들이 말하는 이야기의 형태를 만들었던 방식과 연결된다.

이 책에서 언급된 모든 방법론은 주어진 현실을 읽고 이해하려는 시도들이다. 독자들에게 수많은 다양한 도구들(방법론들)을 담고 있는 도구세트(toolkit)가 주어졌는데, 각각의 방법론들은 주어진 문학 작품 속에서 발견될 수 있는 메시지라는 측면에서 다양한 결론을 맺는 본문들에 사용될 수 있다. 일단 독자들이 시작하면, 여기에는 하나의 단일한 해석의 행위가 이루어지는 것이 아니라 하나의 책과 관련하여 수많은 다른 해석이 이루어질 수 있다. 본문의 역사적 상황, 문학적 형식, 구성의 역사, 종교적 가르침 등이 다양하게 제시될 수 있다. 이러한 모든 해석 작업은 서로 연결되는데 그것은 결국 동일한 본문에 관계하고 있기 때문이다.

본문은 해석의 최소 요건이다. 현대 독자가 만나는 하나의 본문은

"성서"라는 이름의 보다 큰 책 모음집의 하위 단위로 주어진다. 그러나 이것은 정경(biblical canon)이 본래 등장했던 방식이 아니다. 그것들은 단일한 시간에 단일한 저자에 의해 서로가 함께 있도록 의식적으로 기록되지 않았으며, 정경 또는 권위 있는 모음집 안으로 이 자료들이 취합되는 일은 나중에 이루어졌다. 따라서 독서의 궁극적인 수준은 본문들을 개별 작품들로 다루는 것을 포함한다. 그것은 자료를 그 본래의 언어로 읽을 수 있는 능력을 필요로 하며, 신명기 사가 저작들의 경우에 이것은 히브리어다. 또한 독자들에게는 한 책의 현대적 판본 배후에 있는 개별적 사본들로 돌아갈 것이 요구된다. 이것들은 그 책의 본문 전통이 발전한 방식에 대한 증거다.

4. 역사와 독자

독자가 사건들을 순서대로 배치하고 과거에 일어났던 사건을 말하는 본문을 만나게 되는 경우, 그 독자는 무의식적으로라도 현재의 세계에서 "역사"가 의미하는 바에 대한 지식을 본문에 대한 해석에 적용하기 쉽다. 그러나 만일 그것이 독자로 하여금 고대의 책이 마치 과거에 대한 현대적인 다큐멘터리 설명이었던 것처럼 초점을 맞추도록 유도한다면, 이것은 잘못된 길로 이끄는 것이다. 지금처럼 고대의 저자들은 과거가 현재와 관련이 있다고 믿었다. 그들은 심지어 전통의 가치를 현대의 많은 사람보다 더 크게 인식하고 있었다. 고대 세계에서 그리스와 로마의 주요 역사가들 역시 자료들을 확인하고 사건들의 정확한 표현을 목표로 하는 것이 가치가 있다고 믿었다. 그러나 과거에 대한 설명에서 세부 사항들의 절대적인 정확성은 긴 시간적 상황 속에서 나타나는 사건들의 관련성이 역사가의 내러티브를 통해 제시되어야 하는 것만큼 중요하지 않았다.

그러므로 신명기 사가의 본문들을 접하는 현대의 독자는 역사적 내러티브의 형태를 면밀히 살펴보는 것이 옳은데, 이것은 신명기 사가의 저자들이 하나님과 사회에 대한 그들의 개념을 표현하기 위해 선택한 연대기적 형식이기 때문이다. 하지만 이것은 다큐멘터리 역사와 같은 양식이 아니다. 여기서의 의도는 하나님의 활동을 드러내고 인간의 이야기를 그 자체로 전하면서 하나님의 본성을 구체적으로 보여주는 것이다. 확실히 고대 이스라엘에 대하여 현존하는 이야기들 배후에 고대 시리아-팔레스타인의 역사적 인물에 대한 기억으로부터 비롯된 세부적인 면들이 존재할 가능성이 있지만, 그것이 본문의 주요한 초점은 아니다.

이 책의 첫 번째 부분은 "역사적으로 정확한"이라는 현대적 용어를 여호수아서부터 열왕기하까지 적용하는 것과 관련된 몇 가지 문제들을 살펴보았다. 이러한 모든 이유 때문에 신명기 역사서들을 이스라엘의 역사 **자체**(the history)로 다루는 것은 주의가 요망된다. 하지만 구약성서의 문헌은 분명히 하나님에 대한 역사적 접근을 사용한다. 독자들이 문학비평과 이념비평의 방법들을 사용할 때는 하나님과 이스라엘에 대한 문학적 표현을 연대기적 틀 안에서 진지하게 다루는 것이 필수적이다. 본문은 지리와 역사를 사용하여 자신들의 고유한 내적 세계를 창조한다. 따라서 역사는 본문 안에 묘사된 사회인 성서의 이스라엘을 위한 적절한 개념이 된다. 내러티브와 이념적인 방법론들을 사용하여 본문 속의 다윗이나 솔로몬에 대하여 말한다는 의미에서 독자는 "다윗이 말했다" 또는 "솔로몬이 행했다"라고 말한 것을 정당한 것으로 여길 수 있다. 이스라엘의 실제 왕들이 그것을 행했고 말했는지의 여부는 추가적인 쟁점이 되는데, 이것은 그것이 비록 역사비평적 유형의 해석에서 중심을 차지한다고 할지라도 내러티브와 이념적인 방법론들과는 무관하다.

5. 역사와 기독교 독자

일부 독자에게 역사에 대한 문제와 역사와 믿음의 관계에 대한 문제는 위기로 다가올 수 있다. 만약 현대의 독자가 신명기 사가의 저작들이 신의 세상(divine world)에 대한 진실한 생각들을 표현한다고 믿고 이것들을 과거에 대한 현대의 과학적 연구들과 연결시킨다면, 그 믿음은 내러티브들의 모든 세부 사항이 실제로 과거의 그 시간에 일어났다는 견해에 의존할 수도 있다. 이 역사적 전제들이 과학적인 진실로 증명될 수 없음을 발견하는 것은 본문의 신성한 가치를 위협하는 것처럼 보인다. 그러나 이 문제는 현대적인 것이고 그것은 고대 세계와 오늘날의 "역사"라는 용어가 지닌 의미의 변화에 관련된다. 고대 세계에서 중요하게 여긴 것은 전해지는 이야기의 기저에 있는 진실이었다. 출애굽 사건에서 중요한 것은 하나님이 인간의 삶에 개입하고 심지어 억압받는 사람들을 외국의 지배로부터 해방시킬 수도 있다는 점이다. 이 증거의 결과로써 독자들은 왜 이스라엘이 YHWH와 계약을 맺도록 부름을 받았는지 이해할 수 있게 되고 각 세대에서 언약의 하나님에 대한 헌신을 새롭게 할 수 있게 된다.

심하게 말하자면 이스라엘 백성이 이집트에서 나와 물을 건너갈 때 그들의 양쪽에 있던 물이 실제로 물로 된 벽이었는지의 여부 그 자체는 별로 중요하지 않다. 물로 된 벽에 대해 이야기하는 것이 의미가 있는 이유는 그것이 위협의 거대함과 그에 따른 이스라엘의 주님의 능력을 강조하기 때문이다. 또한 이것은 창세기 1장의 시작 부분에서처럼 구약성서에서의 물이 종종 혼돈의 세력들을 상징하기 때문에 의미가 있다. 저자들은 YHWH가 혼돈을 통제할 수 있었고 실제로 그렇게 했다고 믿었으며 종종 거대한 물들을 진압하는 것을 신적인 질서에 대한 상징으로 언급했다.

본문을 읽고 상징들을 찾으며 이미지들을 재해석하는 이러한 방식은 기독교의 초기 몇 세기 동안 저술가들과 교사들이 구약성서를 해석하는 일반적인 방법이었다. 따라서 창세기 18장에 기록된 마므레에서 아브라함과 하나님이 만나는 이야기는 성부와 성자 그리고 성령으로서의 하나님에 대한 계시를 예시하는 것으로 간주될 수 있었다. 이 설명이 가능했던 이유는 이 본문이 단일 인물로서 말하고 있는 하나님과 아브라함에게 찾아온 세 명의 낯선 사람들 사이를 오가기 때문이다. 기독교적 관점에서 볼 때, 이러한 의미는 항상 본문 안에 있었지만 적절한 해석자들이 나타난 후에야 비로소 발견되었다.

그리스도인들은 예수가 열두 지파라는 오래된 친족 관계에 기초한 새 공동체를 세우기 위해 열두 사도를 선택한 것처럼 자신들을 새 이스라엘로 여기고, 그들이 가진 나사렛 예수의 정체성과 목적에 대한 이해를 심화시키는 수단으로서 히브리 성서를 가치 있게 여겼다. 본문 자체는 다양한 해석들을 향해 열려 있지만, 분명히 유대인 랍비들은 자신들의 전통 안에서 통용되는 본문에 이러한 의미를 부여하지 않았다. 하지만 기원후

1세기에 유대인 저술가 중 일부는 본문을 해석하는 데 있어 확실히 상징적 방법을 사용했다. 이에 따라 알렉산드리아의 필론(Philo of Alexandria)은 모세까지의 족장들은 역사적 인물들이 아니라 모든 사람에 대한 상징으로 읽어야 한다고 가르쳤다. 각 족장은 인간의 영적 발전의 각 단계를 대표했고, 모세에 이르러 하나님과의 친교라는 궁극적인 목표에 도달했다.

이 모든 방법론 중에서 역사적·문자적 접근법(an historical-literal approach)은 회피되었다. 실제로 『고백록』(*Confessions*)에서 히포의 아우구스티누스(Augustine of Hippo)는 신명기 사가의 역사들과 같은 본문의 역사적 측면을 하나님에 관한 정보의 주요 출처로 다루는 것이 자신이 회심할 때 가장 큰 성서적 장애물이었음을 분명하게 밝힌다. 기독교 신플라톤주의자들이 성서를 상징적으로 읽도록 그에게 가르친 후에야 비로소 그는 믿음의 토대로서 성서 신학의 진리를 소유할 수 있었다. 기원후 2세기의 마르키온(Marcion)은 심지어 구약성서의 하나님을 절반의 신(demi god)으로 명명하면서 세상의 진정한 창조주가 아니라는 데까지 나아간다. 예를 들면 이것은 신명기 사가의 하나님을 "인간"으로 보는 그의 문자적 해석에서 나온 의견이었고 역사적 사건들에 사로잡혀 오도된 의견이었다. 마르키온의 견해는 주류 기독교 전통에서 거부되었지만, 그것은 초기 기독교인들이 신학적 진리를 전달하기 위한 주요한 요소로서 본문의 역사적 차원에 큰 가치를 거의 두지 않았음을 보여준다.

성서 자료에 대한 기독교 해석 전통의 이러한 측면들을 살펴보는 것은 독자로 하여금 해석이 고정되고 불변하는 활동이 아니라는 점을 깨닫게 한다. 다양한 세대의 독자들은 다양한 해석의 방법을 만들어낸다. 현대의 독자들은 주로 현대 세계 안에서 현대의 성서비평적 관점에서 해석을 시작하고 그 후에 한층 더 현대적인 방법론들로 확장해간다. 해석의 역사로 되돌아가는 것은 독자에게 본문의 의미를 탐구하는 더 많은 차원을 제공한다. 그리스도인들 사이에서 가장 최초의 해석 형태는 본문의 문자적(표면적) 의미로부터 그 의미에 대한 상징적 차원으로 이동하는 것을 포함하며, 그것이 가진 도덕적 발전 및 영적 성장과의 관련성에 관심을 기울인다.

6. 독자와 본문들

신명기 역사서를 해석하는 과정에는 단순함과 복잡함이 함께 결합되어 있다. 궁극적으로 본문 맥락에서의 의미는 "지면에 실린 단어들"로 축소되지만, 그 의미를 찾는 일은 독자들을 복잡하고 미묘한 사고의 흐름 속에 참여시킨다. 본문에 "**관한**"(about) 생각들은 본문 "**의**"(of) 단어들에 의해 확증되거나 그것들로부터 확증되지 않는 경우를 제외하고는 유지될 수 없다. 그러나 본문의 단어들은 보다 넓은 맥락에서 탐구될 때에만 그 깊이와 색깔을 얻는다. 신명기 역사서 안에서 발견되는 "하나님", "이스라엘"과 같은 기본 용어들은 이야기 속의 등장인물들을 단순하게 묘사하는 것이지만, 그것들은 그 안에 여러 다양한 의미가 공존하는 복잡한 개념이기도 하다.

본문 안에 있는 등장인물로서의 "하나님"은 이스라엘의 특정한 주님이지만, 또한 이 자료가 자신들의 삶과 관련되어 있다는 믿음을 가지고 신명기 사가의 내러티브를 읽는 모든 독자의 하나님이기도 하다. "이스라엘"은 하나의 고대 국가를 가리키지만, 모든 독자는 그 이야기의 이스라엘과 자신들을 함께 놓을지 말지를 선택할 수 있다. 이스라엘과 그 신은 기원전 6세기 저자들의 개념적 틀에 맞춰 그 시대에 고정되거나 아니면 고대 시리아-팔레스타인 지방의 거주에 대한 고고학적 증거와 나란히 놓일 수 있다. 또한 그것들은 시간에 구애받지 않는 모든 시대의 "이스라엘"의 하나님이라는 개념을 구성할 수도 있는데, 모든 세대 안에서 본문들은 여전히 독자들에게 의미 있는 것으로 읽히고 수용된다.

본문은 정적이고 고정된 실체이며 단지 단어들이지만, 독자의 상상력이 내러티브를 읽음으로써 삶의 경험에 대한 현재적 이해에 영향을 끼치게 하면서 본문을 살아 있게 하고 미래를 형성하는 역동적인 힘으로 만든다. 본 연구의 출발점은 독자가 가지는 이러한 본문과 의미의 교차점이다. 성서의 이스라엘(신명기 사가의 본문들)은 역사적 이스라엘(해당 본문들의 역사적 저자들/역사적 독자들)을 반영하는 동시에 그것을 위한 길을 닦는다. 역사적 이스라엘은 신명기 역사서들의 창조로 성서의 이스라엘을 낳았고, 각각의 고유한 시기에 존재했던 인간 독자들의 세대들을 관통하여 성서 전승을 전수함으로써 성서의 이스라엘에게 미래적 존재를 제공한다. 성서의 이스라엘은 관련된 문헌의 보존에 의해 살아남았고 그것은 순차적으로 "역사적 이스라엘"의 새로운 형태를 일으키는데, 새로운 집단의 독자들은 전수된 본문들을 통해 자신의 경험을 해석하고 그 의미의 상징적 차원을 새로운 사회적·역사적 생활 방식들 속에서 구체화한다.

참고문헌

Aichele, G., *Text, Sign and Scripture* (Sheffield: Sheffield Academic Press, 1997).

Alter, R., and F. Kermode, *The Literary Guide to the Bible* (London: Fontana. 1987).

Auld, G., *Kings Without Privilege* (Edinburgh: T&T Clark, 1994).

Auld, G., "Re-reading Samuel (historically): 'Etwas mehr Nichtwissen'," in Fritz and Davies (eds) (1996).

Bach, A., *Women, Seduction and Betrayal in Biblical Narrative* (Cambridge: Cambridge University Press, 1997).

Bar-Efrat, S., *Narrative Art in the Hebrew Bible* (2nd edn, Sheffield: Sheffield Academic Press, 1989).

Barstad, H. M., "History and the Hebrew Bible," in Grabbe (ed.) (1997).

Bartlett, J. R. (ed.), *Archaeology and Biblical Interpretation* (London: Routledge, 1997).

Beal, T. K., and D. Gunn (eds), *Reading Bibles, Writing Bodies* (London: Routledge, 1997).

Becking. B., "Inscribed seals as evidence for Biblical Israel? Jeremiah 40:7-41:15 *par exemple*," in Grabbe (ed.) (1997).

The Bible Collective, *The Post Modern Bible* (New Haven: Yale University Press, 1995).

Bowman, R. G., "Narrative criticism of Judges: human purpose in conflict with divine presence," in Yee (ed.) (1995).

Brueggemann, W., *Old Testament Theology* (Minneapolis: Fortress Press, 1992).

Brueggemann, W., *A Social Reading of the Old Testament* (Minneapolis: Fortress Press, 1994).

Brueggemann, W., *The Covenanted Self: Explorations in Law and Covenant* (Augsburg: Fortress, 1999).

Chalcroft, D. J. (ed.), *Social Scientific Old Testament Criticism* (Sheffield: Sheffield Academic Press, 1997).

Creanga, O. (ed.), *Men and Masculinity in the Hebrew Bible and Beyond* (Sheffield: Phoenix, 2010).

Cross, F. M., *Canaanite Myth and Hebrew Epic* (Cambridge, MA: Harvard University Press, 1973).

Cryer, F., *Divination in Ancient Israel and its Ancient Near-Eastern Environment* (Sheffield: Sheffield Academic Press, 1994).

Davies, P. R., *In Search of Ancient Israel* (Sheffield: Sheffield Academic Press, 1992).

Dever, W., "Archaeology and the emergence of Israel," in Bartlett (ed.) (1997).

Dumbrell, W. J., " 'In those days there was no king in Israel: Every man did what was right in his own eyes': The purpose of the book of Judges reconsidered," in Exum (ed.) (1997).

Edelman, D. (ed.), *The Triumph of Elohim* (Kampen: Kok Pharos, 1995).

Edelman, D., "Saul ben Kish in history and tradition," in Fritz and Davies (eds) (1996).

Edelman, D. (ed.), *Deuteronomy-Kings as Emerging Authoritative Books: A Conversation* (Atlanta: SBL. 2014).

Edelman, D., and E. Ben Zvi (eds), *Remembering Biblical Figures in Late Persian and Early Hellenistic Periods* (Oxford: OUP, 2013).

Eilberg-Schwartz, H., "The problem of the body for the People of the Book," in Beal and Gunn (eds) (1997).

Elazar, D. J., *Covenant and Polity in Biblical Israel* (New Brunswick and London: Transaction Press, 1995).

Exum, C., *Tragedy and Biblical Narrative* (Cambridge: Cambridge University Press, 1992).

Exum, C., *Plotted, Shot and Painted* (Sheffield: Sheffield Academic Press, 1996).

Exum, C. (ed.), *The Historical Books* (Sheffield: Sheffield Academic Press, 1997).

Finkelstein, I., *The Archaeology of the Israelite Settlement* (Jerusalem: Israel Exploration Society, 1988).

Flanagan, J., "Chiefs in Israel," in Chalcroft (ed.) (1997).

Fritz, V., *An Introduction to Biblical Archaeology* (Sheffield: Sheffield Academic Press, 1994).

Fritz, V., *The City in Ancient Israel* (Sheffield: Sheffield Academic Press, 1995).

Fritz, V., "Monarchy and re-urbanisation: a new look at Solomon's kingdom," in Fritz and Davies (eds) (1996).

Pritz, V., and P. R. Davies (eds), *The Origins of the Ancient Israelite States* (Sheffield: Sheffield Academic Press, 1996).

Garbini, G., *History and Ideology In Andent Israel* (London: SCM, 1988).

George, M. K., "Assuming the body of the heir apparent: David's lament," in Beal and Gunn (eds) (1997).

Gerstenberger, E., *Theologies in the Old Testament* (Edinburgh: T&T Clark, 2002).

Gnuse, R., *No Other Gods: Emergent Monotheism in Israel* (Sheffield: Sheffield Academic Press, 1997).

Gottwald, N., *The Tribes of Yahweh: A Sociology of the Religion of Liberated Israel* (Maryknoll, NY: Orbis, 1979).

Grabbe, L. (ed.), *Can a "History of Israel" Be Written?* (Sheffield: Sheffield

Academic Press, 1997).

Greenspahn, F. (ed.), *Essential Papers on Israel and the Ancient Near East* (New York: New York University Press, 1991).

Gunn, D., and D. N. Fewell, *Narrative Art in the Hebrew Bible* (Oxford: Oxford University Press, 1993).

Hawk, J. L., "The problem with pagans," in Beal and Gunn (eds) (1997).

Heacock, A., *Jonathan Loved David: Manly Love in the Bible and the Hermeneutics of Sex* (Sheffield: Phoenix, 2001).

Jamieson-Drake, D. W., *Scribes and Schools in Monarchic Judah* (Sheffield: Sheffield Academic Press, 1991).

Janzen, D., *The Violent* Gift: *Trauma's Subversion of the Deuteronomistic Narrative* (New York/London: T&T Clark International, 2012).

Keei, O., and C. Uehlinger, *Gods, Goddesses and Images of God in Ancient Israel* (Edinburgh: T&T Clark, 1998).

Kim, U., *Decolonising Josiah: Towards a Postcolonial Reading of the Deuteronomistic History* (Sheffield: Phoenix, 2005).

Laffey, A. L., *Wives. Harlots and Concubines* (London: SPCK, 1988).

Lamb, D., "I will strike you down and cut off your head"(I Sam 17:46): Trash Talking, Derogatory Rhetoric and Psychological Warfare in Ancient Israel, in B. Kelle, F. Ames and J. Wright (eds), *Warfare, Ritual and Symbol in Biblical and Modern Contexts* (Atlanta: SBL, 2014).

Lemche, N. P., *Ancient Israel* (Sheffield: Sheffield Academic Press, 1988).

Linville, J., *Israel in the Books of Kings: The Past as a Project of Social Identity* (Sheffield: Sheffield Press, 1998).

Longman Ⅲ, T., and D. G. Reid, *God Is a Warrior* (Carlisle: Paternoster, 1995). 『거룩한 용사』(솔로몬 역간).

Mason, R., *Propaganda and Subversion in the Old Testament* (London: SPCK. 1997).

Mayes, A. D. H., *Judges* (Sheffield: Sheffield Academic Press, 1985).

Meyers, C., "The family in ancient Israel," in Perdue, Blenkinsopp, Collins and Meyers (1997).

McConville, G., *Grace In the End* (Carlisle: Paternoster, 1993).

McConville, G., *God and Earthly Power: An Old Testament Political Theology Genesis to Kings* (New York/London: T&T Clark International, 2006).

McConville, G., and J. G. Millar, *Time and Place in Deuteronomy* (Sheffield: Sheffield Academic Press, 1994).

Miles, J., *God: A Biography* (New York: Simon & Schuster, 1995).

Mills, M., *Biblical Morality: Moral Perspectives in Old Testament Narratives* (Ashgate: Aldershot, 2001).

Moran, W. L., "The ancient near-eastern background of the love of God in Deuteronomy," in Greenspahn (ed.) (1991).

Na'aman, N., *Ancient Israel and its Neighbours: Interaction and Counteraction* (Winona Lake: Eisenbrauns, 2005).

Na'aman, N., *Ancient Israel's History and Historiography: Canaan in the Second Millennium BCE* (Winona Lake: Eisenbrauns, 2005).

Na'aman, N., *Ancient Israel's History and Historiography:* The *First Temple Period* (Winona Lake: Eisenbrauns, 2006).

Niditch, S., *War in the Hebrew Bible* (Oxford: Oxford University Press, 1993).

Nielsen, F. A. J., The *Tragedy in History* (Sheffield: Sheffield Academic Press, 1997).

Noth, M., *The Deuteronomistic History* (Sheffield: Sheffield Academic Press, 1981 edn).

Noth, M., *The History of Israel* (2nd edn, London: A. & C. Black, 1960; reissued London: Xpress Reprints, 1996).

Overholt, T., *Cultural Anthroplogy and the Old Testament* (Minneapolis: Fortress Press, 1996).

Perdue, L. G., J. Blenklnsopp, J. J. Collins and C. Meyers, *Families in Ancient Israel* (Louisville: Westminster John Knox, 1997).

Person, R., *The Deuteronomic School: History, Social Setting and Literature* (Leiden: Brill, 2002).

Preston, T., "The heroism of Saul: the pattern of meaning in the narrative of early kingship," in Exum (ed.) (1997).

Rowlett, L., "Inclusion, exclusion and marginality in the book of Joshua," in Exum (ed.) (1997).

Saggs, H. W. F., "The Divine in history," in Greenspahn (ed.) (1991).

Schafer-Lichtenberger, C., "Sociological and biblical views of the early state," in Fritz and Davies (eds) (1996).

Schmidt, B. B., "The aniconic tradition: on reading images and viewing text," in Edelman (ed.) (1995).

Steiner, G., *The Death of Tragedy* (London: Faber & Faber, 1961).

Thompson, H. O., *Biblical Archaeology* (New York: Paragon House, 1987).

Walsh, J. T., *I Kings* (Collegeville, MN: Glazier, 1996).

Weinfeld, M., *Deuteronomy and the Deuteronomic School* (Oxford: Clarendon Press, 1972).

Whitelam, K., *The Invention of Ancient Israel* (London: Routledge, 1996). 『고대 이스라엘의 발명』(이산 역간).

Yee, G. (ed.), *Judges and Method* (Minneapolis: Fortress Press, 1995).

Younger, K. L., *Ancient Conquest Accounts. A Study in Ancient Near-Eastern and Biblical History* (Sheffield: Sheffield Academic Press, 1990).

주제 색인

한국구약학연구소 총서 006

최신 역사서 연구 개론

1쇄 발행 2023년 2월 22일

지은이 메리 E. 밀스
옮긴이 이동규·차준희
펴낸이 김요한
펴낸곳 새물결플러스

편 집 왕희광 정인철 노재현 이형일 나유영 노동래
디자인 박인미 황진주
마케팅 박성민 이원혁
총 무 김명화 이성순
영 상 최정호 곽상원
아카데미 차상희

홈페이지 www.holywaveplus.com
이메일 hwpbooks@hwpbooks.com
출판등록 2008년 8월 21일 제2008-24호
주 소 (우) 04118 서울시 마포구 마포대로19길 33
전 화 02) 2652-3161
팩 스 02) 2652-3191

ISBN 979-11-6129-251-9 93230

책값은 뒤표지에 있습니다.